A R D

［新版］リスクの心理学

不確実な株式市場を勝ち抜く技術

THE PSYCHOLOGY OF

RISK

Mastering Market Uncertainty

by Ari Kiev

アリ・キエフ［著］　平野誠一［訳］

Pan Rolling

THE PSYCHOLOGY OF RISK
Mastering Market Uncertainty
by
Ari Kiev

This translation published under license with the original publisher
John Wiley & Sons, Inc.
through Japan UNI Agency, Inc., Tokyo

目次

はじめに

一九九〇年から、私はウォール街のトレーダーのコーチングに携わっている。トレーディングの成功を妨げる心理的な障害を克服する方法を伝授したり、市場の不確実性や予測不能性に直面したときに彼らを支える戦略の策定を手伝ったりするのが目的である。

この分野について初めて書いた *Trading to Win: Psychology of Mastering the Markets*（Wiley, 1998）では、単に勝つだけでなく、かつてないレベルで勝つために必要な精神的持久力を養うための段階的プログラムを提案した。二作目の *Trading in the Zone: Maximizing Performance with Focus and Displine*（Wiley, 2001）では、自分の感情や過去の失敗に左右されることなく仕事に集中できる「ゾーン」の精神状態を獲得して、高い運用成績を持続する具体的な技術を明らかにした。

三作目にあたる本書では、トレーディングの心理をさらに深く掘り下げ、リスクを取る意欲の分析、リスクを管理する方法、トレーダーを襲う病的なパターンに対処する方法を中心に取り上げた。

世の中には、大きなリスクを取っても平然として自分の分析を売買に活かすトレーダーと、分析では決して引けを取らないが、いざトレーディングになると力を発揮できないトレーダーがいる。本書は、その理由に迫る本だといってもよい。

トレーディングで成功するには、積極的にリスクを取り、ゴールを設定し、多少の逆風には屈せず、他人の意見に影響されないことが必要となる。優秀なトレーダーと凡庸なトレーダーの差は、自分の感情をはっきりと自覚できるか、周囲の支援を仰ぐことができるか、自分の運用成績と具体的な目標を常に照らし合わせ、必要とあれば目標を軌道修正できるかによって決まってくる。

「負けないトレーディング」では、十分なリスクを取ることはできないし、損失が膨らんでくると、無謀で感情的なトレーディングに走りかねない。しかしトレーディングで成功するためには、リスクを客観的に管理し、損失の出たポジションを早めに手じまいし、利益の出ているポジションをできるだけ長期間保有しなければならない。

以上の要件をすべて満たすためには、リスクを取って管理しようとする意欲と、完璧主義や決定マヒ、塩漬け（hoarding）、衝動などのトレーダーを襲う現象に対処する能力が必要である。

本書は、トレーディングの成功を妨げるこうした要素について解説し、そうしたストレスへの感情的な反応に惑わされることなくトレーディングを行うためのテクニックや原則を伝授する。

またコーチングの場で、私がトレーダーとどんなコミュニケーションを取っているのかを紹介するために、彼らとの対話の一部を収録した。協力してくれた方々は、この原稿を読み、自分の売買について反省するうえで役立ったと話してくれた。本書が、読者のリスクを取る能力や、市場の不確実性を乗り越える能力の向上に役立つならば、これほどうれしいことはない。

なお、すぐお気づきになるだろうが、本書で取り上げた企業はいずれも仮名である。これは、本書の目的が有益なトレーディング戦略について語ることであり、特定企業の事情を論じることではないからである。同様に、登場するトレーダーもすべて仮名である。彼らとの対話を収録したのは、多くのトレーダーに適用できそうな原理や原則を導き出すためであり、一人ひとりの個人的体験を披露するためではないからである。

読者が、折に触れて本書を読み返し、そこで論じている概念について考えてくださることと同時に、新しい視点を身につけ、運用成績の向上に役立ててくださることを願ってやまない。

二〇〇二年三月　ニューヨークにて

アリ・キエフ

序章　目標を達成できない本当の理由

何が勝者と敗者を分けるのか

リスクを取るか安心感を取るかと問われたら、大半の人は後者を選ぶだろう。それが当然だと思われるかもしれないが、証券や為替、商品などの取引《トレーディング》の世界では、これが足かせになることがある。

人間はごく幼いころから、自分のまわりの世界を認識し、その変化に順じて生きるために、いくつもの常識《ライフプリンシプル》を身につけていく。ところがこの常識には、人間の行動を習慣の枠にはめ込み、創造性や活力を奪う側面がある。

ビジョンを実現するには創造的なリスクを取ることが欠かせない。そうわかっていながら最初の一歩を踏み出せないのは、この常識が働くためである。またトレーダーが、具体的な利益目標を定めて積極的に行動するのを躊躇したり、市場が与えてくれるものを当てにしたりするのも、同じ理由によるものだ。

行動経済学の最近の研究によると、大半の人は、損失を避けるためにリスクを取ることはいとわないが、利益を得たいときにはリスクを避けたがる傾向があるという。私の精神科医としての四〇年間の経験に照らしてみても、成功する保証もなく、自分はこういう人間になると決意しなければそうなれない世界で勇気を奮ってリスクを取ることは、決して容易ではない。自らリスクを取って管理するのがトレーディングの本質だとはいえ、勇気がないために苦しんでいるトレーダーは少なくない。

ほとんどのトレーダーは、損失を避けるためには積極的にリスクを取る。含み損のある株式を売却せず、塩漬けにするのはその典型である。しかし利益が得られそうな場面ではふだんよりも慎重になるため、含み益が出ている株式を買い増すことは避けようとする。つまりトレーダーは、五〇〇ドルを手に入れたいときよりも、五〇〇ドル失いたくないときに大きなリスクを取る傾向がある。

このように考えると、相場の潮目が変わることを期待して、トレーダーが含み損を抱え続ける理由がわかるのではないだろうか。これらの事例が示すように、リスクを取るときにどんな心理が働くのかを理解することは大変重要である。言い換えると、多くの人間は、喜びをもたらす可能性はあるがギャンブルの要素もある決断（例えば、含み益が出ている銘柄を買い増すこと）よりも、確定的な利益に関係する決断（例えば、含み損が出ている銘柄を保有し続けること）を好む傾向があるのだ。

しかし、大半の人はアドレナリンが大量に分泌されるような大きなリスクを避けがちだとしても、トレーダーはそうはいかない。トレーディングの本質はリスクを取ることにあり、リスクをいかに管理するかによって、勝者と敗者が決まるからだ。

過去の経験が未来を縛る

人間は、恐怖心を抑え込むために、自分の世界を安定させてくれる〝ものの見方〟を幼いころに身につける。しかしその結果、そうした〝ものの見方〟に縛られ、自分の人生を自由に創造することができなくなってしまう。本書が明らかにするように、同じことはトレーダーにもいえる。ランダムに変動する予測不能な市場で成功するためには、自己抑圧的な常識に惑わされることなく売買する術を学ばなければならない。

私の見るところ、リスクを取るということは、過去に身につけた〝ものの見方〟や恐怖心に縛られることなく現実に向き合う能力を高めるために、トレーディングのビジョンをつくり出そうという気持ちになることである。それは、合理化や自己正当化のワナを逃れて現実を見据えることだといってもよい。そんなふうに現実を直視できれば、自分の中に眠る能力を目覚めさせ、自分の人生に没頭し、全力で取り組むことができるようになるだろう。

トレーディングの世界で「没頭し、全力で取り組む」ということは、市場を現実的な視点から評価し、自分の持ち高《ポジション》を直視することである。さらに、周囲の環境の変化によって簡単に生じる否認（恐ろしい出来事が目の前で起こると、それをなかったものとしてしまうこと。防衛機制の一つ）や合理化のワナに陥ることなく、含み損や含み益に正面から向き合うことである。

過去の経験から得た信念や自己防衛手段を捨て、無防備になるのを覚悟で心を開く。そうすれば、現実を見る眼力が高まり、それまでその存在すら知らなかった新しい次元を発見することができる。長い間自分を束縛してきた固定観念から抜け出し、自由に行動できるのである。本書は、トレーダーを縛っているこれらの固定観念を順次紹介していく。

リスクはコントロールできる

リスクを取ることは、過去の経験が現在の行動を抑えつける悪循環から抜け出し、成功や称賛の保証がない世界で生きていこうと決意することである。リスクを承知のうえで人生を生きること、自信がないことを理由に自分の行動を制限することなく生きることだといってもよい。

リスクを承知で生きるとは、自発的にかつ自然体で物事に関わることである。リスクを取るとは、確実性のない未来の視点からものを見て生きることである。失敗するかもしれない、笑いものになるかもしれないといった心の声には耳を貸さず、自らのビジョンを明確にし、その実現のための目標を設定することである。トレーディングについて言うなら、まず具体的な利益目標値を設定し、その達成に必要な戦略を割り出し、あとは足元の結果に一喜一憂することなく、その戦略の実行に専念することということになるだろう。

リスクを取ることは、自分を危険にさらすことではない。過去の概念が現在の〝ものの見方〟や経験に影響を与える悪循環を断つことである。いちいち専門家に確かめず、不十分な情報だけで決断を下すことである。自分と世界の関係を固定化している過去の習慣や価値観と縁を切り、これから起こりうることについて新たに考えながらトレーディングに取り組むことである。

既存の枠を越えて限界に挑戦する。この原則が文字通り適用できる世界は、トレーディングの世界をおいてほかにない。トレーダーは、リスク回避という人間にとっては自然な性癖を克服する方法を、意識して探さなければならない。

ただし、トレーディングでリスクを取るということは、不確実性や予測不能性、未確定のオッズに対して思慮深く行動することでもある。決算発表やアナリストの投資判断変更、各種の会社発表など株価を動かすおそれのある材料を正確に評価し、狙いが当たった銘柄には積極的に投資を行い、自分で十分に分析できないリスクのある投資アイデアからは早々に手を引くことである。これを実行するためには、自らの仮説にこだわり、継続的に成果を生み出せるような自己規律が必要となる。

トレーディングのリスクはコントロールすることができる。取引している市場や業種、銘柄などのパターンを把握し、自分の過去の経験を理解し、自分の相場観の癖やストレス処理の特徴などを認識すれば、十分制御することができる。それにはまず、自分の過去のトレーディングを振り返る必要がある。過去の成功や失敗に影響を与えた可能性のある自分の行動パターンや、続けたい、修正したい、あるいは止めてしまいたいと思うような行動パターンを明らかにするためだ。

利益の大半は、ごく一部の売買から生まれる

リスク管理を統計的に分析した研究によれば、株式や債券といった投資対象の種類に関係なく、トレーディングの利益の大半はごく一部の売買（率にして三～一〇％）から生まれるという。このことは、チャンスがめぐってきたときに利益を最大化させることの重要性を示している。含み損が出たら辛抱強く待ち、含み益が出たら早々に利益を確定したいのが普通だが、その逆が正しい戦術なのだ。

また、優秀なトレーダーの取引を分析すると、成功した売買一件当たりの利益額は、失敗した売買一件当たりの損失額よりも大きく、銘柄選択の成功率が四〇％でも黒字になる場合がある。この事実も、含み損はさっさと切り捨てて含み益をできるだけ伸ばす（買い増すか長期間保有する）という、直観とは正反対の行動が正解であることを示している。

一流のトレーダーは、小さな変化が大きな差を生むこと、成否を決める瞬間はしばしば最後の最後にやってくることを知っている。最後の最後まで辛抱強く、土壇場の奇跡を待つことができる。また、ちょっとしたチャンスでもめざとく見つけることができる。

最高の取引では並のトレーダーよりも少しばかり効率的に動き、普通の取引でもほんの少しすばやく動く。銘柄選択の成功率が四〇～五〇％どまりでも卓越した利益をあげられるのは、このように利益最大化のチャンスを的確にとらえ、リスク管理の腕前を存分に発揮できるからだ。

トレーディングの勝者と敗者を決めるのは、自ら設定した目標に踏みとどまり、不確実性から生じるストレスや感情的な反応に直面しても適度なリスクを取り続けられる能力があるかどうかである。

リスクを取って成功するには、市場が与えてくれるものを待つのではなく、具体的な成果をイメージしてその実現に取り組む（コミットメントする）必要がある。

そのためには、ポジションの規模を調整したり、値下がりするリスクと値上がりする可能性を天秤にかけたり、思惑と違う方向に相場が動いたらすばやく手を引いたり、思惑通りに運んだらポジションを積み増したりしなければならない。

利益に的を絞る

一流のトレーダーは、目標を設定することにより、予定の成果をあげるには何をしなければならないか、成果があがらないのは何かが欠けているせいかといった問題意識を持ち続ける。達人《マスター》と称されるトレーダーは、利益をあげることに的を絞って行動し、常に次のような問いを自分にぶつけている。

▽他にもっと知るべきことはないか？
▽他にもっとできることはないか？
▽市場の変化に対する自分の感情的な反応から学べることはないか？
▽ポジションはどのくらい長く持ち続けるべきか？
▽ポジションはどのくらい早く手じまうべきか？
▽どの程度の損失まで許容できるか？

達人トレーダーは、含み損が出たら必ず手じまう。例外は、現在の価格水準が正当化できないほど低いことがファンダメンタル分析から明らかであり、価格を押し下げている噂には根拠がないと確信できる場合だけである。といっても、相場の反転を単に「期待」するわけではない。いったん手じまって損失を確定し、価格が底を打って上昇し始めたところで買い戻すのだ。

トレーディングでなかなか成功できない人は、ホームラン狙いの大振りを繰り返している（リスクを取りすぎている）のかもしれない。あるいは、投資金額が少なすぎて具体的な結果が出せない（リスクを回避しすぎている）のかもしれない。目標に向かい始めると決まって頭をもたげてくる心理的な抵抗や自己不信のせいで、心を乱してしまっている可能性もある。

がっかりするだけだからとか、達成できなかったら悔しいからという理由で目標設定を嫌がる傾向もある。しかし、成果を得るためには具体的な目標を設定し、それを青写真として必要な戦略を見極める必要がある。その過程を省略すると、成功の可能性はますます小さくなってしまうだろう。

例をあげよう。私の知っているトレーダーのA氏は、具体的な目標を設定するのが嫌いだった。A氏は朝、市場が開くとすぐに二万ドルの利益をあげるが、その儲けを三倍にしてやろうというギャンブラー心理が災いしてつまらない取引を仕掛け、儲けをすべて失って一日を終えるのが常だった。このようなホームラン狙いのトレーディングはリスクが高く、失敗を重ねるのがオチである。損失が発生しているときにこうした行動を取れば、損失はさらに拡大することが多く、投資資金を失って市場からの撤退に追い込まれることもある。

もう一人のトレーダーB氏は、損失を恐れるあまり、〇・五%値下がりしただけで買いポジションを手じまっていた。おかげで損失は最小限に抑えられたが、含み益が出ているポジションを長期間保有しなかったため、値上がりの恩恵をフルに享受することはなかった。また、割り当てられた資金を全額投資しようとしなかったため、大きな利益をあげることもほとんどなかった。

こうした取引行動の背景にある心の動きを深く掘り下げることは、非常に興味深いだけでなく、子供のころに味わった劣等感や自信のなさをあぶりだすことがある。例えば、子供のころの経験が過度な自己批判となって根づき、トレーディングなどで多額の利益をあげることに罪悪感を覚える原因となるケースもある。

心理学的にいえば、リスクを上手に取るためには、市場の動きに後から反応する受け身の姿勢ではなく、市場の動きを先取りするかのように行動する積極性が必要である。

また、自分の行動がトレーディングの妨げになっていないかを常に意識する必要がある。含み損を大事に抱えているのは、エゴのためか、過ちを認めたくないためか、それとも流れに逆らわずにはいられない性格のためかを、しっかり見極めなければならない。さらに、市場の変化に自分がどう反応しているか、その反応が自分の意思決定にどう影響しているかを強く意識する必要もある。

私は本書を通じて、読者がトレーディングの結果に対して強い責任感を持ちながら、目標に向かって進んでいけるようお手伝いしたい。具体的には、自分の長所を生かす方法、パニックになりそうな自分を制御する手法、恐怖や不安に襲われたときの感情を記録して困難を克服する方法などを伝授したい。

リスクを取る能力を高める

トレーディングで成功するためには、資金をリスクにさらしても問題がないと確信するだけの根拠と、取引の前提条件を詳細に語る力が欠かせない。なぜこれだけの資金をトレーディングに投じているのか、その理由を説明できなければならないということである。

リスクを取る能力を最大にするためには、大きなポジションを持つ能力を修得しなければならない。そのためにはまず、今のリスクの取り方のどこに問題があるのか、何が邪魔しているのかを把握する必要がある。

同じファンダメンタルデータであっても、その解釈はトレーダーによって異なり、それに基づく売買の手法も異なる。これは、個々のトレーダーの基本的な部分が異なっているためである。したがって、トレーダーは次のようなことを考えてみるべきだろう。

▽失敗を重ねたり小さな成功しか得られなかったりする原因になっている自己抑制的な習慣や態度を改めるためには、何をどうすればよいか?
▽そうした習慣や態度、常識を改めることができないとしたら、トレーディングに対するアプロー

チを変えなければならない。目標の実現に近づくためには、実際にどんなアプローチを採用できるか?

▽精度の高いリスク管理を行いながら売買するには、何をどうすればよいか?

トレーディングの失敗は、人間としての行動や知性と関係しているため、大半のトレーダーは、トレーディングという行動、リスクを取る行動、楽な気持ちでリスクを取るために必要な行動について学び続けなければならない。私はトレーダーからの相談に応じるとき、必ず次の三点を尋ねることにしている。

▽取引の価値を評価しているその瞬間に、あなたは何を経験しているか?
▽あなたは、そのとき何を見ているか?
▽不確実性に直面したとき、あなたは現実をどのように認識して行動を起こしているか?

経験の浅いトレーダーは、利益を確定するタイミングが早すぎて儲けそこなった、と後悔することが多い。また経験豊富なトレーダーの中には、リスク依存症と化して過大なリスクを背負うケースが散見される。私はこうしたトレーダーのパターンを分類して説明し、自己改造をお手伝いしたいと考えている。例えば、次の三点について考えていただきたい。

▽不確実性や優柔不断に襲われたときに、どう対処しているか?
▽分析しすぎたり、過去の損失を後悔したり、ほかのことが気になったりして目の前のトレーディングに集中できなくなる危険性を、どのように回避しているか?
▽行動を抑制する習慣や完璧主義を克服し、投資のアイデアの取引可能性に基づいたトレーディングを行うためには、どんなステップを踏む必要があるか?

私が本書を執筆したのは、トレーディングの世界で見られる一般的な行動を心理学の視点から説明し、この三点を含む数々の問題に何らかの答えを出すためである。具体的には、トレーディングにおける成功の原則を検証し、その原則を実戦に応用するのが容易でない理由を考察している。そして、行動面でさまざまな問題を抱える人々のために、解決策の概略を提示している。

自分自身の行動が、トレーディングにどのような困難をもたらしているか。そのうち、過去の体験や経験によるものはどの程度あるのか。多くのトレーダーは、そんなことは考えたくないと思うだろう。無理もない。人間には自己防衛本能があり、過去に獲得したイメージを保護したり、恐ろしい経験を回避したりするようになっているからだ。

しかしそれでは、自分をしっかりコントロールしている「ように見せる」ために自分の感情をどれほど制御しているか、自分を守ろうとする行動がかえって大きなストレスをもたらしてトレーディングの成功をどれほど遠ざけているのか、気づかずに終わってしまうだろう。

一生懸命なのに結果が伴わないのはなぜか

トレーディングの目標をなかなか達成できないのは、周囲の環境や運のせいではない。トレーダーが意識的に、あるいは無意識的に予想している現実を、トレーダー自身がつくり出しているのだ。

一生懸命やっているのに結果が伴わないと、環境のせいにしがちである。しかし、これまで述べたような問題について考えていけば、具体的で意味のある目標を設定し、それに向かって突き進むというステップ（コミットメント）が欠けていたことに気づくだろう。

リスクを取って利益を得る可能性を高める術を学ぶことは、何をやるべきかを意識的に決断することにほかならない。これまでとは違う、レベルの高い目的を達成するには、視線を向ける先を変え、具体性のある新しい目標を設定し、その達成にコミットし始めなければならない。

そんな面倒はいやだと思うかもしれない。コミットメントを始めるときには、そんな気分になるものだ。しかしそれがあるからこそ、現在の自分と将来なりうる自分との間に創造的な緊張感が生まれてくるのである。

こんな本は読む気がしない、書かれているアドバイスなど実行する気がしない、自分のトレーディングの責任など取りたくない……いずれも十分にありうることだ。しかしそれらを乗り越えれば、自分の中の眠れる能力を発揮することができる。トレーディングの手法を劇的に変え、これまでよりも上手にリスクを取ることができるようになるのである。

ぜひ勇気を出して、リスクの心理学に足を踏み入れていただきたい。

第Ⅰ部　リスクの本質

第1章　リスクとは何か

リスクなくして利益なし

リスクには、それなりの利益が隠されているに違いない。そうでなければ、リスクなど誰も取ろうとしないはずだ。「骨折りなくして利益なし」ということわざがあるように、リスクなしに報酬は得られないのである。

リスクという言葉はもともと、「損失や損害を被る可能性」あるいは「危険な要素または要因」という意味で用いられてきた。いずれも「自らを一定の危険にさらす」ことを強調した定義であるが、本書ではこれを拡張し、「不確実性」や「予測不可能であること」を定義の中心に据えたい。トレーディングの世界では、特にそれがよく当てはまるからである。

ロン・S・デンボーとアンドリュー・フリーマンは、一九九八年の著書『文科系にもわかる金融リスク入門』（日経BP社、2000年）の中で、リスクが将来の不確実性から生じることに着目し、リスクを「現在と将来のある時点との環境の差によってポートフォリオ上に現われる価値の潜在的変化の尺度」と定義している。確かに、証券などの売買リスクを計算するときには、予想される値上がり幅と値下がり幅を天秤にかけるのが普通である。

これは大変役に立つ定義である。なぜならこの定義は、トレーダーが市場の不確実性や変動性から利益を得ようとするときに引き受けるリスクの量に着目しているからである。

リスクを量で把握する

トレーディングは、一定の資金を投じて一定の成果を得る可能性に賭けてみたいという思惑があって、初めて成立する。トレーディングでどの程度成功するかは、どの程度の量の不確実性なら扱えるか、リスクをどの程度までうまく管理できるかといった要素で決まってくる。

特に、不確実性やランダムな市場の動きに対処するうえで最も優れた方法のひとつは、将来を見据えたゴールを設定し、それに沿った戦略を策定することである。トレーダーは、いったん戦略を決めたならば、全力でこれを実行し、ゴールに邁進しなければならない。計画通りに事を進めれば、不確実性を小さくしたり、リスクそのものをより扱いやすくすることが可能になる。

利益を得るためには、何かをリスクにさらす必要がある。そうしなければ利益は得られない。そうかといって、過大なリスクをむやみに取れば大変なことになる。株式取引であれば、トレーディングに必要なインフラと最新のデータを入手し、購入銘柄のファンダメンタルズや市場の特徴などを理解しておかなければならない。

トレーダーは、具体的なゴールの達成に必要なリスクの適正量を正確に把握しなければならない。リスクの取り方が少なすぎると、ゴールを達成できない可能性が出てくるし、逆に多すぎれば、元手を失いトレーディングを続けられなくなる可能性が生じる。必要なリスクの適正量を正確に把握するには、次の三条件を満たす必要がある。

▽十分な実戦経験を積む。
▽売買する銘柄のファンダメンタルズを十分に理解する。
▽自分の心理がトレーディングに及ぼす影響を意識し、これをコントロールする。

リスク回避の傾向が特に強いトレーダーは、ポジションのサイズを大きくしたり長期間保有したりすることができないために、目標達成に必要な利益を計上できない。逆に、リスクに無頓着なトレーダーは過大なリスクを負い、終わりのない心理的な悪循環に陥って投資資金の大半を失いかねない。同様に、ポートフォリオを大きくしたり、トレーディング目標を引き上げたりするときには、自分で引き受けられるリスクや「引き受けなければならない」リスクの量を増やす方法を考えなければならない。トレーダーはここでも数々の障害、すなわち抵抗感や恐怖心などに直面し、トレーディングスタイルの変更をためらうだろう。

しかし集中して努力すれば、一段高いレベルの成功を目指すために不確実性を受け入れたり、損失がもたらす不快感を克服したりできるようになる。ゆくゆくは、いわゆる「ゾーン」の状況でトレーディングに取り組むことも可能になるだろう。

「ゾーン」とは、積極思考《ポジティブシンキング》がつくり出す魔法の世界ではない。自分の感情や過去の失敗にとらわれず、目の前のことに集中できる精神状態のことである。この境地に達すれば、適切なリスクを取り、そのバランスを図り、リスクの大きさを調整し、リスクの不確実性を受け入れることが可能となる。リスクを引き受けることに伴う痛みと上手に付き合えるようになるといってもよい。

リスクを取ること。それは、恐怖心が生み出す悪循環に陥らずに行動することである。すでに設定したゴールを目指してトレーディングを行い、無意識のうちに生じる自己疑念に惑わされることなく、あらかじめ立てておいた計画に沿って行動することである。したがってリスク管理とは、心を開いて自然体でトレーディングに取り組むことにほかならない。

やり手の債券トレーダーであるアンドリューは、こんなことをいっている。

「リスクの心理学とは自信の心理学だ。自信のあるトレーダーは、どんな状況でも自分が何をすべきか心得ている。上昇相場に乗って好成績を残せば市場の動きが前よりもはっきり見えるようになり、ポジションのサイズを大きくしても同様にうまくやれるという自信が生まれる。

これがトレーダーの強みになる。ここがキーポイントだ。コンスタントに利益を出せるトレーダーを雇うことができたら、あとは彼らに少し多めのポジションを持たせればいい。要するに、利益を出せる方法論を確立するのが第一歩である。利益が出る確率が最も高い取引に資金を投じていけば、そしてそういう取引を続けていけば、リターンの分布は非常になめらかになる。レバレッジはこの際問題ではないから、リターンの分布がなめらかであればあるほど、リターンの絶対額は大きなものとなる」

不確実性をどの程度まで許容できるか

市場は不確実でランダムに動くため、トレーダーは何らかの方法によって自らのリスク制御能力を発揮し、利益の最大化を図らなければならない。そのためには、引き受けるリスクの量を一定水準に抑えなければならないが、その量はトレーダー本人のリスク許容度とボラティリティ管理（オプションなどのヘッジ取引やポジション保有期間の調節）の巧拙によって決まってくる。問題が生じるのは、リスクに対するトレーダーの姿勢と、実際に引き受けるリスクの量がかみ合わないときだ。

通信株専門のトレーダーになってまだ間もないアンソニーは、次のように話してくれた。

「現金以外はすべてリスクだ。リスクとは、一度の取引で失ってもあきらめのつく金額のことだ。したがって、トレーダーがどの程度まで不確実性を許容できるかが問題となる。例えば、負けたらスッカラカンになるようなボラティリティの高い取引を好むトレーダーはいない。相関性の低い投資商品を組み合わせる分散投資によってリスクを抑え、利益を継続的に計上し、投資環境が悪いときでも市場に踏みとどまろうとするのはそのためだ」

では、自分でリスクを選べるようになるには、どうすればよいのか。単なる恐怖心からリスクを避けるのではなく、ワクワクしながらチャンスに挑めるようにするには、どうすればよいのか。

答えはあなた自身の中にある。自分自身の本質に触れることができれば、先入観を一切持たずにトレーディングに取り組める可能性が出てくるのだ。今この瞬間の相場、次の瞬間の相場、そしてそのまた次の瞬間の相場のそれぞれに予断なく取り組めるか。「どうせこうなるさ」と分かったつもりにならずにいられるか。問題を解くカギは、そこにある。

「バイ・アンド・ホールド」は常に正しいのか

株式投資の世界では昔から、割安な銘柄に長期投資するのが一般的なリスク管理手法だとされている。安く買って高く売ることを期待して長期保有する「バイ・アンド・ホールド」戦略である。しかしこの戦略に従うと、投資家は四〇～五〇％のリターンが得られるまで、株価のアップダウンを何度も経験することになる。長期のバイ・アンド・ホールドを基本とする割安株投資は二年ほど前から再び流行っているが、私がここ一〇年あまり主に接してきたのは、短期売買を主に行うトレーダーである。増益率が高く、勢いのある銘柄を買い上げるモメンタム・バイヤーが注目するような株式ばかりを扱うトレーダーたちだ。

短期売買に徹するトレーダーは、短期的に株価を動かす可能性のあるニュースの影響度や重要性を理解することに多くのエネルギーを注ぐ。これは、一週間単位あるいは一日単位でリターンの目標値を設定し、損失を抑えながら利益を伸ばすことによってリスクを管理するのに適したやり方だ。短期の材料に的を絞って一日単位で目標を設定すれば、その日のうちに投資の損益を確定する日計り商いに徹して長期のリスクを減らすことによって全体のリスクを管理できる。

短期のアプローチでは、一～三日の期間で日中変動率が高い局面で利益を確定し、リスクの最小化と利益の最大化を目指すことになる。日中変動率が高い場面で売り、株価が下がってから買い戻すというパターンに従えば、ひとつの銘柄の売買で年二〇〇％のリターンを得ることも不可能ではない。長期のバイ・アンド・ホールドを基本とする割安株投資ではなかなか得られないリターンだ。

私がこれまでに会ったトレーダーの多くは、自分を律しながら、意識的に大きなリスクを取って成功していた。彼らのリターンはいずれの年も高く、ずば抜けたリターンを記録した翌年でも大きな損失を出していない。効率的市場仮説が予言し、高いリターンを記録したトレーダーの多くが経験している平均回帰の傾向は、まったく見られないのである。

通信株トレーダーのアンソニーはこう語る。

「相場のランダムさを助長する変数の影響を最小限にするよう心がける。つまり、株価が上下動することはわかっているから、まず目標値を設定し、次に株価を動かしそうなデータポイントを探す。これは企業の真の価値を探る長期のファンダメンタル投資とは違うので、ファンダメンタルズに変化があっても目標値は変更しない。たとえ会社の事業内容を把握し、そのビジネスモデルが機能すると確信できても、株価がどうなるかは、やっぱりわからないからだ」

この短期売買戦略を採用すれば、市場の不確実性に振り回されることが減り、大きな利益を得ることが可能になる。投資決断にあたって参照するデータポイントは、ファンダメンタル分析を重視するトレーディングよりも少なくなる。また、ファンダメンタル分析そのものよりも、ほかのトレーダーがアナリストの分析をどう受け止めるかに大きな注意を払うようになる。

投資家とトレーダーの違い

投資家は投資対象の業種や業績を見たうえで投資の決断を下すが、トレーダーはその点を押さえたうえで、世間がその銘柄、その企業をどう思っているかにも注目する。新しく出るデータと、それが株価の短期的な動きに及ぼす影響に注目すれば、その先回りをすることによりリスクを積極的にコントロールできるからだ。市場の短期的な動きに反応して売買を繰り返すことによって、目標達成の可能性を高めているのである。

これに対し、長期投資家は内容のよい企業を探し、その価値が高まるのをじっくり待つ。長期の効果を享受するためなら、自己資金を長い間リスクにさらしてもよいと考えている。トレーダーはその逆で、企業の内容よりも株価の動きに着目し、短期間に利益をあげることを重視する。長期投資家とは異なる方法で資金を動かし、チャンスを最大限に活かしながらリスクを最小限にとどめている。

材料に反応する短期の株式トレーディング（株価を短期的に動かす出来事の理解に重きを置くトレーディング）の成功は、いわゆるランダムウォークの理論と真っ向から対立する。この理論によれば、株価の過去の動きと将来の動きの間には系統的な結びつきなど存在せず、市場での成功は偶然にすぎないからである。

しかしそれでは、平均を上回るリターンを毎年記録するトレーダーの存在を説明することができない。実際、ヘッジを利用した短期売買なら、一日で発生しうる損益幅を小さく抑えたまま、その日の値動き（ボラティリティ）から利益を得ることができる。信用買いや信用売りでヘッジをかけた短期売買なら、市場のシステミックリスクを除去することができる。さらに、売買対象を分析する能力もあわせて高めれば、その銘柄に固有のリスクを抑えることにもなる。

一日単位で目標を設定する

先日、ジムという名前のファンドマネジャーと話をしたが、リスクを制御しながら日々めぐってくるチャンスを最大化するこのモデルの優秀さをあらためて実感することができた。ジムは割安株投資がモットーで、長期のバイ・アンド・ホールド投資を行ってきたが、最近はゴールを設定して材料に反応する短期のトレーディング手法も取り入れている。ゴール設定の考え方が特に気に入っているそうだが、それはおそらく、この考え方が、ランダム性を最小限に抑えながら適切なリスクを取るという視点と構造を提供してくれるからだろう。

「まず、その日の市場で注目されそうなアイデアを探す。情報を集めて掘り下げ、その日かその後の数日間で、どんなトレーディングをするかを決める。そして、材料に反応しながら一日で利益をあげるためのシナリオをつくり、それをもとに走り出す。状況をうかがいながら手ごろな水準で買い持ちポジションをつくり、深追いせずに手じまう。これが私のゴールだ。ファンダメンタルズ重視の長期投資が専門だった私には、この作業を日課にすること、誇張を排して短期売買の本質に直に切り込んでいくところがとても新鮮に思える」

ジムによれば、一日単位のゴール達成を重視するアプローチと、ファンダメンタル分析を重視する長期のトレーディングは別物である。大半の投資家は短期のゴール達成というアプローチを取らない。ファンダメンタル分析を重視するトレーダーは、三カ月、六カ月、一年単位で考える。ただ、「これでは無為に過ごす時間が長く、生産性があがらない。日中の値動きに着目したほうが、毎日行動を起こすことができる分だけ生産性が高くなる」。

もう少し具体的に話してもらおう。「この戦略なら、どんな戦略にも負けない生産性を実現できる。時間を無駄にしないし、ニュースなどで株価の方向性が変わる点にもっぱら注目するから生産性が高いし、投資対象についての知識不足も帳消しにしてくれる。ボラティリティが最も大きく、利益を最大化する可能性が最も高いときに売買することにもなる」

この戦略は達人トレーダーが利用すれば威力を発揮するが、並のトレーダーでも、この戦略を使えば合理的にリスクを扱う能力を高めることができる。ゴールの達成に集中すれば、ありとあらゆる方法を使ってリスクを管理することを考えざるをえなくなるからだ。

またこのゴールは、株価を動かす材料が出る確率と、それによって得られるかもしれない利益の大きさをもとに設定するため、トレーダーは、リスクが低くリターンが大きい取引を探すようになる。例えば、株価を動かしうる材料（決算発表、証券会社の投資判断引き上げ、会社側の記者会見、投資家向け説明会など）の発表が間近にあり、その内容が明らかな場合は、比較的大きなポジションを取ることができるだろう。しかし内容が明らかであっても、株価に与える影響がさほど感じられない場合には、比較的小さなポジションを取ることになる。

こうした材料の重みは常に、株価の理論値、業績予想、最近の株価の動きと現在の位置、直近の利益や利益率の見通しなどを勘案しながら吟味される。市場全体の状況、同業他社の状況、あるいは株価に出遅れ感があるか、テクニカル指標でどんなシグナルが出ているかといった点も重要である。

ジムはいう。「ボラティリティの高い銘柄に毎日注意している。利益を毎日計上できるようにするためだ。生産性を高めて毎日利益を出すというゴールを設定したので、そういったチャンスを探さざるをえなくなり、実際にプラスの成果が得られる可能性も高まっている。少ない情報に的を絞ったトレーディングのほうが、情報は多いけれども知ることを重視するあまり結果を出すことを軽視するトレーディングよりも高い生産性を実現できるように思う。入手可能な情報の一〇％が手に入り、かつ優れた知性があれば、失敗することはあっても生産性の高い日に取り戻せる。長い目で見れば正しい決断を下していることが多くなるからだ。なぜ大半のトレーダーはこれに気づかないのか。それは、おなじみのファンダメンタル重視の投資に慣れてしまっているからだ。ゴールを設定すれば、小さなリスクで最大のチャンスを捕まえなければならなくなる。毎日利益をあげるというゴールを掲げれば、戦略も変えなければならない。しかしそうすることによって、利益最大化に必要な道具がそろうのだ」

一日単位で目標を設定すれば、リスク管理も一日単位で行うことになる。その結果、トレーダーは自分のトレーディング方法にそれまで以上の責任を負うことになり、自分の態度や習慣がトレーディングに与えているかもしれない影響についても再検討せざるを得なくなる。この目標設定については第2章で詳しく論じる。

リスクを取るときのカギは何か

本書は、トレーダーがリスクを取るスタイルに関係することについて論じている。具体的には、どんな売買に特に魅力を感じるか、自信を深めるためにどんな種類のデータを収集しがちか、リスクを取る際に影響しているかもしれない態度や習慣にはどんなものがあるか、といったテーマを取り上げている。

いずれも、トレーダーはどのようにリスクに向き合うか、制御しながらリスクを取る能力を高めるにはどうすればよいか、といった問題を考える上で非常に重要な項目だ。

リスクを研究するときには、次の項目について考える必要がある。

▽目標を設定し、その達成に必要な大きさのリスクを冷静に引き受ける能力があるか？
▽どんな方法でトレーディングを行っているか？　運用成績を伸ばすために、どんなことをしているか？
▽どのような形のチャート（グラフ）に魅力を感じるか？　どんな種類の分析を得意とし、伸ばしているか？
▽成果をあげる自信があるか？　必要な準備に取り組む気持ちがどの程度あるか？

これから、いまあげた項目をひとつずつ検討していく。

私が最も強調したいのは、トレーディングでどんな成功を収めたいかというビジョンを持つこと、そしてそのビジョンに沿った具体的なゴールを設定し、それを目指すことが、リスクを取るときのカギになるということである。

この問題をクリアするためには、材料が株価に及ぼす影響とその確率を売買対象の銘柄や市場、およびマクロ経済トレンドのファンダメンタルズに即して理解しなければならない。実際、達人トレーダーは投資判断をする際に、データや分析結果をできるだけ集めて利用している。ただ、多くの銘柄を保有するファンドマネジャーとは違い、投資期間を短くして集中的にリスクを取っている。

達人トレーダーは、ひとつの銘柄を一年も保有しない。せいぜい数日、短ければ数時間で売却する。短時間で勝負すると決めているためうまくいく確率が高く、リスクの割にはリターンの大きい売買に集中することができる。時間が短く、対応する変動要因も少ないからだ。

リスクを取る過程では、この点が大変重要である。なぜなら、この点に着目すると、目的達成に必要な資金や手間を投じることに二の足を踏むトレーダーや、無分別にリスクを取るトレーダー、さらにリスク管理が下手なために大変危険な状況に陥ってしまうトレーダーたちの問題が見事に浮かび上がってくるからだ。

リスク管理の担当者は、ボラティリティや標準偏差、リターンなどの数字ばかりを気にするが、本書では人間の性格や態度にもっぱら注目する。私はこの数十年間、この方面を中心にトレーダーたちの運用成績向上を支援してきた。

トレーディングの心理を理解する

トレーダーの運用成績を見抜く最も有効な手段のひとつは、トレーダー自身が得意とするトレーディングスタイルで行った売買を選び出し、その売買の過程について多くの質問を行いながら分析することである。こうすれば、心理的な要素が売買にどんな影響を与えたかを垣間見ることができる。

私は前出のアンソニーに次のような質問をぶつけてみた。

▽株価がどんな動きをしているときに売買していると思うか？
▽株価チャートのどの部分が好きか？
▽過去の売買を株価チャートに重ね合わせると、どんな場面で買い、どんな場面で売っていると思うか？

▽銘柄選択に一定のパターンや決まりはあるか？

アンソニーの答えは次のようなものだった。「自分では、株価が下がったときに大量に仕込み、値上がりしたところで売っているつもりだ。だが困ったことに、チャートを見て高値だと思って売ると、その銘柄が上昇トレンドに乗っているためにさらに値上がりすることが少なくない。これでは、値上がりしている間は買い増せという考え方に逆行する。相場の環境は常に動いているから、トレーディングにもそれを織り込んでいかなければならない。割安株投資では、ファンダメンタルズさえ良好なら、株価が下がったときに買い増すのは典型的なやり方だ、業績に変化がない限り、二〇ドルで買った株は一五ドルでも買えるし、一〇ドルになっても買いたいと思うだろう」

「株価が下落しているときはチャートに従うようにしている。下落トレンドが続くようなら空売りするか、本当に少しずつ買っていく。ミューチュアルファンドの売りが下落トレンドをつくっているようなときは、ほかのトレーダーも便乗して売ってくるから、さらに下がる。トレンドは尊重しなければならない」

「難しいのは、たくさんの銘柄を大量に組み入れている大きなポートフォリオで、ヘッジをかけながらこれをやるときだ。私は上昇トレンドでも下落トレンドでもトレーディングを仕掛ける。どちらで仕掛けるかは、そのときの市場環境と銘柄次第だ。嫌いな銘柄が値上がりすれば空売りを増やすし、好きな銘柄が値下がりすればナンピン買いに出る。いずれの場合も、材料や情報はちゃんと仕入れる。ファンダメンタルズも調べずチャートだけで売買するトレーダーもいるそうだが、何をやっている会社なのか知っておく必要があるだろう。もっとも、私の場合、悪材料には目をつぶって好材料にだけ注目するという誘惑に襲われるが、これに負けてはいけないね」

私はこの答えから、アンソニーのトレーディングの性格を知るための多くのヒントを見出し、もっと効果的にリスクが取れる戦術に修正すべきだとアドバイスした。まず、買い持ちと売り持ちのポジションをバランスさせて、ポートフォリオをヘッジすべきだと説いた。市場の動きには敏感に反応するが、ファンダメンタルズ通りの値動きをするとは限らない、ボラティリティの高い銘柄を売買するときは、そうした手法が特に重要になる。

リスクを取る決断と感情の関係

こういった分析を行う場合、私はトレーダーに特定の売買を思い出してもらい、そのうえで質問する。そのポジションを取ったときにどんな気持ちだったか、その気持ちの変化が、売買に関係するリスク要因の評価にどのように影響したか、といった質問である。

これらの質問に対する答えを聞けば、そのトレーダーが売買対象について掘り下げた分析を手にしたときに、リスクを取ってポジションを大きくしようとするかどうかが判断しやすくなる。また、利益を大きくするためにポジションを大きくしたり保有期間を延ばしたりせず、リスクを嫌って利益を早々に確定する傾向があるかどうかも見抜きやすくなる。そこで私は、ポジションを持ったときの気持ちについて尋ねてから次のように質問している。

▽株価が描いている軌道のどの位置でポジションを取ったのか？　また、どの位置で手じまったか？
▽パニックや損失に対する恐怖感といった感情に、どの程度影響されたか？
▽逆張り投資のスタイルで、株価が反転上昇しそうなころ合いを見計らって買ったのか？　それとも、株価はずっと底ばいだがファンダメンタルズは良好だから、ここでブレークして上昇すると判断して買ったのか？
▽長期間保有したのか？　それとも、持ち続けるのは不安なので、わずかに値上がりしたところで、さっさと売却したのか？
▽保有している銘柄が長期的な上昇トレンドに入ったとき、長期のトレンド・フォロー（順張り）投資家にならって買い増したか？　それとも、損失が怖くなって手じまったか？
▽もし株価が下落して自分の取得価格を割り込んだら、ファンダメンタルズに対する自分の理解を信じて買い増したか？　それとも、損失を限定するためにすべて売却したか？
▽もし株価が上昇したら逆張りで臨み、いずれ天井に達して下落すると考えて空売りをしたか？

もうおわかりだろうが、こうした質問は、リスクを取る決断と感情の関係についてトレーダーから話を引き出す際の糸口として役に立つ。トレーディングの成功と失敗に影響を与えるさまざまな態度への理解を深めることや、トレーディングスタイルの規則性を明らかにすることの助けにもなる。

トレーダー自身がその規則性を自覚すれば、自らの可能性を抑えているパターンを見出すこともできる。そして、このパターンを改善するか取り除くかすれば、それまでの殻を打ち破り、もっと大きなリスクを取って運用成績を高めることが可能となる。これらの質問は、トレーダーの心理状態と、株価の動きに対するトレーダーのアプローチの仕方との関係を示唆するものでもある。

ケーススタディ

大きなリスクを取るための方法

市場の変化に柔軟に適応して上手に利益を得るためには、トレーディングの方法を自分なりに調整する必要がある。トレーディングで利益を得る方法はひとつではないが、すでに行っている自分のやり方を踏襲したものでなければならない。私は心理学の視点からアドバイスを行い、トレーダーの行動を修正して、リスクを扱う能力を高めたいと考えている。

とはいえ、トレーダーが抱える問題は多種多様である。ポジションを長期間保有できないトレーダーもいれば、大きなポジションを持てないトレーダーもいる。基本的な知識を増やしたりアナリストの助けを借りたりしようとしないトレーダーもいれば、ポジションを大きくしたりベータの大きい（荒っぽい値動きをする）銘柄を売買したりできないために運用成績のあがらないトレーダーもいる。

ポジションのサイズは、必ず大きくしなければならないものではない。市場全体のボラティリティが高まれば、トレーダーのポートフォリオが抱えるリスクもあわせて高まることが多く、ふだんより大きな利益を得る可能性も大きくなる。ただその場合、トレーダーは、そのリスクがあっという間に過大にならないように、そして心理的に参ってしまうほど大きな損失が発生する危険性が高まらないように、留意しなければならない。

トレーディングを始めて間もないクリスは、保有する株式が値下がりするかもしれないという恐怖感にとらわれやすく、あまりに早く手じまってしまうため、少額な利益しかあげられずにいる。これを克服するには、大きなポジションを長期間保有できる力を身につけなければならない。具体的には、含み益が出たら一部を売却してある程度の利益を確定し、その後株価が下落したところで買い増しし、上昇トレンドが続く限り保有するようにするとよいだろう。

かつて長期の割安株投資をモットーとしていたロビンは、ファンダメンタルズに問題がないと思われる場合であっても、含み損が発生したら損切りすることを学ぶ必要がある。長期投資志向のせいで、損切りによって損失額を抑える能力が発揮できない傾向があるからだ。損失が出たらいったん売り切り、風向きが良くなったらもう一度トライする手法を身につければ、損失を止めることよりもチャンスを見つけることにもっとエネルギーを振り向けられるようになるだろう。

レジーというトレーダーは、どうすればもっと大きな売買ができるだろうか、と私が尋ねたとき、次のように答えた。「私は自分の売買を毎晩チェックしている。今日はどんな事件があり、自分はどこで損をしたか、どんなチャンスを見逃したか、どこを改善すればよいかといったことを毎晩考えている。だが最も重要なのは、うまくいっているやり方を続けることだ。せっかくうまくいっているのだから、下手にいじって壊すのは得策じゃない」

レジーは、トレーディングの背後にある思考プロセスの重要性がわかっている。なぜ自分がこのポジションを持っているのか、その理由をできるだけ明快に把握しておくということだ。もしそれができていなければ、その理由はトレーディングを続ける間にころころ変わり、トレーダーは混乱して目標を見失う恐れがある。そうならないためには、準備が何よりも重要だ。目標を決め、どんな成果を具体的に得たいかを決める。そして、そのために必要な売買の数を決める。それぞれの売買のリスクを測り、取るべきポジションのサイズを決める。最後に、リスクとリターンの関係が最も有利となる点でポジションを持ち、どこで手じまうかを決める――こうした手順はすべて、あらかじめ決めた具体的なゴールに沿ったものでなければならない。
また、具体的な目標を定めてしっかりと準備をしておけば、日々現われる新しい材料に対応するのが楽になる。柔軟性が最大限に高まる一方で、行き当たりばったりのトレーディングに陥らずにすむようになる。

これらは、私がそれぞれのトレーダーのトレーディングスタイルについて知るために、どのように彼らと協力しているかを示す実例の一部に過ぎない。質問に答えたり特定の売買について考えたりすることで、トレーダーは自分の思考プロセスを掘り下げ、自分の悪い癖を見つけていくのだ。

問題を特定する

リスクを取って市場の不確実性を克服するためには、自らの限界に挑み、新しいスキルを身につけ、困難に直面しても取り乱さずに行動する強い意志が求められる。そのためには教えを乞い、周囲からの支援を受け入れ、恥ずかしがらずに質問し、落ち着いているように見せたいという見栄を捨てる必要がある。最高のトレーダーは他人の話に謙虚に耳を傾け、失敗してもへこたれない。そして自分のトレーディングを客観的に見たり、リスク管理の新たなスキルを学んだりできるように、常に自分を鼓舞している。

リスクを取って市場の不確実性を克服するためには、注意散漫になったり、議論に明け暮れたり、自説に固執しすぎたりしてはいけない。売買による利益と損失を予想してリスクを測ることをいとわず、ふだんよりも大きなポジションを取って新しい行動パターンを試す気構えを持たなければならない。また、新しいことを始めるときの不安も乗り越えなければならない。

トレーディングには常に同じ姿勢で臨む。ただ、損失が出たらポジションを縮小することも覚えなければならない。含み損が生じ、傷がさらに深くなりうる取引に固執してはならないし、自分の知識やスキル、取引執行能力を高めるために資源を投じる能力も身につけなければならない。

こうした基準をリスク管理に取り入れているかどうかをトレーダーのジルに尋ねると、次の答えが返ってきた。「今は一〇〇〇万ドル運用しているが、五〇〇〇万ドルになっても同じようにうまくやれると思う。トレーダーの中には、運用額が増えると損も増えると考える人もいるそうだが、そういう人は資金を全額運用していない。損を出してはいけないという気持ちに縛られているからだ」

本書でも何度か繰り返すが、トレーダーにとって重要なのは、リスクの許容度を高めることである。一度に売買できる株数を一万株から三万株に引き上げるにはどうすればよいかということである。これができるトレーダーは、リターンを維持したり高めたりする必要があることを認識し、自分の収益性を総合的に高めることによってリスクの限界を引き上げている。

簡単そうに聞こえるかもしれないが、実行するのは難しい。一人ひとりの抵抗感や、過去に形成された行動パターンへの配慮も必要だ。例えば、株式を安値で買い、数パーセント上昇したら利益を確定するという取引を繰り返してきたトレーダーがひと皮むけるには、株式をもっと長期間保有し、もっと大きな利益を得る術を学ぶ必要があるかもしれない。あるいは、一日単位で目標を設定し、その達成のためにはポジションをすべて手じまうこともいとわないという姿勢を学ぶべきかもしれない。ひょっとすると、株価が上昇したら空売りし、値下がりしたところで買い戻すという逆張り投資のスタンスそのものを変えるべきかもしれない。

次章以降では、読者がトレーディングで抱えるリスクを大きくしているかもしれない問題を見つけだすお手伝いをしたい。具体的には、損失を大きくしたり、ポートフォリオのバランスを崩したり、ポジションを十分な大きさに拡大できなかったり、十分な額の資金を使えていなかったり、ポートフォリオのボラティリティを小さくしすぎてしまったりする原因を探し出す。

そうした後で、それらの問題の根底にある要素、すなわちトレーディングの妨げになる性格や常識（衝動的に行動する傾向、完璧主義など）を見つけだし、それを克服する方法について検討したい。

ケーススタディ

心の中の障害物を取り除く方法

マーティンは、最も安い局面で買い、最も高い局面で売りたいという気持ちが強かった。しかし、これは多額の損失を招きかねない高リスクのトレーディングスタイルであるため、彼はこの気持ちを抑える必要があった。そこで私は、次のような対話を通じて、その試みを支援した。

この対話は、リスクを柔軟かつ手際よく扱うために必要な修正作業に取り組んでいるという意味で、本書の本質に触れているといってよいだろう。

マーティン　今年（二〇〇〇年）の目標は、昨年よりも抜け目なく、かつ大きなポジションを運用すること。投資対象企業についての理解を深め、誰にも負けない運用成績を達成することです。データはそろっているし、企業訪問もしています。アナリストから情報提供も受け、このあたりはうまくいっています。問題は自分の読みにこだわりすぎることです。株価が下げているときでも強気な見方を捨てられないんです。英国では四月になると税金対策の投げ売りが出るはずだから、ここが買い場になると考えてしまう。おかげでかなりの損失が出ていると思います。

キエフ　なるほど。ではお尋ねしますが、あなたの読みに一定のパターンはありますか？　例えば、相場が下げているときは買い持ちにして、上げているときは逆に売り持ちにするといった傾向はありますか？

マーティン　景気動向に敏感に反応する循環株については、そういう取引をしたことがあります。株価が下がったり、アナリストが業績予想を下方修正したりして人気が離散したときに買いを入れるんです。ハイテク株でこれをやったら破産していますね。それに最近では、循環株でもこの手は使えません。値上がりしている銘柄を見つけてそれに便乗するしかない。でも、私はそういう売買をしていません。

キエフ　トレンドに逆らうトレーディングのおかげで、かなりの損失が出ているわけですか？

マーティン　トレンドを見てトレーディングをしたおかげで、すでに損失がかなり出ています。もし相場の読みを一切やらずに勝負していたら、今年は素晴らしい年になるはずでした。やはり、投資対象企業の話は聞かなければ。相場の方向性をあれこれ予想するよりも、そういう材料で売買するほうがずっと簡単ですよ。

キエフ　そういう逆張り投資に惹かれるのはなぜだろう、と自分では思いますか？

マーティン　そうですね、逆張りのほうがベータは大きいし、そのぶん儲けも大きくなる。それに何より刺激的ですね。

キエフ　逆張りで投資をしたいという気持ちを抑えるのは難しいですか？　逆張りでないとやっぱり物足りませんか？

マーティン　物足りないですね。値上がりしているものを追いかけるように買うとか、値下がりしているものをさらに売り崩していくようなトレーディングは好きじゃない。値上がりするものを先回りして安く買うのが好きですね。

キエフ　株価チャートを見ていて、つい注目してしまうパターンというのはありますか？

マーティン　やはり高値と安値が気になります。どこでトレンドが変わるのだろう、と考えてしまいます。例えば、最近はDRAMが暴落しています（DRAM：Dynamic Random Access Memoryは、パソコンなどで用いられる半導体チップの一種。パソコンのオペレーティングシステムを動かしたり、プログラムを立ち上げたり、ファイルを開いたりするたびに情報を読み込む。そのため、DRAMの価格はパソコンの最終需要を反映するひとつの指標とみなされ、またそのスポット価格は簡単に調べられるため、最終需要の強弱も判断しやすいとされた）。これじゃ、メーカーは借入金の利息も払えません。韓国メーカーがどんどん価格を引き下げていますからね。そこでわれわれは、そのうちの一社の株を買うことにしました。DRAM価格が下がれば下がるほど、DRAMメーカーの株は安くなると読んだからです。DRAM価格が下がるところまで下がれば、DRAMから撤退するメーカーが出て、DRAMメーカーの株は売られます。しかし、いずれは需給が好転し、株価は底打ちするでしょう。われわれは、それまで

DRAMメーカーの株を買い続け、株価が急反発したらすぐに売却して手じまうのです。

キエフ　どうしてそんなに早く、相場が反転する前に動くのですか?

マーティン　たぶん、一番乗りしたいんでしょうね。ヒーローになりたいんですよ。紙・パルプとか、化学とかの循環株のトレーディングで味を覚えてしまったんです。昨日はDRAM関連で韓国の電子部品会社の株式を買っていました。下落基調をたどっていたからです。データが二つ出るのを待って、二、三の銘柄に買いを入れるだけの取引でした。一番乗りしようとして、まだ値下がりしている銘柄を仕込んで、結局わずかな損失を出して終わってしまいました。

キエフ　そういう売買では、どんなときに損失を出していますか?

マーティン　相場の転換点がなかなか現われないことが時々あります。ずるずると一〇~三〇%下落して、含み損が一〇〇万~二〇〇〇万ドルに膨らむと、さすがに損切りせざるをえない。でも、そういうときが相場の底なんです。結局、トレーディングを仕掛けるのが早すぎて、我慢しきれないんです。

キエフ　では、リスクをもっと上手に管理するにはどうすべきだと思いますか?

マーティン　値上がりしている銘柄を買い上がるのを恐れないことでしょう。例えば、投資したい銘柄がひとつ見つかったとします。株価を見ていたら九〇ユーロから四〇ユーロに急落して、その後五〇ユーロに戻したとしましょう、私ならその五〇ユーロでは買わないでしょうが、本当はそこで買うべきなんですね。もしその会社の内容がよくて、投資する十分な理由があるとすれば、それが直近の安値からどの程度値上がりしたかなんてどうでもいいことなんです。チャートなんてどうだっていいんですよ。

キエフ　値上がりしているものを買うのが嫌いで、再び売られるのを待つ。あなたのトレーディングには習慣というか、一定のパターンがあるのかもしれません。失礼ですが、財布のひもは固いほうですか?

マーティン　お金を使うのは嫌いです。値上がりしているものを買うのが嫌いなんです。あれは無駄遣いでしょう。私は根っからの逆張り派で、人が売っている物を買うのが好きです。大量の売りが出ているときに買うのが好きなんですよ。

キエフ　思うんですが、あなたはトレーディングのやさしい部分ではなく、わざと難しい部分に取り組んでいますね。事情がわかっていれば流れに逆らって買い向かうのが苦にならないとおっしゃるし、「DRAMの値下がりを先取りする。まわりが三〇で売っているときにはどんどん買う。一〇まで値下がりして底を打ち、一二に値上がりしたら売る」ともおっしゃる。残念ながらあなたは、なかなか実規しない価格の反転上昇のために、大きなリスクを取り続けているようです。お金を節約したい、値上がりするものは買いたくないという気持ちに縛られて、反転を待ちつつ値下がりするものを買い続けて損失を計上してしまうのですよ。

さて、今よりもトレーディングで利益をあげるために、何かできることがあると思いますか?

マーティン　やっぱり、まわりが買っているものを買いたくはないですね。まわりが売っているものを買いたいと思います。

キエフ　その見方が、あなたを傷つけているのかもしれません。トレーディングで利益を得るためには、まず利益のことについて頭をもっと働かせる必要があります。たとえ、それによってあなたの独自性が損なわれるとしても。「これから底を打って値上がりするから買う、あるいはこれから天井を付けて値下がりするから売る」というスタイルなら独自性を発揮できるでしょうが、利益の最大化には役立たない。邪魔なだけです。

マーティン　なるほど、確かにそうですね。

キエフ　つまり、あなたには掘り出し物を探すのに熱中するあまり、生産性を落としているのです。考えてみてください。ご自身の逆張り好きは、多額の損失を出してまで維持する価値のあるものでしょうか?

マーティン　そんなことはありません。この相場観の呪縛からなんとか逃れたいと思っているぐらいですから。

キエフ　では、変えなければならないのは、あなたのトレーディング観そのものです。もっと柔軟性を持つ必要があると思います。

マーティン　カメレオンみたいに。

キエフ　そう意固地になってはいけません。市場の語ることが真実です。市場が現実なのです。

　あなたは自分の現実、つまりほかの人と違うことがしたいとか、一番乗りになりたいとか、周囲のコンセンサスとは違う考えを持って成功したいとかいう考えをトレーディングに持ち込んでいるわけですが、それは他の分野で試みるべきでしょう。それに、投資している企業についてもっと調べれば、株価がどこで反転上昇するか予想しやすくなるはずです。ポジションを持つのは、反転上昇してからでよいのです。

マーティン　そうですね。そうしなきゃいけませんね。

キエフ　では、どこから手をつけましょうか?

マーティン　まずポジションを小さくする。それから、辛抱強く待つことを学ばなければならないでしょう。

キエフ　逆張り投資の衝動を完全に制御できるまでは、慎重に売買する必要もありますね。

マーティン　まわりが買っているときに自分も買う、まわりが売っているときに自分も売るという行動が取れるようにする必要もあるんですね。

この事例をここで紹介したのは、私とトレーダーの対話の性格がはっきり出ているからである。信念や態度がリスクを取る行動にどう影響するか、リスクを合理的に扱う能力を高めるにはどうしなければならないのか、理解してもらうにはどんな自己診断が必要か、この対話を読めばお分かりいただけるのではないだろうか。

マーティンとの対話は、継続的に現われるトレーディングパターン、その中でも最も典型的なパターンをトレーダーと一緒に振り返ることがきわめて重要であることを示唆している。トレーディングスタイルの短所と長所、コストと利益、その戦略を継続することに潜む危険性などが浮き彫りになる様子もわかっていただけただろう。

さて、次の段階では、トレーディングスタイルが、トレーダーの基本的な個性や性格とどのように関わっているかを探ることにする。先ほどの例で、マーティンは逆張り投資家であることに強いプライドを持っていた。利益を得ることよりも、周囲と違う人間であることのほうを重視していた。

自分がそのような常識を持っていることを理解しなければ、そして利益目標を設定してその達成を強く意識しなければ、マーティンはリスクを取るための戦略を変えることができずに終わってしまうだろう。つまり、彼にとって本当のリスクとは、慣れ親しんだ逆張りの習慣を捨て、トレーディングの成功に欠かせない行動様式を受け入れることなのである。

巷にあふれるトレーディング指南書と本書との最大の違いは、さまざまなトレーディングスタイルを検証したうえで、トレーダーがそれまでのアプローチを変え始めることができる方法について体系的に論じていることである。心の中にある基本的な習慣やものの見方を制御して利用しない限り、リスクを効果的に管理できる達人トレーダーにはなれないというのが、本書の基本認識である。

◆実践の手引き

状況に応じて引き受けるリスクの量を適宜調整できるようにするには、何をどうすればよいのか。私はまず、自分のトレーディングスタイルを知るべきだと考える。先ほどのマーティンとの対話を思い出しながら、自分だったら個々の質問にどう答えるか、ぜひ考えていただきたい。

次に、最近行った売買の記録とその銘柄のチャート（例えば、売買前の半年間のチャート）を参照しながら、次の問いに答えていただきたい。

▽チャート上のどこでポジションを持ったか？
▽どこでそのポジションを大きくしたか？
▽どこで手じまったか（手じまった場合）？
▽この銘柄の売買に、あなたのトレーディングスタイルは反映されているか？
▽底値で購入し、値上がり基調に乗って買い増したか？　それとも、底値で購入して少し値上がりしたところで手放したか？
▽逆に、その銘柄の値上がりは空売りのチャンスだととらえたか？　そして天井を打って下落し始めてから手じまったか？
▽トレーディングに対するあなたのアプローチから、あなたの総合的なトレーディングスタイルについて何かを読み取ることができるか？
▽チャートを見ながら、ほかのトレーダーならこんな売買をしたかもしれないと想像することができるか？
▽自分とは違う方法で売買しそうなトレーダーを知っているか？
▽この銘柄の売買について、こんなやり方もできたかもしれないというスタイルがあるか？　トレーディングスタイルを改良して、もっと大きなリスクを取れるようにしたいと考える場合、どんなステップを踏む必要があると考えるか？

▽そのようなステップを踏むにあたり、障害はあるか？
▽苦手なトレーディングスタイル（不安感や不確実性が大きすぎて、うまく売買できないスタイル）について、過去にどんな経験をしたか？
▽投資先企業のファンダメンタルズを十分理解し、株価が自分の思ったとおりの方向に動いているにもかかわらず、そのポジションを大きくするのは難しいと思うことがあるか？

ひと口にリスクを取るといっても、その機会にアプローチする方法は多様であることがおわかりいただけたと思う。これらの質問を自分なりに考えていけば、トレーダーとしてのスキルと柔軟性を高めるために必要なステップが、自ずと見えてくるだろう。

第2章　トレーディング・アプローチを理解する

意識するしないにかかわらず、プロのトレーダーは自分なりのトレーディングスタイルを持っている。それがどんなものかわかれば、それを改良することによって、リスクをもっとうまく管理できるようになる。

私はこの一〇年間、ゴールの設定や運用成績の分析、行動を抑制する心理の分析などを通じてトレーダーが自分なりの意思決定の仕方を定めたり、運用成績向上のテクニックを修得したりするのを手伝ってきた。

リスクを取る際に働く心理

自分のトレーディング手法が運用成績を伸ばしているか抑えているか、それを意識しているか否かにかかわらず、トレーダーがリスクを取る際に、何らかの心理が作用していることは間違いない。

なかでも重要なのは、行動経済学でいう「心の会計《メンタルアカウンティング》」である。これは、すでに所有しているものの価値を、まだ所有していないものの価値よりも高く評価する傾向のことだ。含み損が発生したポジションをトレーダーがずっと抱えてしまうのは、この傾向によることが多い。逆に、まだ所有していない銘柄の価値を過小評価し、買い上がるのを頑なに拒み、上昇基調に乗り損なって利益を得る機会を逸してしまうのも、この傾向のせいであることが少なくない。

トレーダーはまた、利益よりも損失に、利益を確定するリスクよりも損失を回避するリスクに、大きな注意を払う傾向がある。これは、物事の結果を、たとえその中身が同じであっても、利益か損失かでとらえる「認識」に基づいた選択である。

実際、利益や損失をどのように「コード化」するかによって、トレーディングの決断がお粗末なものになることは珍しくない。損失がもたらす痛みと同額の利益がもたらす喜びを比較するとき、トレーダーは前者のほうを重く受け止める傾向があるため、相場の流れが変わることを期待して含み損のあるポジションを保有し続けたり、ナンピン買いに走ったりする。そして含み益のあるポジションについては、買い増しによって利益を膨らませることには消極的で、放置しておく。

自分が何をどのように選択しているかを理解すれば、自分の決断が一〇〇%合理的だとは言えないこと、むしろそのときの感情や本能、反応などに影響されていることに気づくことができる。

そして自分のアプローチを理解すれば、意識的かつ積極的な戦略を採りやすくなる。さらに、自分がいかに人間的で感情に左右されやすいかを理解すれば、自分のトレーディングに影響を及ぼす意識的な（あるいは無意識的な）態度をあらかじめ考慮に入れた反直感的なアプローチを採ることも可能になる。リスクを取るという難問に立ち向かい、自分のトレーディングを支配している自動的な行動パターンを克服することも可能になるだろう。

このような積極的なアプローチでカギとなるのは、トレーディングの成功というビジョンを大きく膨らませ、そのための具体的なゴールに向けて売買に真剣に取り組む（コミットメントする）気構えである。本章では、このコミットメントの過程を概観し、それがリスクを取るためのモデルとしていかに役立つかを述べていく。

コミットメントの力

コミットメントとは、成功の保証がないことを承知のうえで一定の成果を約束し、わざと自分を追い込むことである。

人は何らかの成果を公約すると、それをきっかけに自分のビジョンに沿った行動をとるようになるため、変化が起こる可能性がそこで生じる。その意味でコミットメントは、自分を追い込むことによって秘められたエネルギーを大量に解放し、ビジョン実現の可能性を大いに高める行為なのだ。

われわれは普通、妥当で、確実で、達成可能な基準をゴールに定めることに慣れている。そのため、過去を思い出し、自分のゴールが達成可能かどうかを常に探っている。予測可能で確実な世界にとどまりたいと思っている。この経験は繰り返される。未来に向かって進むときも、実証済みの公式や方法を当てにするのが普通であるからだ。そのため、ゴールを達成できなければ自分のミスを責める。達成できても、予想された満足感がなければいらだってしまう。

一九世紀の思想家ラルフ・ウォルド・エマーソンによれば、人間には摩擦を感じることなく、流れるように物事を進められるときがある、それは、自分の知らない不確実性の世界に足を踏み入れることができるとき、そしておのれの弱さと無知を認めることによって秘められた自分の能力を最大限に発揮しようとするときだ。そして、そういうときには偉業が達成されることがあるという。

コミットメントの一例として、二〇世紀初頭に活躍した曲芸師ジョー・グリーンスタインの話を紹介しよう。彼は、自分にはそんなことはできないと思い込む「不可能思考」を克服しなければならないと考えていた。どんな人間にも「ライフ・フォース」という能力が備わっているが、「できっこない、ケガするだけだ」といつも考えているために、それを発揮できずにいると信じていた。

グリーンスタインによれば、内なる小さな声――自衛本能――ゆえに、人間は自分の能力を正確に把握できずにいる。精神的にも肉体的にも、人間には自分の想像をはるかに超えた能力が備わっているが、不可能思考から抜け出さなければ、これを実際に使うことはできない。不可能思考を克服して初めて、やりたいと思ったことができるようになるのだ。

「やってやる」と宣言する

精神と肉体の両面で努力を重ねると、たいていのことはできるようになる。大事なのは、自分の行動を邪魔する自衛本能を克服することだ。そのためには、まず自分に都合の悪い出来事が起こることなど心配せずに目の前のことに集中しなければならない——。このグリーンスタインの考えをトレーディングに当てはめるなら、心の会計や損失回避の傾向を克服せよということになるだろう。

失敗を恐れず、好ましい結果が生まれることを信じて物事に取り組む。そんな姿勢が重要であることを生き生きと伝えてくれる逸話といえば、ロジャー・バニスターの快走をおいてほかにあるまい。一九五四年五月六日まで、多くの人々は人間が一マイル（一・六キロ）を四分以内で走れるとは思っていなかった。バニスターにいわせれば、四分というタイムは「エベレストのように巨大な障壁で、それを超えようとする試みをことごとく打ち破るかに思えた——人間の努力が水泡に帰することもあることを常に思い出させる数字だった」という（**Roger Bannister, *The Four Minute Mile*, The Lyons Press, 1955, p.188**）。

ところが、バニスターが一マイルを三分台で走ったことで、人々の意識は大きく変わった。可能性の概念が外側に大きく押し広げられ、四分という数字は途方もない夢物語から達成可能な目標へと変化した。練習の痛みや不運に耐え、失敗するかもしれないという恐怖心を克服できるランナーであれば、誰でも達成可能なタイムになったのだ。実際、四分という数字はこれ以降、比較的容易な達成目標となり、一九七八年末までには、二七四名ものランナーが「誰にも越えられない魔法の壁」を越えてしまった。

コミットメントとは、「自分にできるだろうか」と問うことではなく、「やってやる」と宣言することである。この決意を公にすることによって、人は「決めたのだからやるしかない」という状況に自らを追い込む。この決意は、自分の過去や自己イメージよりも、将来に対する自分の創造的なビジョンに基づいている。つまり、コミットメントした人は、すぐ目の前にある行動に生きなければならない。過去の実績に頼ったり、遠い未来に自分を投影したりしてはいけない。コミットメントとは、目の前の行動に取り組むことなのである。

「大半の人は必要なことをやろうとしない。やる気がないからではなく、失敗して何かを失うことを恐れているからだ」。あるトレーダーはそう語ってくれた。「彼らに欠けているのは信念だ。信念がなければ何をやっても話にならない。私のいう信念とは、ゴールを設定してそこに至る手順を逆算することだ。いうなれば、トレーダーの信念とは、『そうなることはわかっている。だから辛抱強くならなければならない。目標を達成するために、自分が何をしなければならないかもわかっている』と考えることだ」

信念を持つ

トマス・アクイナスは、信念こそ知識の最高の形態であると述べた。まず、できるだけの努力をする。必要な調査を行い、何年も勉強し、景気の後退と回復を何度も経験する。そうした過程を経て初めて、自分は正しいと確信することができる。これこそ、前述のトレーダーがいう信念である。自分には信念があるといいながら正反対の行動を取ることほど、ひどいことはほかにない。

その日の目標を決めてコミットメントするとき、トレーダーは周囲の環境や障害、疲れなどに屈しないことを誓い、それも自分が進む道の一面だと考える。コミットメントすれば、障害に直面しても恐れを感じることがなくなり、その障害をチャンスに変えることができるようになる。大きなビジョンを描いてそれにコミットメントするとき、トレーダーは自分の人生の結果ではなく原因になる。ひたむきに取り組むことで道が拓け、苦難に耐える力も増す。自分のイメージに縛られることもなくなる。自分だけでなく、失敗して落ち込んだ周囲の人々を励ますことにもつながる。

このようにリスクに対する見方を変えることは、高い崖から海に飛び込んだり、スカイダイビングをしたり、急流を小さなボートで下ったりすることに似ている。ひとたび思い切れば、水に入ったり自由落下したりする経験そのものが、その人の経験の質を規定する新たなコンテキスト（文脈）になる。

例えば空中を飛んでいるときには、落下する姿勢やパラシュートの操作、着地などをすべて自分で制御しなければならない。いずれもその瞬間の最優先事項であり、集中して取り組む必要がある。海に飛び込んだり、急流を下ったりするときは水が状況をつくり出す。次に何が起こるかは、その場その場の環境によって変わってくる。

これらはいずれも短時間で終わってしまうが、注意や意識を集中させるという意味で、そして「今」を生きていることを強く実感できるという意味で、非常に価値のある経験である。重要なのは（スカイダイビングのたとえが一番わかりやすいだろう）、状況に注意を払わなければならないということだ。人の反応を支配し、人の行動に影響するのがこの状況だからである。

飛行機から飛び降りるとコミットメントしたら、あとはとにかく着地するしかない。主義主張も、感覚も、過去の思い出も、この際ほとんど関係ない。飛行機から飛び出した後で、飛び降りるという行為そのものにいかに反応するかが最も重要な問題である。

同じことがトレーディングにも当てはまる。重要なのは、何らかの目的にコミットメントすることによって自らつくり出した状況に、何が起こるかである。失敗するかもしれない理由を考えることなどやめて、計画段階という安全地帯を飛び出して行動しなければならない。

飛び出したら行動するしかない。あらかじめ立てた方針に従って行動し、「今ある自分」から「これからなりたい自分」に向かって進む。足元の現実と将来のビジョンとの間にあるギャップは、構造的で創造的な緊張感を生み出す。それは現在のリスクを取る姿勢に何が欠けているかを指し示し、ビジョンの実現に何が必要かを教えてくれる。

現状に「甘んじる」のではなく具体的な成果にコミットメントすることは、目の前の現実に対処する有効な方法である。なぜなら、その過程で人はリスクを取ることになるからである。

ケーススタディ

ゴールを決めて自分を追い込む

トレーダーは、これまでよりも大きなリスクを取って具体的な成果をあげるコミットメントを行うことで、自分を心理的に追い詰めなければならない。不慣れな状況にわざと自分を追い込まなければならない。その意味で、コミットメントはスカイダイビングに似ている。もちろんこれは知的なプロセスであるが、事態がどう進行しているかをすぐに知ることができるという意味で行動的なプロセスでもある。

あるトレーダーはこんなことをいっていた。「ゴールを設定すると、これまでとは心理的に違う角度から投資を見ることができる。以前は市場が与えてくれる材料をもとに投資していたが、ゴールを設定したら、そんなことはどうでもよくなった。今では、自分の目標に合致する市場から自分は何が得られるか、どんな成果を得たいかがトレーディングのテーマになっている」

まず、達成したい数字を決める。そうすれば、その結果を得るために何をしなければならないかが見えてくる。運命に身を委ねるのではなく、何をどうするか、すべて自分で決めるのだ。そうしたほうが、目標を達成する方法は見つけやすくなる。

私はコミットメントという言葉に、型にはまった思考から抜け出すという意味を込めているが、為替トレーダーのマーカスとの対話では、その点が見事に浮き彫りにされている。マーカスはアマチュアのアイスホッケー・チームのメンバーでもあり、プレーオフの最初の試合を落としたことを悔やんでいた。

マーカス　日曜日の夜にプレーオフの試合があったのですが、会場に来たメンバーはたった五人で、控えがいない状況だったんです。第一ピリオドはまずまずでしたが、第二ピリオドの半ばになって、みんな疲れて集中力が切れてきました。普通は選手一〇人で適宜交代しながらやっていますから、五人ではとても大変です。

キエフ　なるほど。あなたのチームは勝つためのコミットメントをしていましたか？

マーカス　会場に来たメンバーは全員、勝とうと思っていましたよ。

キエフ　もし勝つことが目的だったなら、そしてメンバーが全員会場に来れば勝てたなら、あなたのチームは勝とうというコミットメントをしなかったことになります。会場に来たメンバーも含めてね。なぜなら、確実に勝つための準備を怠っていたからです。全員が確実に勝利するように手配すべきだったのです。それが確実に勝利するためのひとつの方法だったのですから。

マーカス　確かに、全員そろったときには一度も負けたことがなかったですね。

キエフ　会場に来たメンバーも、しっかりコミットメントしていたようには思えませんね。

マーカス　来たメンバーですか、それとも来なかったメンバーですか？

キエフ　来なかったメンバーがコミットメントしていなかったことは明らかです。私がいいたいのは、会場に来たメンバーも、確実に勝つために必要な準備をしていなかったということです。全員そろえば勝てただろうとあなたはいいますが、あなた方は何が何でも全員そろえようとはしなかった。言い訳はなしです。必ず勝つという保証はありえませんが、あなた方は会場に全員を集めなかったことによって、勝つチャンスをみすみす捨ててしまった。これに人生を賭けているんだという気持ちがあれば、電話するなりして人数を確保できたでしょう。違いますか？

マーカス　そのとおりです。確かに、それほどのコミットメントはしていませんでした。

キエフ　勝つためには、それしかないんです。

マーカス　試合中は全員勝ちたいと思っていました。

キエフ　でも、最後まで集中することができなかった？

マーカス　そうですね。仕方ないですよ。

キエフ　人間ですからね。何かを新しいことをやろうと思ったら、いつもと同じことをして満足していてはだめです。特別な努力をして不測の事態や惰性、障害を乗り越えなければなりません。チームのメンバーは、その気になりさえすれば会場に来られたはずです。出てくるようにあらかじめ念押しするとか、励ますとか、丁寧に指導するとか、ベビーシッターを手配するとかすればいいんです。

マーカス アイスホッケーに限らず、何にでもいえそうなことですね。

キエフ あなた方はプレーオフに駒を進めた。しかし、最後の最後でミスを犯した。みなさんでよく話し合ってみてください。もし来年勝ちたければ、試合には必ず来る、たとえ嵐でも会場に来るようにしなければなりません。相手チームでは、全員そろうように誰かが気を配っていたんです。勝つと決意し、そのために必要なことをやるんです。ウエイン・グレッキーはずば抜けて頑健ではないし、速いわけでもありませんが、全米ホッケーリーグ（NHL）のスーパースターになったでしょう。人よりも多く練習すれば、スーパースターになる可能性が生まれる。この点はトレーディングと同じです。

一日単位で目標を設定する

本書では、ゴールを設定し材料に反応する短期のトレーディングモデルにおけるリスクの取り方を論じる。拙著 *Trading to Win* で提唱し、その続編 *Trading in the Zone* で発展させたモデルである。

このモデルのポイントは、目標を一日単位で設定することにある。またトレーダーに対し、トレーディングの方法についてもっと責任を持つよう説いているのも大きな特徴である。責任を引き受けることで自分の態度や習慣を見直さざるを得なくなり、利益の最大化とリスクの最小化を妨げる要因を見つけだすことができるからである。さらに、損失発生の可能性を低くしながら利益獲得の可能性を高くするために、一日単位で目標を設定してリスクを管理するよう促している面もある。目標を設定すれば、その達成に必要なポジションのサイズを決定し、どの程度の幅でポジションを大きくしていけばよいかを判断できる。また、自分への負担を軽くするために損失を抑えなければならないことも分かるようになる。さらに、自分のインフラや戦略に不備がないか、確かめざるを得なくなる。あらゆることが目標の達成に向けられ、トレーダーはその目標さえ達成すればよいという形になる。

このとおりに事を運ぶためには、成果を得るのに必要なことをやり遂げる強い意志がなければならない。日々の目標を考慮に入れれば、どの程度のポジションを持てばよいか、どの程度の損失なら許容できるか、把握しやすくなる。また、自分の行動のどこを改めればよいかも見つけやすくなる。

例えば、第1章に登場したマーティンのような逆張り投資のトレーダーが、戦略を誤って大きな損失を抱えたら、それがいかなる苦痛を伴おうとも、投資に対するアプローチを変えなければならない。また、月の第一週には利益を計上できるが、次の週にはその半分を失うことが多いトレーダーは、自分のリスク管理の技術を見直し、集中力が途切れないようにしなければならない。

運用成績を高めるためには、自分の行動パターンを調整し続けることも必要だ。目標を重視して行動すれば自分に何が欠けているかを考えるようになり、レベルの高い、先回りのできるトレーディングには何が必要かも分かるようになる。

相場が自分にとって都合のいい形になるのを待つのではなく、自分がどんな成果を望んでいるかをあらかじめ把握し、その実現に向けたトレーディング戦略を構築しておく。成果の一部はそのようにして手に入れることができる。上記のアプローチは、そんな考え方を基盤にしている。

もちろんこのアプローチは、伝統的なファンダメンタルズ重視の割安株投資のアプローチとは別物である。スタンダード・アンド・プアーズ(S&P)五〇〇種指数やラッセル二〇〇〇種指数などの著名な株価指数よりも高い運用成績を目指すヘッジファンドやミューチュアルファンドは、そうした割安株投資アプローチを取ることもあるが、私が論じるアプローチはもっと高いリターンを狙っている点に注意されたい。

短期的アプローチと長期的アプローチの違い

この二種類のアプローチには、哲学的ともいえる重要な違いがある。材料を重視する短期的なアプローチは成果を「生み出す」可能性を重視し、長期的なアプローチは市場の動きに沿った成果を「受け入れる」可能性を重視しているという違いだ。

第1章でも論じたように、長期の割安株投資のアプローチを取るトレーダーは、関心のある企業のファンダメンタルズを調査する。そしていったん購入すると、少しぐらい値下がりしても動じない。自分が入手した情報が良質で、かつ自分の分析が正しければ、値下がり局面は買い増しのチャンスであると信じている。そして、安くなればなるほど買いを入れる。一ドルで買った銘柄が五〇セントになっても、四〇セントになっても買い続ける。値下がりしたら買い、少し値上がりしたところで売りたくなるのが割安株投資のトレーダーだ。

ゴールを設定して材料に反応する短期的なアプローチは、そのような売買をしない。たとえファンダメンタルズが良好でも、損失を抱えたポジションは速やかに手じまいし、その銘柄が反転上昇し始めてから再び買うのがパターンである。

長期の割安株投資家はそういう考え方をしないことが多い。しかし、ゴールを使えばトレーディングにもっと集中できるようになるという考え方なら、長期投資家にも受け入れられるだろう。例えば、月に二～三％のリターンをあげるにはどうすればよいかという具合にゴールを使えばもっと集中できるといえば分かってくれるだろう。私としては、次のような手順をお勧めしたい。

▽投資対象のファンダメンタルズのよさを確信するなら、思い切って大きなポジションを持つ。
▽すでにかなり上昇しており、値上がり余地は乏しいと思ったら、ポジションを小さくする。
▽流動性が乏しい銘柄については売りポジションを小さくする。
▽空売りについては、大きな損失を出さないように銘柄を厳選する。
▽保有している理由があまりない銘柄は手じまう。
▽短期的な材料を「ノイズ（雑音）」とみなさず、それによって利益を得る可能性がある場合に

は短期的な材料にも注目する。たとえその材料に基づく売買が、想定している長期トレンドとは逆方向となる場合でも気にしない。

ゴールを意識した戦略を取る

長期の割安株投資ポートフォリオを運用するトレーダーと話をするとき、私は彼らの戦略にゴールという強力な概念をつけ加えることで、運用成績の向上を支援したいと考える。通常、長期投資は市場が成果を与えてくれるのを待つアプローチであるため、この戦術は受け身なトレーディングからの転換を目指しているといえるだろう。

従来型の投資環境に置かれたトレーダーは、資金を集めてファンドをある程度の大きさにするには何をすべきか考える。具体的な成果を得るためには何をすべきか考えることは、あるとしてもまれだ。また、投資対象のファンダメンタルズを理解することには注力するが、運用成果をあげることにはあまり注意を払わない傾向も見受けられる。これでは、長期にわたって卓越したリターンを生み出すことは難しい。なぜなら、短期勝負のトレーダーのように一日の相場変動から利益を得たり、リスクが比較的小さなトレーディングをしたりしていないからだ。

メルヴィンというトレーダーは、長期投資のトレーダーを次のように評したことがある。

「以前勤めていた会社では、どんな変数が株価を動かすかを理解すれば、具体的な数字はわからなくとも、どちらの方向に行くかはわかるとされていた。設備投資関連株なら、半導体の売上げデータを見ればその後の株価の行方がわかるだろう、というわけだ。だから具体的な目標株価は決めなかったが、ファンダメンタルズの変化をもとにだいたいの目安はつけていた。われわれはみな客観的だったし、このやり方でうまくいく理由も理解していた。だから、値上がりする理由が変わったときには、ポジションをしっかり調整していた。ポジションの大きさを決めていたのは、ファンダメンタルズの理解度と需給関係だった。半導体の需要が上向いたら買う、という買い方だ。四半期の業績にも注目していた。たとえ利益が三倍になっていても、予想を下回ったら終わりだった。『業績はわれわれが想定していた水準に達した。ここでひと区切りをつけよう』と考えてポジションを手じまう。たとえ業績から見た割安感のために株価が上がり続けても、われわれの想定した理由によるものでなければ手を引くのが流儀だった」

しかし、同じ長期投資のトレーダーでも、ゴールを意識した戦略を採用するとアプローチが変わってくることが多い。アナリストからポートフォリオマネジャーに転じ、現在はファンダメンタルズに基づく長期投資を行っているデビッドは、次のように話している。「ゴールは自分で設定した目標株価によって決める。そして目標株価は、アナリストとしての自分が、ほかの誰も知らない（と自分では思っている）情報などから決めている。一年後に五〇ドルの価値を持つとみられる銘柄が三二ドルで売買されていたら、この五〇%の値上がりをどうやって自分のものにしようかと考える。何株買えばよいか考えるわけだ。こういう投資のアイデアを二週間にひとつの割合で思いつき、それぞれで二〇〇万ドルの利益を得るとしたら、年間ではざっと五〇〇〇万ドルの利益を得ることになる。問題は、どうやってアイデアを見つけるか、そしてポートフォリオをどの程度の大きさにするかだ。デイトレーダーは一日でいくら稼ぎたいかを考える」

その一方で、次のように語るトレーダーもいた。「短期のアプローチが優れているのは、長期のポートフォリオ運用よりもリスクを小さくできることだ。ゴールのリターンを設定したら、一日単位で戦略を見直すことになる。長期投資では一年間のリターンの目標を決めることになるが、それは非常に難しい。なぜなら、長期投資には自分で制御できない市場変動や出来事がとても多いからだ。短期投資なら、各種の発表や報道を材料に、比較的非効率な市場でトレーディングが行えるため、一日単位で物事を考えればよい。だが長期投資では二五〇営業日ではなく一年という尺度を取るため、完全に制御不能になる。何百、何千という変数が相場を動かすようになり、トレーディングの生産性などまったく予測できない。一日単位の短期トレーディングなら生産性のロスはないし、変数への対応もずっと簡単だ。世間の常識から見ると意外だろうけどね」

「一日単位のゴールを設定すれば誰でも優れたトレーダーになるよう強いられる可能性がでてくる。そうするしかなくなるんだ。投資で重要なのは実績をあげること。それが唯一の尺度だ」

ゴールを設定すれば、当初の目的に沿ったトレーディングを実行するには何をどうしなければならないか、という指針ができる。プールにビーチボールをひとつ放り込み、そこに向かって泳ぐのだと決めてしまえば、もはやあれこれ考える必要がなくなるのと同じことだ。要するに、自分のゴールを決めて公言し、あとはそこに向かって突き進めばよいのである。

ケーススタディ

ゴールの設定は戦略にいかに関わるか

以下の対話では、ゴール設定という観点から、トレーダーの微妙な行動を観察できることを紹介する。私の相手を務めるフレッドは若手の為替トレーダーだが、ここで論じる原則は、株式や債券などあらゆる商品のトレーディングに応用できる。ゴールの設定とトレーディング戦略のつながりに注目していただきたい。

フレッド　自分には市場の雰囲気を感じる力が人一倍あり、比較的小さなリスクで大きなリターンを取っている。利益は早めに確定している。他人の意見や環境の変化に影響されにくく、損失が出てもくよくよしない。自分ではそう分析しています。

キエフ　どんなゴールを設定していますか？

フレッド　利益が出ない日もあることを想定して一日あたり二万五〇〇〇ドル、一週間で五万ドルが目標です。今週あげた利益は五〇〇〇ドルでした。

キエフ　何かトラブルでもあったのですか？

フレッド　前半で損失が続き、いったんトレーディングを降りていたのです。昨日は米ドル売り・スイスフラン買いのポジションで勝負しましたが、目標に達しませんでした。それからユーロ売り・英ポンド買いのポジションをつくりました。ユーロが下げるときにはスイスフランがたいてい高くなります。その後、相場の見方を変えたので、その時点でポジシションを手じまうかストップロスを損益トントンの水準まで下げるべきでしたが、私は自分の考えたリスクとリターンの比率にこだわりすぎて、大きな損失を出したのです。でも、先週とその前の週は自信を持ってトレーディングに臨んでいました。今週はわずか五〇〇〇ドルの儲けでしたが、先々週は三万七〇〇〇ドル、先週は四万八〇〇〇ドルも稼ぎましたから。

キエフ　五〇〇〇ドル稼いでから何かやめてしまったことはありませんか？　つまり、自分のトレーディングから何かが抜け落ちてしまったということはありませんか？

フレッド　月曜日に損失を出して相場から降りたことが響いていると思います。あれからポジションを小さくしたからです。今日の二件の取引でも、それぞれ二本ずつ持てたはずなんです。そうしていれば、今日の利益は三万ドルになっていたでしょう。朝のうちにつくった一件目のポジションで少し損失が出たときに、ポジションを大きくするべきでした。

キエフ　要するに何が変わったわけですか？

フレッド　ポジションの大きさですよ。今週はポジションが小さすぎたし、手じまうのも早すぎた。自分の予想と反対の方向に動いたからといって、小さくするわけにはいかないんですがね。

キエフ　ゴールはプレッシャーになっていますか？　それとも、自分のトレーディングが戦略から乖離しているか否かを確かめるうえで役立っていますか？

フレッド　プレッシャーにはなっていません。むしろ、トレーディングの質はあがっています。無理して売買するつもりはありませんが、ポジションの大きさを維持することと保有する時間を長くする必要性を感じています。月曜日は一万二〇〇〇ドルの損失、火曜日は七〇〇〇ドルの損失です。おかげですっかり臆病になってしまった。米ドルを買って英ポンドを売ったんですが、当局の介入が怖くていつもの半分しか売買できませんでした。勇気があれば、もっとうまくやれたはずです。ですが、その後は自信が少しずつよみがえってきました。精神集中していくつかの売買で利益を出したことで、自分の本能を信頼できるようになりました。今朝などは、一部の先輩トレーダーたちが値上がりすると思っている英ポンドで売りポジションを持つこともできました。自分には自分のストップロスがある、大丈夫だと思えたんです。

キエフ　あなたのアプローチでは、どの程度までポジションを大きくできるでしょうか？　何本ぐらいまでなら大丈夫ですか？

フレッド　一〇本までは自分のガイドラインに沿って売買できます。私の月の利益目標は二〇万ドルですが、損失は一二万五〇〇〇ドル以下に抑えたいと思います。そこから計算すると、もし一四回連続して損失を出したら大きなリスクは取れないことになります。問題は、どの程度のリスクまで耐えられるかです。一〇本以上のポジションとなると、トレーディングスタイルが変わることもありえます。今は一本か二本ですから。

キエフ　一日に何件ぐらい取引できますか？

フレッド　ゴールに到達するには二～四回取引する必要があります。もっとも、まったく売買しない日もあります。同僚のマークは〇・五本か一本の取引を七回こなしていますが、私にはできませんね。しかも彼の場合、すべての売買が互いに関連しあっていて、すべて同じ方向を向いています。狙いが当たれば、利益が一気に膨らむわけです。私にはとても真似できませんよ。

この対話のポイントは、フレッドのようなトレーダーはゴールを売買の基準として利用できるということだ。ゴールがあるために、ポジションの大きさや売買の回数に注意し続けたり、ストップロスの設定に役立てたり、損が出ても取り乱さずに対応したりすることができるという意味である。また、自分の方法論通りのトレーディングができているか、数回の損失で臆病になっていないか、逆に好調すぎて調子に乗っていないか、といったことをチェックする際にもゴールは利用できる。以前目標を達成したときと比べてどれぐらい身を入れているかを測る際にも利用できるだろう。

一般に、トレーダーが目標からそれてしまったときは、それまでうまくいっていたやり方を何かのはずみでやめてしまっているものだ。何が欠けているかを見出し、体勢を立て直して、次のトレーディングに臨む必要があるだろう。

◆実践の手引き

自分の成果を積極的に「つくり出す」ことができるトレーダーは少ない。たいていは、市場が与えてくれる結果をそのまま受け入れ、「確かにこれこそ私が望んだ結果だが、どうすればこの結果が得られるかはわからない」とか「成果があがるかどうかわからないのに、やってみる価値などあるだろうか」と考えてしまう。

本書では、読者が日々の目標を定義し、将来のビジョンを描き、こんなことをやるつもりだと周囲に宣言して実行することを通じて目標を達成していくお手伝いをしたいと考えている。

目標を達成するためには、リスクを取る気概を持たなければならない。具体的な成果を公約し、その達成に必要なことを行い、頭に浮かぶ不安感や否定的な考えをできるだけ回避するよう努力しなければならない。難しいかもしれないが、「これこそ私が望んだ結果だ。よし、この結果を手に入れる方法も解き明かしてやろう」といえるようにしなければならない。

万有引力の法則に逆らうことはできない。しかし、人前で口に出し、自分には結果を出す力があるというビジョンを抱いていれば、大変な偉業を実現できる可能性が残る。そのうちに自分の思考プロセスの力を自覚できるようになり、ものの見方がその力に影響されていることを認識する。そうすれば、自分のトレーディングのやり方について全責任を負えるようになるだろう。

身のまわりの出来事を解釈するための枠組みは、自分の力で変えることができる。ゆえに、目の前に精神を集中してトレーディングに臨むことも可能である。コミットメントを行えば、自動的に動き出す自制心の呪縛を逃れ、自分が勝手に設定してしまった限界や不安を乗り越えられるようになる。日々の目標を設定すれば、自分のリスクを再定義する新しい意識の秩序をつくり出すことも可能になる。長期的な成果ではなく、目の前の行動に集中することにより、それまでの勢いを持続することもできるだろう。自分の望みはいずれかなうだろうと期待しながら暮らすのではなく、日々の出来事に意味を見出すことができるようになるのである。

コミットメントを行うときには、合理的な思考がコミットメントにどの程度干渉するか、そしてやってみたいが行動できない（あるいは、すべきでない）理由を合理的な思考がどのように見出すかを知ることがひとつの重要なポイントになる。

しかし私はここで、コミットメントとは合理的になることではなく、公約しそれを守ることによって自分の人生をつくり上げていくことであることを強調したい。自分の目的を把握し、自信を持ってそれを語り、具体的な活動の細かい部分にまで集中して取り組もうという気概を持つことが重要なのである。また進むべき方向を知り、目標に向かう活力を得るためにも、活動の具体的な側面に注意を集中する必要がある。過去の経験に基づく自己抑制的な先入観や自己不信ではなく、目の前の活動に集中し続けなければならない。

そのような行動に没頭していけば、先入観の多くは目の前のトレーディングにとってほとんど無意味であることが、すぐにわかるだろう。日々の目標を設定すれば、目の前にある現実に自分の注意を集中させることができる。その意味で、目標は世界を見るためのレンズのような役割を果たしている。思考の的を絞り込むほど、そして外部のヒントや支援に頼らないようにすればするほど、フロー体験（自信に満ちた、充実した精神状態）に入りやすくなる。

では、コミットメントが促される状況はどうすれば構築できるのだろうか。それを知るためには、次の質問について考えていただきたい。

▽向こう一年間でどの程度のお金を稼ぎたいと思っているか、現実的に考えよ。ただし、過度に控えめになってはいけない。人は自分の能力を過小評価するあまり、希望を控えめにしがちだ。そして一年間の目標が決まったら、これを一日単位に分割する。トレーディングが数日間にわたる場合は、三日単位の目標や一週間単位の目標を計算してもよいだろう。
▽ゴールへの道筋を阻んでいるものは何か？　なぜ自分はゴールにたどり着けないと考えるか？
▽ゴールに到達しようという努力に影響している態度や感情、常識はあるか？　あるとしたら、それはどんなものか？

▽設定したゴールにたどり着ける保証はなく、どうすればよいかも定かではないが、それでもゴールに向かって進む気概があるか？　自分がコミットメントした成果を実現しようと自信を持って前進できるか？

コミットメントには、自分の目的を明確に定義することも含まれる。前記の問いに対する自分なりの答えをノートに書きとめ、折に触れて目を通し、進捗状況を確認すれば、目的の達成に役立つだろう。また、その過程を日記のように記していけば、ビジョンを選び取る能力を高めたり、コミットメントすることで自分を常にリスクにさらしたりできるようになるだろう。

そして自分のゴール、成果、トレーディングの内容、経験、恐怖、自信の喪失などについて毎日書き記していけば、トレーディングの成功を妨げる恐怖心や自信のなさを把握し、克服するのに役立つだろう。

ビジョナリーと呼ばれる人がいる。頭の中にひとつの世界観をつくり出し、現実をそれにあわせてしまう、先見の明のある人たちだ。自分の経験を日誌に書きとめていくと、この一種のイメージトレーニングのスキルを高めることができる。心の準備をすることによって、自分の行動のレベルを高めることが可能になる。そして、現実を自分の現実認識にあわせることができるようになる。

第Ⅱ部 リスクの問題

第3章　自分の感情にどう対処するか

過去が現実を見えなくさせる

精神科医になる修業をしていたころ、私は神経学のジェフリー・オーズラー教授から興味深いエピソードを聞いた。教授は中枢神経系の講義をするにあたって、ひとつの単細胞の図から始まり、そこに毎週、神経細胞をつけ加えていった。すると、やがて脊髄が形成され、原始的ながら脳髄もできあがった。大脳、小脳、そして人間にとって重要な前頭葉も見事に姿を現わした。

教授によれば、前頭葉は情報の統合、認知、概念化などを司る。過去の情報を蓄えたデータベースを活用したり、将来に備えたり、人間が複雑かつ往々にして危険な環境に対応できるようにしている。

ただ、ひとつだけ欠点があるという。人間の前頭葉は「自分に恋してしまう」ことが時々あり、自分の持つ「不思議な、そして神聖な」パワーに夢中になりすぎて、周囲の環境に適切に対応できなくなってしまうというのだ。

人間が経験する恐怖心の多くは、この前頭葉の非生産的な特徴によるものらしい。つまり、恐怖心から身を守る際に過去の思考様式や行動に依存するあまり、ありのままの現実が見えなくなってしまう。その結果、自分の人生に自分自身が及ぼした影響を無視し、自分の恐怖心に対する責任を否定し、他人に罪をなすりつける。挙句の果てに、自分自身の問題についてありもしない魔法の解決策やシンプルな回答を探そうとする。

自分を縛っている原則

親や教師の影響に対する反応として、人生の早い時期に形成される信念が常識《ライフプリンシプル》である。人生は、この常識が思想として機能することで形づくられる。人が何を考え、何を認識し、世界をどう解釈するか。何をどう感じ、どのように行動し、何を想像して、どう表現するか。これらをすべて決めるのが常識である。しかし、常識は心の奥底におおむね仕舞い込まれているため、日々の生活の中で意識することはほとんどない。

その意味で、常識は、ほぼ無意識に使われている人生のひな形といえる。しかし、このひな形の存在を知らずに過ごしてしまうと、自分の人生を劇的に変える可能性はほとんどなくなってしまう。なぜなら、人は「自分の目に見えるもの」を変えようとすることが多いからだ。また、大人になってからも子供のときに学んだやり方で対応し続けていると、現在の状況には適切でなくなっている恐れも出てくる。

　したがって、人間は自分がどんな常識に従っているかを把握しておかなければならない。人生におけるさまざまな出来事に、むやみに自動的に反応しないようにするために、そしてより適切に対応できるように、どんな原則が自分を縛っているかを知ったうえで、もっと自由にものを考えられるようにする必要がある。

　常識は、人間と経験との間に置かれたフィルターのようなものだ。すべての経験はこのフィルターを通り、整理されてから順に積み重ねられる。このため、人間は物事を見たまま、聞いたまま受け入れることはできず、先入観を使い、解釈してから受け入れる。逆にいえば、このフィルターを外すことは、慣れ親しんできた世界観を放棄することを意味する。常識の背後に潜む恐怖心に真正面から立ち向かわなければならなくなる。

　トレーディングのリスクを取る能力を高めるためには、常識というフィルターを通さずに市場の現実と直接向き合う必要がある。そしてそのためには、心の奥底に恐怖心をつくり出して固定化する常識を捨てなければならない。

　私が面談するトレーダーの多くは、満足感を何度も味わおうとするが、自分自身がトレーディングで葛藤や不満足をつくり出していることは、なかなか認識できない。トレーディングに対するアプローチを表面だけいじっても内なる平和は得られないということも、なかなか理解できない。

恐怖心を克服する

ひと口に常識といってもさまざまな種類があり、それによって人間が陥るワナも変わってくる。例えば完璧主義という常識に染まっている人は、間違いを犯すことや、コミットメントの重みに押しつぶされるリスクを避けるために、決断を後回しにする。

自分の能力を疑う癖がある人は、たとえ自分が成功していても長続きしないと考えてしまう。知的な人は、自分の思考に足元をすくわれることがある。他人に操られるのが嫌いな人や、自ら進んで行動できない状態が嫌いな人は、他人を信じたり仕事を任せたりすることができず、チームの一員になれなかったりする。

常識は何らかの目的を持ってつくるものではなく、外部の出来事に対する反応の結果つくられるものだ。しかし、これが人の機能や自己概念を形づくる基本的な要素となる。過去は繰り返されると思っていれば、自己成就的な予言が起動され、こうなるだろうと思っていることが実現したり、避けようとしていることが繰り返し降りかかってきたりする。

こうした信念が生まれてしまうと、人はすべて完璧に扱えるようになるまで動いてはならないと考えるようになる。恐怖やそれを恐れる心に襲われて身動きが取れなくなってしまう。だが、そうなっているときには気づかないが、恐れている行動の裏面にはぜひ手に入れたいと思っている自由がある。身動きが取れない状況を断ち切って一歩踏み出すことができれば、生きていくうえで、あるいはトレーディングに成功するうえで確実性など決して必要ないことに気づくだろう。

自分自身の思考や自動的な対応を自分で認識できるようになれば、この身動きの取れない状況から逃れられる。それができれば、周囲の出来事にとにかく反応しなければという強迫的な観念にとらわれることも少なくなるだろう。

恐怖心を克服することは、自動的な思考によって心の中に棲みついた古い習慣や態度を自分の外に追い出すことである。ルールやスケジュールや過去に受けた要請などは絶対に守ったり実行したりするという完璧主義、他人の意見などへの自然な依存心を振り切ることである。そうしたものを手放していけば、現在の自分の経験や、出来事の流れや状況や、トレーディングの世界における自分の周囲の環境などにもっと直接的に触れられるようになる。

恐怖心を克服すれば、トレーディングの大胆な変化をこれまでよりも自由に計画し、実行できるようになる。名声や富を欲しがる心、支配欲など、トレーディングに悪影響を及ぼすものを手放すこともできるだろう。これらは自分自身の思考メカニズムの投影であり、何らかの恐怖心を克服するためのものではあるが、実際には自分の無力さを再確認する効果しかない。自分には自分なりの価値があること、欠けているものなど何もないことを理解すれば、自分の力を指数関数的に伸ばすチャンスがめぐってくるのだ。

今の自分をあるがままに受け入れ、後知恵で自分を批判するのをやめる。そうすれば、適度なリスクを自由に取れるようになる。自由に自己主張することも、自分が意識して行った選択のうえに自分自身の現実を創造することもできるようになる。

トレーディングの感情を分析する

リスクを克服するための第一歩は、トレーディングで成功したいというビジョンを持ち、そのための具体的なゴールを設定することである。

大半のトレーダーはこの時点で、自分の心が抵抗し始めていることに気づくだろう。ゴールに向かって動き出すことは、慣れ親しんだやり方や習慣を捨てることにほかならないからである。新しいやり方を取り入れるときには、不安な気持ちや不確実性がつきまとう。それを乗り越えるか慣れてしまえば、今の自分と将来なりたい自分とのギャップに長く耐えられるようになり、ゴール到達に何が必要かを見つけられるだろう。

しかし感情面での抵抗が大きいためにこのギャップを避けたり、ゴールを低く設定したりするトレーダーが多い。ビジョンそのものを捨てたり、そもそもやりたくないんだと開きなおったり、今のままでいいじゃないかと考え始めたりするトレーダーさえいる。

こうした傾向は、材料に反応して短期売買するトレーディングスタイルを導入しようとしている長期投資のトレーダーによく見受けられる。彼らは日々のゴールを設定し、日中の株価の変動を利用することで全体のリスクを低減するというアイデアを非常に高く評価しているものの、割安な銘柄を値下がりした場面で拾うという長期戦略を捨てることを非常に嫌がることが多いのだ。また、短期的な値上がり局面で利食い売りを出すことにも抵抗する。日々のゴールの設定とバイ・アンド・ホールドの長期投資志向が、心の中でぶつかり合っているように見える。

積極思考《ポジティブシンキング》とハードワークで自分を鼓舞するトレーダーもいる。しかしこれでは、根底に巣くう無力感を再確認するだけで、リスク管理のスキル向上には結びつかない。疲れて燃え尽きてしまう恐れすらある。

自分の失敗を情報としてとらえる

はっきり言おう。目的を達成すると決めたら、まず間違いなく心の中に抵抗感が芽生えるはずだ。周囲から反対されることもある。迷信や痛み、疲労、自分に対する不信感などに直面することもあるだろう。同じことを実行する勇気のない人や、自分の立場が脅かされると思う人から否定的な言葉を投げかけられたり、なかなか結果を出せないために自信を失って苦しんだりするかもしれない。

周囲の反応を予想したり、過去の失敗を思い出したりして怖くなり、集中できなくなることもある。自分の行動に意味があるのかと疑問を持ってしまうこともある。集中が途切れるとミスを犯す確率が高まり、恐怖心や緊張感が高まってますます集中できなくなり、さらにミスを重ねることもある。

あまり意味のない考えが脈絡なく湧き上がってくることがあるように、予期せぬ感情が不意に湧き上がることもあるかもしれない。しかし、感情そのものが問題になることはほとんどない。問題をもたらすのは、そうした感情に「自動的に反応してしまうこと」と、感情の「解釈」である。

感情とそれに対する反応とは区別して考えることが重要である。そうすれば、余計な問題に悩まされることは少なくなる。目の前の行動にだけ意識を集中すれば、過去を振り返って心を乱すことも減る。

感情に対して自動的に反応することをやめ、自分の経験を失敗の証としてではなく、新たな情報とみなすことができれば、挫折《ブレークダウン》ではなく、飛躍《ブレークスルー》を経験できるようになる。見方を変えることで、学んだことをトレーディングに次々に活かせるようになり、やる気も湧いてくる。

すでに実行していることを続ければよいといっているわけではない。これまでやってきたことをもっとやる、あるいはその正反対のことをやる（いずれも、問題解決でよく試みられる）ことで問題解決を図ろうとすれば、その問題は解決されるどころか長く居座る可能性が高い。

私がここで言いたいのは、自分の能力を抑えている概念から抜け出し、トレーディングのビジョンそのものにコミットメントし、それに沿って勇気を持ってトレーディングに臨むべきだということである。恐怖に直面しても意思決定を行い行動すること、目の前に現われた障害にひるまず立ち向かうこと、恐怖の裏面にある目的の達成にこだわること、そしてその過程で自信を養い恐怖を克服することを強調したいのである。

トレーディングに没頭できるようにするには、集中力が途切れないようにしつつ不安感を乗り越える術を学ばなければならない。具体的には、流れに身を任せたり、集中力を低下させる野心などをやり過ごしたりするスキルを学べばよい。経験したことのない局面に遭遇したとき、時には手を抜きたいというごく自然な感情にとらわれて脱線しそうになったときには、コーチの助力を求めることも必要だろう。

神話学の権威として知られ、『千の顔を持つ英雄』（ハヤカワ・ノンフィクション文庫、2015年）などの著作があるジョーゼフ・キャンベルによれば、世界の神話からはきわめて明快な教訓を読み取ることができる。経験しなければならない状況が厳しいものであればあるほど、それを受け入れられる人物は偉大である、というのがそれである。

彼の話を信じれば、自分はトレーディングさえ満足に制御できない無力な存在だなどという考えを捨てることができるだろう。自分では手に負えないかもしれない出来事が生じたら、ひるまずに取り組み、結果ではなく自分がそれにどう対処したかという過程に責任を持つようにする。常識や他人の評価、周囲の期待、プライド、絶望的な状況を恐れる非合理的な不安などは無視し、ビジョンを実現するというコミットメントにのみ従うのである。

ケーススタディ

ビジョンを持ってトレーディングに臨む

不安を感じながら、ひとつの売買に賭けることがあってもよい。あえて恐怖を感じることがあってもよい。胸が高鳴り、冷や汗が流れるかもしれないが、どうということはない。単に脈拍と呼吸が速くなるだけの話で、これから何が起こるかを知らせてくれるわけでもない。そんなことを気にして自分のビジョンからはずれてはならない。

ジェームズという優秀な為替トレーダーが、私にカウンセリングを依頼してきた。損失に対する恐怖心がトレーディングを邪魔しているので、これを何とか取り除きたいという。利益が出るとすぐに確定してしまうし、ポジションを手じまうタイミングも早すぎるというのだ。

「相場の変動に耐えられないんです。相場が自分の見通しどおりに動いていても、すぐに手じまってしまう。ゴールを設定すると、それが大きなプレッシャーになって、無理な売買をしてしまう。見通しが当たる確率は七五%ぐらいありましたが、そんなわけであまり儲かりませんでした。短期のゴールを設定すれば長期のゴールがだめになるでしょうし、トレーディングそのものがうまくいかなくなります。相場が××の水準に上昇すると予想して長期のオプションのポジションを持てば、含み益は出始めるでしょうが、すぐにヘッジしてしまいます。下落する兆候を感じると、すぐに利益を確定したくなるからです。いったん手にした利益が減っていくのを見るのは耐えられない。私にとっては、単に損失を抱えるよりもつらいことです」

ポジション保有期間を長くして利益を増やす、そのために目標を利用する、では何をすればよいのか――そのような視点が、ジェームズには欠けていた。利益を増やすのに必要な行動を取ることよりも、安心感を得ることが優先されていた。損失に対する恐怖心がリスクを取る力を損ね、目標に到達することを妨げていたのだ。

「相場の変動を無視しようとするんですが、なかなか落ち着きません。短期のトレーディングの腕前は悪くないのですが、相場の動きに耐えられなくてすぐに手じまってしまいます。含み益が出ても、自信を失いたくないためにすぐに確定してしまいます。負けるのが怖いんです。中期のトレーディングでも同様です。相場の見通しを正しく読むことはできるのですが、ちょっと風向きが悪くなると、すぐに撤退するので利益も出ない。アイデアは悪くないのにポジションを維持しない。もう少し踏みとどまるようにしなければなりません」

この話から明らかなように、ジェームズは損失を恐れるあまりポジションを持つ最適なタイミングを待つことができないことがあったり、早々に利益を確保してしまったりする。しかし、トレーディングスタイルの修正が容易であることには気づいており、損失に対する恐怖さえ何とかすればよいという。

「短期のトレーディングで損失を出すのはいやだという気持ちがあるせいで、トレーディングから早めに降りてしまう。これが私の弱点ですね。ゴールに対するコミットメントが甘いといわれるかもしれません。どこで降りるべきかわかっていても、すぐに降りてしまう。そして損失が出れば、大きなプレッシャーを感じてしまう。まさに悪循環です」

対話の結果、ジェームズに必要なのは、週単位の目標を達成可能な水準に引き下げることだと判断した。目標を下げることによって目標を達成できない理由を探るゆとりが生まれた。ポジションを長期間保有することも可能になり、トレーディング成績は大幅に向上した。目標とは、自分にプレッシャーをかけるためのものではなく、失敗する恐怖を乗り越えるひとつの手段として利用すべきものなのだ。

ジェームズが時間をかけて学んだように、自分の感情のせいで引き下がる必要はない。感情が湧き起こったら、その事実を認識するだけでよい。それができれば、トレーディングの質は、自分がつくり出すものによって決まるようになる。自分で決めたことを淡々とこなし、湧き起こった感情などの経験はそのまま受け止めればよいのである。

リスクをあるがままに受け入れる

リスクを管理しようと思うなら、好ましくない感情を抑えるのではなく受け入れなければならない。自分が自分らしさを保てる場所をつくり、好ましくない感情を重視しないようにしなければならない。かねてから避けたいと思っている状態に陥ってしまった人間は、不安に逆らうほど不安を覚え、恐怖に逆らうほど恐怖に襲われるものだ。リスクを取る状況をつくり出すときには感情的な反応がたいてい生じるが、そうした反応が行動を制約することがあってはならない。

これは新しいアプローチだけに、取り入れるとなれば恐怖や不安を感じないわけにはいかないだろう。慣れ親しんだやり方を捨てるとなればなおさらである。しかしこの過程を経ることで、トレーダーは文字通りひと皮むけることができる。

言い換えるなら、トレーダーはビジョンを持つことで一種の枠組みを手に入れる。そしてそのビジョンが何であるかを認識し、それに沿って行動することにより、自分の中に眠っている可能性を呼び覚ますことができる。リスクを管理しながらトレーディングを行うには、このようなフロー体験を獲得する必要がある。そうすれば先入観や偏見にとらわれず、計算したうえでリスクを取るトレーディングができるようになるだろう。

自分の感情に常に意味があるとは限らない。あるがままに受け入れていれば、つまり自動的な思考や身体の状態の変化、もろもろの感情などをそのままやり過ごしてしまえば、それらに対する自分の反応も受け流すことができ、重要性があるかのごとく将来に持ち越されることはなくなる。

何かいやなことが起こったら、そのことを自分がどう考え、どう反応しているか注意してみるとよい。取引を手じまいする決心や、もうトレーディングはやらないという決心を自動的に下していないかどうか注意してみるとよい。そうした反応や決断が、自分に染みついた常識や世界観とどう関係しているか観察してみるとよい。そしてそのうえで、同じ出来事や問題を違う角度から見ることができないか考えてみてほしい。

これを試みれば試みるほど、トレーダーは、トレーディングの問題を新しい創造的な視点から見られるようになる。身体に染みついた自動的な反応から脱却し、自分の感情に左右されない革新的な視点から考えることができるようになる。

◆実践の手引き

トレーディングで失敗した過去の思い出が、意識的に、あるいは無意識的に新しいゴールへの到達を邪魔しているとしたら、それはどんなメカニズムでそうなるのだろうか。古い概念、繰り返し頭をよぎる考え、自分の現在に対する懐疑の念などは、新しいやり方への挑戦をどの程度邪魔しているだろうか。他人の意見はどの程度気になるか。自分に対する周囲の期待（と自分が認識しているもの）にそむく行動を取ることには、どの程度の抵抗感を覚えるか。

このような質問には答えにくいという読者は、以下の質問に「はい」か「いいえ」で答えていただきたい。

▽自分は他人に依存しすぎていると思うか？
▽行動する前に、他人の承諾を必ず求めるか？
▽反論されるのが怖くて、自分の意見をいうことができないか？
▽誰かが自分の決断に関わってくれないと、物事を計画できないか？
▽自分の功績を語らずにはいられないか？

「はい」という答えがひとつでもあれば、その読者は他人の意見を気にしすぎており、他人の承諾なしには行動したくないと考えている可能性がある。もし他人に依存した行動を自動的に取っている最中にそのことを意識できれば、同じパターンのトレーディングを反復させる態度や、そうすることでトレーディングの幅を狭くしている態度を、その行動がどの程度反映しているか、知ることができるだろう。

他人の意見を気にしすぎたり、自分の思うままに行動することに不安を覚えたりする傾向に見られる固定的・強制的な行動パターンに、自分はどの程度とらわれていると考えるか。反論されるのが怖いので思っていることを口に出せないという意識をどの程度反映していると思うか。恐怖のあまり昔の習慣に固執していないか。現実ではなく、幼少期に覚えた恐怖感ゆえに変化を拒んでいないだろうか。

こうした問いを自分にぶつけていけば、恐怖心がいかに自分の行動を縛り、理想のトレーダー像に近づく道のりを阻んでいるかが、少しずつわかるようになるだろう。それに正直に答えていくことが、トレーディングスタイルを変えるきっかけとなり、新しくかつ意義深い目的に向かう推進力になる。

ストレス反応を理解する

ストレス反応とは、外からの脅威に体が自動的に反応することを指す。一種の自己保存のメカニズムであり、人間を含むすべての動物に見られるものだ。なかでも、闘争―逃避反応と呼ばれることも多いアドレナリン反応には、活力を引き上げる効果がある。危険な状況に直面したときにそれに対処したり、そこから逃げ出したりできるのは、このストレス反応のおかげである。

ストレス反応が始まると、体内でアドレナリンの分泌が増える。筋肉や脳に流れる血液の量が増加し、代謝が活発になる。危険に対処するときはもちろん、何らかの行動が求められるときにはこうした反応が重要な意味を持つ。

人間の場合、ストレス反応は具体的な出来事だけでなく、想像でも引き起こされる。それゆえに、内に秘められた創造性が十分に発揮されないこともある。何かを恐れる気持ちが生じると、それに対するストレス反応が始まり、自己を守ろうとするプログラムが動き出し、その恐怖が現実のものになってしまうことすらある。

ある人が怖い出来事や想像に直面し、ストレス反応を示したとしよう。一回限りの出来事であればよいのだが、そうした出来事や想像が繰り返し生じることが予想される場合、最初に見られたストレス反応も繰り返し現われるようになる。そしてその時点で考え方を改めなければ、その人は過ちを繰り返すと信じ込んでしまうことが少なくない。

実際にそうなると、さほど意味のない出来事や想像にも、過去の経験と同じ重みを持つかのように反応するようになる。しかも、どんな出来事が生じるかは過去に得た経験から予想する。その結果、この人は現在の状況に対して過去の反応を示すことになる。以前であれば適切だったかもしれないが、今となってはそうではない。過去の反応が固定化することにより、現在の状況に対する反応を選ぶ自由が制限されてしまうからだ。

ストレス反応には弱いものも強いものもある。短時間で消えるものも、長時間続くものもある。いずれも、そのときの状況や個人差によって変わる。その人の適応メカニズムがすべて働いてしまうケースもあれば、ごく部分的にしか働かず、ほとんど普通でいられるケースもある。

ストレス反応は身体に負担をかける。どの程度の負担になるかは、ストレスの強さと長さによって決まる。ストレス反応を数多く経験するほど、そしてストレスの原因（ストレス作因）が強力であるほど、身体は激しく擦り切れる。ストレスを制御する能力が強化されないままにストレスが続くと、適応メカニズムは衰え始め、神経質になったり自信を失ったりする。動きが鈍くなったり、気分が悪くなったり，場合によっては死に至ることさえある。

しかし、ストレス反応には好ましい側面もある。外界への適応を助けたり、命を救ったりすることもあるのだ。例えば、第二次世界大戦中にナチスの収容所に送られながら生き延びた人々は、幸運だったということもあるが、極度のストレスに適切に対処していたといわれている。どう見ても耐え難い劣悪な環境だったが、心と身体の両面で適切な調整ができたために生還できたというわけだ。

そこまで極端な状況でなくとも、ストレス反応がプラスに作用することもある。上司からプレッシャーを受けると仕事が速くなったり、いざというときに底力が出るのはこのストレス反応のおかげである。

このように見ていくと、感情は苦痛の理由ではなく、リスクを取ることの不確実性に対する正常な反応だと考えることができる。また、経験不足や疲労、大きなプレッシャーなどは自発的な精神集中を妨げる傾向がある。その結果、精神集中のために必要なエネルギー量は必然的に増加し、恐怖心や緊張感もさらに強まることになる。

モントリオール・オリンピックで金メダルを取ったアーチェリーの名手、ダレル・ペイスは、金メダルなど取らなければよかったと私にもらしたことがある。金メダリストということで、うまくやらなければという意識が常について回り、恐怖を覚えるようになった。的に狙いを定めるたびに「はずしたらどうしよう」という思いが頭をよぎり、実力を発揮できなくなったというのだ。

これは決して珍しい話ではない。人間が頭の中で考えていることは、その人の人生のいろいろな出来事や、他人から受ける反応に影響を及ぼす。読者も一度は、なぜ自分は成功していないのか、なぜ成功を維持できないのかを考え、いろいろな理由を並べた経験があるかもしれない。これから何をどうすればよいのかとか、周囲が変わらなければだめだとか思ったことがあるかもしれない。

しかし、今の自分の姿は自分が無意識のうちに選び取った姿かもしれない、とはおそらく思いつかないだろう。

新しい常識をつくり出す

私はトレーダー向けのセミナーの冒頭で、自分の生活をどの程度コントロールしていないか、普段追い求めている目標は実は自分の目標ではないのではないか、といった突飛なことを参加者に考えてもらう。すると、ショックを受ける人が必ず出てくる。自分は自分の生活をちゃんとコントロールしているし、自分が何をやろうとしているかも把握していると自負する人たちばかりだからだ。

本書はすでに、読者にいろいろな問いを投げかけている。どんなゴールを持っているか、大きなビジョンを持ってトレーディングに臨んでいるか、どの程度自分本位に生きているか、自動的な思考や他人の信念に支配されていないか、といった質問が、それにあたる。

読者はこれまで、親や社会の要求に応える過程でアイデンティティ（自己同一性、自我）と呼ばれる概念を形づくり、このアイデンティティに従いながら意思決定を下したり、ゴールを設定したりしてきた。そこで今度は、少し難しい質問について考えてもらいたい。

▽自分が今持っているアイデンティティが無効になったら、どうするか？

▽自分が今持っているアイデンティティが、実は子供のころから目指していたものにすぎないとしたら、どうするか？

▽もしアイデンティティを変えることができるとしたら、どうするか？

▽大人であるあなたが、自分の意識的な選択に沿って自分の人生を創造することができるとしたら、どうするか？

▽その場合、自分の中核にある創造的なエネルギーを利用することは可能だろうか？

自分の関心や才能のおもむくままに生きることが真の人生だとするならば、人間は真の人生を生きていないかもしれない。それは、自分の長所を見つけて伸ばすことよりも、短所を正すことのほうにエネルギーを注いできた可能性があるからだ。

また、自分のアイデンティティや社会に見せている表面的な顔（ペルソナ）に関係するゴールを追い求めているかもしれない。その場合には、ゴールに到達しても満足感が得られなかったり、ゴールがかえって足かせとなったりする可能性もあるだろう。

人間は自分自身を正確に把握しておらず、自分で考えている以上に豊かな可能性を内に秘めているものだ。また、リスクの体験は視覚的なイメージに基づいており、このイメージは自分で選ぶことができる。どんなトレーディングのイメージでも目的でも、好きなように選ぶことができる。妨げになるのは、過去に獲得した〝ものの見方〟を手放したくないという抵抗感だけだ。

もし自分がつくった状況やゴールに沿って生きることができるなら、恐怖感や不安感に直面してもこれらに意味を与えずに済ますことができ、リスクを取ることができるようになるだろう。有意義な目的を達成すると公言してそれに真剣に取り組むことにより、時折襲ってくる不安感を乗り越え、受け入れる勇気も湧いてくることだろう。

リスクを効果的に取って満足感と充実感を得るためには、刺激に対する感情的な反応と、自動的な反応の両方を制御する術を学ばなければならない。自動的な反応を続けていると、固定化されたパターンにはまり込み、潜在的な能力をさまざまな状況で自由に発揮することができなくなったり、かえってリスクを高めてしまったりする恐れがある。

自分の習慣や自らに課したルールによる心理的な反応がトレーディングに対する反応に影響を与え、効果的なトレーディングの障害になっている。そのことに気づけば、トレーダーはストレスをさほど感じることなくいろいろな刺激や出来事を受け流すことができるようになる。本書を通じてそのことに気づき、受け流す術の一部を体得できれば、感情的に反応したり恐怖を感じたりせずにリスクを扱う力が伸びることになるだろう。運用成績はもちろん、それ以外の面での向上にも役立つだろう。

不安を克服する

自分が歩んできた歴史とアイデンティティ（過去の行動パターンの繰り返しが基盤になっている概念）を超えた生活を送ることができれば、売買を自分の目の前で始める優れた能力が自分の中に隠れていることに気づくだろう。不安に直面してもあわてずに乗り越えることができれば、恐怖心の根源である心の中の壁を通り抜けることができるはずだ。そして固定的な自己イメージから自分を解放し、リスクを取ることができるようになる。要するに、リスクを克服するとは不安を隠すことではなく、不安を克服することなのだ。

不安を克服すれば、本来の姿でリスクにアプローチできるようになる。先入観を持たずに、アイデンティティや過去の習慣、子供のころに植えつけられた常識などに縛られることなくトレーディングに参加できるようになる。この達人の域に至るカギは、現在を生きることにある。どんな状況に直面してもホームランを打つチャンスだと考え、全力を尽くし、大きな目的に直結する当面の目標に照準を合わせ続けることにある。

誤った解釈のために経験から学び損ねてきたこと、リスクを取らずにきてしまったことにそろそろ気づかなければならない。不安を克服するためには、過去に犯した過ちに真正面から向き合うこともひとつの方法である。恐怖の源泉である過去の経験を直視し、恐怖をもたらすほかの刺激と比較すれば、過去の失敗があまり気にならなくなるかもしれない。例えば、恐怖の源泉を箇条書きにすることができれば、ずっと扱いやすくなるだろう。

恐怖に直面したときに守りに入るのは逆効果である。否認、退行、合理化などで対処したり、頭痛や腰痛といった生理的な反応を気にしすぎたりすると、仕事そのものを避けることになりかねない。

自分は恐怖を感じているとあっさり認めてしまうことも、恐怖心を弱める有効な手段になることが多い。怖がっていることを隠す努力をやめると、恐怖心そのものが弱くなってしまうのである。自分が抱いている感情はどの程度具体的であり、どのぐらい長く続いているか、どんな思考がセットになっているかなどに注目して考え、その感情を引き受けるようにすると、感情を抑えようとするために発生する恐怖や不安は解消することができる。

精神集中には、迷いやためらいを払拭する強い効果がある。集中すべき対象が恐怖をもたらすようなことであってもその効果は得られるため、ストレスを回避する手段としても有効である。

判断を常識《ライフプリンシプル》に任せておくと、人間は恐怖を受け入れず避けようとする。練習すれば、自分もそうであることを客観的に観察することができる。否定的な考えを肯定的な考えとすりかえることもできる。しかし、勝ち負けにこだわらず、失敗や他人からの否定を恐れず、しかも有意義な目的から目をそらさずにいられるようになったときこそ、本当の意味で恐怖を克服した瞬間だといえるだろう。

ストレスを感じそうになったからといって逃げる必要はない。勝利へのプライドや敗北の絶望にこだわりすぎることがないように、否定的な考えをさらりと受け流す術を学べばよいのだ。自分の感情を乗り越えて、穏やかな心境に至る術は学ぶことができるし、今このときに取る行動によってリスクを管理することも可能なのだ。

ケーススタディ

平常心によって恐怖を克服する

人間は経験によって刺激に敏感になるため、特定の出来事やそれに対する自分の反応に特別な意味を与えてしまう。この意味こそ恐怖の源泉である。人は怖さを感じると、恐怖という感情は自分をコントロールできない証拠であるから怖さなど感じてはいけないと考え、この恐怖は自分がコントロールできなくなる前触れだととらえる。

そして、自分に降りかかった出来事や、それに対する生理的な反応（例えば脈が速くなるなど）

を客観的に扱わず、平静さを保つことが大事だという自分の価値観と照らし合わせる。そして、平静さを失いつつある自分を批判し、ますます平静さを失っていく。

トレーディングでリスクを取るためには平常心を保つ必要がある。そこで私は、トレーディングの内容を毎日記録し、過去数週間の記録と照らし合わせることをお勧めしたい。実行すれば、トレーディングの目的を見失うことがなくなるほか、自分の目標とそれを達成する方法とに対する意識も高めることにも役立つだろう。

私はかつて、ショーンというトレーダーから相談を受けたときに、ストップウオッチで自分の反応時間を計り、それを記録するようアドバイスしたことがある。ショーンはこの作業を通じて、不安は時間がたてば消えることを、それもかなり短い時間で消えることを実感した。また、不安を経験するたびにその時間が短くなっていくこと、ポジションを小さくすれば不安そのものが弱くなることも知った。

この結果、ショーンはポジションを長く持つことができるようになり、相場が思惑通りに展開しているときには、そのサイズを少しずつ大きくできるようになった。

グラントというトレーダーには日誌をつけるよう勧めた。彼は二〇〇〇年六月末に日誌をつけ始めたが、二週間とたたないうちにリスクを取る能力が高まり、一日に動かす資金量を一〇〇〇万ドルから一八〇〇万ドルに増やすことができた。しかも、七月第一週の水曜日（独立記念日の翌日）には五〇万ドル近い利益をあげた。シャープレシオも勝率も改善し、運用資金の大きさや収益性を高められない理由はなくなった。

自分がどんな取引をして何を感じたか、一つひとつ丹念に記録していく。そうすれば自分がどのサイズで売買しているか、目標に到達するにはあとどれぐらいサイズを大きくしなければならないかが確認できるようになる。

自分の反応を自分のものと認める

外からの刺激に対する自分の反応を自分のものと認めずに否定すると、ストレス反応はかえって強まる。緊張感が高まれば、抑えの効かないパニック反応を経験することもある。手を休めてリラックスし、身体がシグナルを発していることに注意を払えば、目の前にある現実を正確に評価して対処することもできる。

しかし、そのシグナルを無視すると、自分をコントロールしなければという気持ちと、否定しようのない生理的反応の板ばさみとなって慌てることになる。慌ててしまうと感情の高まりをやり過ごそうという意識は薄れ、最終的には完全なパニック状態に陥る。胸の鼓動が高まり、呼吸も激しくなり、冷や汗が流れ、ほおが高潮して物をうまく飲み込めなくなる。死んでしまうとか、気が狂ってしまうといった考えが頭の中を駆けめぐる。

興味深いことに、パニック状態で見られるアドレナリン反応と基本的に同じものを引き起こす体験を、日常的に欲している人は珍しくない。スカイダイビングのようなスリルのあるスポーツを好む人は、アドレナリン反応を味わうために危険な競技にのめりこんでいる側面がある。アドレナリン反応は現実の危険と人工的な危険の両方に見られるが、実は象徴的な危険に接したときも観察される。また快活さとも関係があり、スポーツなどによるアドレナリン反応で得た興奮が醒めてしまうと、元気を失う人も少なくない。

ジョギングのようにあまり危険でないスポーツや、何らかの目的を達成しようという日常的な活動でもアドレナリン反応はいくらか起こる。実際、少し難しいことや目新しいことにチャレンジするときの正のストレスは大半の人が楽しんでおり、負のストレスをもたらす経験（離婚、病気、失業など）についても、大半の人はこれを（楽しんではいないが）乗り越えて生きている。

この違いはいったいどこにあるのだろうか。許容したり楽しんだりできるストレスと、自分で制御できないほど感情が高ぶるストレスとの間には、はたしてどんな違いがあるのだろうか。

ここでも、自分自身をコントロールしなければならないという要求が問題になる（この要求自体が、不安やパニックを引き起こすケースも少なくない）。社会の一員になるために子供のころ受けたトレーニングの大半は、自分をコントロールして適切に振舞うことに関係している。それ自体は理に適ったことだ。そういうトレーニングがあるからこそ、人は感情や行動を制御し、特定の社会の中でいろいろな役割を果たせるようになる。しかしこのトレーニングが効きすぎて、自分を制御するために学んだ術が自分の行動を支配し、自己表現を抑制し始めることは珍しくない。

自己制御のメカニズムは、感情を否定したり、ストレスに対する身体の自然な反応を抑制したりすることがよくある。元気に見せたいという気持ちから自分の弱さを否定したり、ペースを落としてのんびり休んだほうがよいときでも無理したりするのがそうである。

うつ病を併発するパニック障害の患者には、そういう例をよく見かける。この病気の患者は、うつ病の症状を抑えたり隠そうとしたりする傾向が強い。自分がそうした病気を持っていることを認めて乗り越えるよりも、面子をつぶしたくないとか、他人よりも強く見せたいという気持ちを優先させてしまうのだ。

あるトレーダーは、私にこう打ち明けたことがある。「私は今までずっと、自分の感情やまわりの環境をコントロールしたいと思っていました。自分の希望が満たされるようにまわりの人を扱っていました。自分を臆病者と認めたくないので、自分が傷つかないように、常に強気な面を見せていました」

感情を制御しなければならないという気持ちは、感情を抑圧することが多い。抑圧された感情は、やがて意識の下にしみ込み、冷静な人物という表向きの顔（ペルソナ）に覆われて見えなくなる。そうしたペルソナの下の感情が掘り起こされると、それまで築き上げてきた自分のイメージが粉々に砕かれるという非常に怖い事態になる。

例をあげよう。リックというトレーダーは人に弱さを見せるのが大嫌いで、どんなに悲しいときでも、人前では決して涙を流さなかった。「弱虫と思われたくなかったし、小さいころに男は泣くもんじゃないと教えられた」

読者の中にも、トレーニングが効きすぎて、こみ上げてくる感情をうまく処理できない人がいるかもしれない。感情が湧き上がってくる兆しを感じるだけで不安を覚えたり、パニックになったりする人がいるかもしれない。感情やそれに対する身体の反応はごく普通の、正常なものであるという見方を受け入れてこなかった場合は特にそうだ。

湧き上がってくる感情が非常に恐ろしいものである場合には、アドレナリンを自然な形で体内に循環させて好ましい興奮や高揚感を得たり、リラックスしたりすることはほぼ不可能である。感情を認識して受け入れるどころか、それまで懸命に避けようとしてきた特定の状況に原因があると考えるようになり、その状況をますます怖がるようになる。いわゆる恐怖症であり、問題がひとつ増えることになってしまう。

パニックに近い感情をもたらした刺激はすべて避けたいと読者は思うかもしれない。実際、そうすればうまくいきそうな気がするだろうし、自分にはそれぐらいの知恵はあると考えることだろう。しかし、結果的に自分の行動がさらに抑圧される可能性があることには、まず気づかない。

したがって、自分が避けようとしている感情は避けがたいものであること、そして創造的なビジョンを持って自分の人生をつくっていくときには、この感情に遭遇するのが自然であることの二点を認識することが、ひとつの目標だといえるだろう。

不安を取り除いたり、不安がまったくない世界を目指すのではなく、自分の反応を自分のものと認め、不安に効果的に対処する術を学ばなければならない。そうすれば、自分の関心と能力に合ったトレーディングができるようになるだろう。

◆実践の手引き

自分の感情を認識し、そのうえで受け流すことができるようになれば、自分は思考でも感情でもないことがよくわかるようになるだろう。自分は宇宙の力の源泉のひとつであり、おのれの考えや感情、周囲の環境などに関係なく、人生の可能性を自分でつくり出せることを実感するだろう。感情を認識して受け流すことができれば、そうした体験も人生やトレーディングの経験の一部分に過ぎないことがわかるだろう。

では、どうすれば自分の感情や思考に特別な解釈を加えず、少し離れたところから客観的に観察することができるのか。ここでは、その術を学ぶのに有効な練習方法をひとつ、紹介しよう。

▽自分が問題だと思う状況をひとつ思い浮かべる（例えば、損切りのタイミングを逃したため××ドル損をしたなど）。

▽そのときに怖いと思った状況と、変えたいと思った状況をすべて箇条書きにする（例えば、今回はポジションを長く維持しすぎて失敗したので、早く損切りする方法を修得したいなど）。

▽そういう場面で経験する典型的な感情や身体の変化を箇条書きにする（不安になる、手のひらに汗をかく、身体が震える、頭痛がする、その場を離れたい気分になるなど）。
▽その状況が自分にとってどんな意味があるか、その状況をどう解釈するか、その後何が起こると思うかを考えて書き出す（預かった資金をすべて失うかもしれない。クビになるかもしれないし、恥もかくだろう）。
▽このような状況に対する自分の視点はずっと以前から、この問題が生じる前から存在するか否かを考える。そして、「何をやってもだめだ」とか「どっちみち自分のトレーディングを実質的に制御することはできないんだ」と思っていると仮定し、このような固定化した見方でも現実をありのままに直視できるか、色眼鏡を通して歪んだ画像を見ることになってしまわないかを考える。
▽問題（と自分が受け止めたもの）と事実を切り離せるように、事実を新しい角度から解釈する（自分の人生とトレーディングの決断をしっかりコントロールしてやると決意する。次回はひと味違うところを見せてやると考える）。
▽悪い事態を想定するのではなく、主に可能性に着目しながら自分の失敗を見直すと、事実がどのように見えてくるかを考えて書き出す（今回の失敗から学んで次につなげたい。早めに損切りする方法を知りたい、など）。

ものの見方を変えれば、人間は周囲で起こった出来事や、それに対する自分の身体の反応を違った角度から解釈するようになる。そして自分の体験や過去の不安というワナをうまく避けられるようになる。出来事は出来事であり、問題ではない。出来事が問題になるのは、人間がそう解釈するからである。この違いが把握できれば、誰でもかなりの数の恐怖から解放されるだろう。

ケーススタディ

感情の高まりにどう対処するか

ここでは、ストレスの多い環境で緊張感や不安感が高まると、パニックに陥る場合があることを具体的に見ていきたい。

下落相場に直面したデレクは、強いプレッシャーを感じていた。私生活でも妻との折り合いが悪く、何の支援も得られなかった。秘書の退社や実父の病気といった悪い知らせも重なった。

「私は突然、ワナにはまったような気分になりました。何とかしようと、もがけばもがくほど心配が強まりました。確かに、いろいろな問題を抱えていることはわかっていたのですが、すべて自分でやらなければならないと思い込んでいたんです。食欲がなくなり、頭痛が始まりました。自分の仕事に出ても決断力を発揮できず、周囲の人にアドバイスを求めるようになりました。自分の判断を信用できなくなっていたのです。逃げ出したいと思いましたが、実行すれば、自分が腰抜けであることを認めることになります。子供のころからあきらめるなと教えられてきたので、逃げるわけにはいきません」

「そんな日々が続いて、とうとうパニックに陥りました。最初は普通に緊張していましたが、次第に脈が速くなり、息苦しくなって、このまま死んでしまうのではないか、気が狂ってしまうのではないかという恐怖に襲われました」

「つばを飲み込むこともできず、自分が大変な状況に陥ったことがわかりました。手足が針で刺されたようにチクチクと痛み出し、だんだんと麻痺していくような感じです。もうどうしようもない、このまま死んでいくのかと覚悟しました」

デレクが経験した感情はこのように恐ろしいものだったが、実はこうしたことは珍しくない。彼は自分の反応を素直に認め、それに従うべきだったが、それを隠して事態を収拾しようとしたためパニックに陥った。反応を認めなかったことが悪循環につながったといってもよい。

自分の身体に生じていることを把握し、ストレス反応が心や身体にどんな変化をもたらしているかを理解していたら、リラックスしてストレスを受け流すことができたかもしれない。だが彼は、トレーディングでの出来事を恐怖心と不安感の視点からとらえてしまい、この世の終わりのような体験をしてしまった。これが恐怖感に拍車をかけた。何とか事態を収拾しようとしたが、ついにパニックに襲われ、全身マヒの状態に陥ってしまった。

私はデレクと話し合い、パニックの原因を説明して理解してもらおうとした。そして、相場が厳しい状況になってパニックに陥りそうなときでも乗り切れるように、心をリラックスさせるテクニックを伝授した。またほかのトレーダーと同様に、自分の反応がどの程度続くかをストップウオッチで計り、そのときの感情と一緒に記録するよう勧めた。自分の経験を客観的に見られるようにするためである。

その結果、少しずつではあるが、彼は自分の経験を制御できるようになり、緊張を強いられる場面に直面しても恐怖の悪循環に陥ることがなくなった。数週間後には、優れた成績を収めるほどに回復した。

デレクはこのときの気持ちを次のように語っている。「自分のストレス反応はごく普通のもので、誰にでも起こりうることがよくわかりました。あれは、恐ろしく悪いことが起こる予兆ではないんですね。ストレスで疲れ切っているときには現実をありのままに見ることができないこと、自分自身の恐怖を現実の恐怖と思い込んでしまうことがよく理解できました。怖いという感情が湧き起こっても反応せず受け流せるようになれば、今度はうまく対処できるでしょう。生理的な反応や自動的な思考があっても、そのまま受け入れる。むやみに解釈したりせず、特別な意味も与えない。それができれば、自分の人生を効果的に設計できるようになるでしょう」

ストレスの多い環境やそれに対する感情がエスカレートしたり、必要以上の問題を引き起こしたりしないようにするには、感情への反応を客観的にとらえることが非常に重要である。デレクの体験はそのことを如実に示している。この体験を通じて得たテクニックはほかの状況にも応用できるので、目標達成の大きな武器となるだろう。

怒りの感情に対処する

怒ったときに身体に生じる変化は、恐怖や不安を感じるときの変化によく似ている。どちらも、アドレナリンが増えたときの典型的な現象だからだ。

実際のところ、怒りや不安と興奮の違いは解釈の違いでしかない。同じ体験であっても、どう反応するかによって怒りにも不安にもなる。例えば、自分にできないことがあると、イライラしたり、腹を立てたりすることがある。また、そういう状況を避けたがる自分がいやになるかもしれない。

したがって、イライラの原因は何か、どうすればその原因に適切に対処できて、緊張感を高めずにすむか、復讐心に惑わされずにすむかを考えることは大変有益である。また、自分が過去に抱いた恨みを今でも引きずっていないかを考えてみることも有益である。復讐心や恨みの気持ちを周囲の人から隠すために、どの程度のエネルギーを投じているかを考えてみるのもよいだろう。

鬱積した怒りの感情で最も問題になるのは、決まって場違いなところで暴発してしまったり、表現の際に誇張されてしまったりすることである。

例えば、ずっと昔に読者がひどい目に遭い、解決されないまま今に至っているとしよう。読者は折に触れてそのことを振り返り、怒りと恨みを新たにする。しかも、その感情を具体的に表現することができない。そんな条件がそろったところに、誰かが無遠慮に踏み込んできたり無理な要求をしてきたりすると、読者は何が何だかわからなくなって怒りの気持ちに火がつき、爆発してしまう。しかも、このときの怒りはいろいろな問題に対する感情がない交ぜになっており、問題の解決どころか他者との新たな衝突や激烈な行動へとエスカレートしてしまう。

自分の中にある抑圧された怒りを見つめなおし、報復や不満を恐れずに適切な方法で表現できれば、他人の期待を気にして行動する必要はなくなるだろう。実際、自分は怒っているんだと口に出すことができれば、人はとても自由になる。不安やパニック、うつ状態を生かし続けてきた過去の感情を覆い隠す義務から解放されるからである。

怒りをほかの感情とともに経験する術を学べば、自分の反応を抑圧する必要性や恐怖心を覚えることは少なくなる。自分を制御できなくなるのではとの不安を感じることなく、感情を直接表現する力を高めることができるだろう。

◆実践の手引き

自分の怒りに対処するときには、自分が何を望んでいるのか、何をやろうとしているのか、何をやりたくないのかという三点を明確にしておくとよい。また怒りを感じたときには、何が不満かを言葉に表わし、何がうまくいっていないのかを周囲の人に知らせるとよいだろう。

知らせるといっても、大きな声で叫ぶ必要はない。治療の一環として叫んでもらうことは時々あるし、自宅でなら叫んでもよいだろうが、たいていは「頭にきた」とか「イライラするなあ」とはっきりいうだけで十分だ。ポイントは、自分の気持ちを内部に抑えつけるのではなく、他人にも知ってもらうことにある。これには練習が必要だ。以下のようなトレーニングが役立つだろう。

▽まず、イライラした思い出を書き出してリストにする。

▽次に、今イライラしていること、イライラしてしまう人を書き出してリストにする。

▽自分のいらだちや怒り、恨みなどをさらに書き出す。あるいは、そういった話を聞いてくれる人を見つけて話す。その際には自分が何に怒っているか、自分はどう思っているか、何をしてほしいのかをできるだけ明確にする。心の奥底にしまい込むか、あれこれ説明せずに爆発してしまったほうが楽だと思うかもしれないが、それでは自分の感情を引き受けることにならない。

▽次に、リストに載っている人を一人ずつ許す。このとき、自分から許すことにしたのだと考えながら許すこと。自然な反応ではないが、これからの人生を歩んでいくための前向きな一歩になる。

▽さらに、それぞれの人との間にどんなことがあったのかを詳しく思い出す。何が起こったのか？　そのほかに起こったことはないか？　自分はその出来事をどう解釈したか？　そういう解釈をしたことはそれ以前にもあったか？　過去の経験から何が起こるかを予想できたとか、先入観で判断してしまった可能性はないか？

▽最後に、そうした過去の思い出を別の視点からとらえなおす。以前はわからなかったが今ならわかるというものはあるか？　リストに載った人々がなぜそういう反応を示したか、その理由を考えることはできるか？　他人に対する恨みを水に流し、別の視点からとらえなおすことは可能であるということを理解できるか？

怒りの気持ちを持ちながら自分を正当化し続けている間、人間は心の中で自分と他人を分けて考えている。また、自らの創造性を抑圧することで自分の失敗を正当化している。誰かを恨んでいる間はビジョンを実現することなどできないし、他人を助けたり、他人に助けを求めたりすることもできない。恨むことでエネルギーを使ってしまい、一種の悪循環に陥るからだ。さらに、自分の身体の反応や周囲の環境に怒りを感じてしまうと、自分の潜在力を発揮することはできなくなる。

しかし、自分が怒りにどの程度とらわれているか、怒りが態度や姿勢にどの程度表われるかを認識し、怒りを蓄えておくタンクなど存在しないことを理解すれば、怒りに影響されずに行動できるようになる。

ケーススタディ

感情に振り回されないためのトレーディング

アランという新人トレーダーと、初めて話したときの様子を書いてみたい。自分が市場の変化にどんな反応を示すかを観察したり、感情への反応を制御したりできるようになれば、ポートフォリオの規模を少しずつ大きくする準備は整ったといえる。したがってここでは、トレーディングにおける感情的な要素を理解することが、いかに重要であるかを説明したいと思う。そうすれば、トレーディングに対する自分自身の反応をチェックし、利益が出ても、損失が出ても客観性を維持できるようになるからだ。

アラン　私は今朝、市場が開いて間もないころにパニックに陥りました。きっかけは、前夜の出来事です。ある企業の株式を買い持ちにしていたのですが、そこの最高経営責任者（CEO）が、社内にいろいろな問題があることを講演で話したのです。自分の会社にとってマイナスになるようなことはしないだろう、できるだけプラスの面を強調するだろうから、かえって株価は上昇するかもしれないと私は思っていました。

ところが、それは誤りでした。寄り付きから売り注文が集まり、株価は下落していきました。午前一〇時になってもまだかなりの売り注文がありました。値下がり率は四％に達し、値動きもどんどん激しくなってきています。さすがに耐えられなくなってすべて売却しましたが、その五分後に底打ちし、二％値上がりしました。私が売ったときには反発する気配などなかったんですがね。

キエフ　見事なリスク管理じゃないですか。損失を限定したかったのですね？

アラン　損失は一日当たり二万五〇〇〇ドルに抑えたいと思っています。

キエフ　長期的には、そうやって損切りしたほうが得策です。そのあとで値上がりしたら、また買い戻せばいいわけですし。

アラン　いや、買戻しはしていません。判断を誤ったことが悔しくて仕方がないので。

キエフ　ああしておけばよかった、こうしておけばよかったと悩む性質ですか？

アラン　そうです。

キエフ　そんな後知恵は役に立ちませんよ。おやめなさい。

アラン　いや、値下がりしても売らずに我慢して、買い増して購入単価を下げるという手段があるじゃないですか？

キエフ　何％下落したら売却して損失を限定するというルールをつくっておくべきでしょう。そのまま下落し続ける可能性もあるのですから。

アラン　そうですね、そうすべきでしょう。

キエフ　ただし、誤った要因で下落していることがわかっているなら話は別です。そのまま持ち続けるか、ナンピン買いすべきでしょうね。

アラン　いえ、今回は特にそういう情報はありませんでした。

キエフ　値下がりしている銘柄は、早々に手放すのが優れたリスク管理です。その点は確認しておくべきでしょう。下げ止まって値上がりを始めたら、その時点で買うか見送るか決めればよいのです。値上がりするまで売却を待てなかったことで自分を責めてはいけません。いいですか、この取引はふたつの部分に分けて考えるべきです。ひとつはポジションを守るためのリスク管理の部分。もうひとつは、反発した後に再度購入する部分です。反発後に再度購入することに抵抗があるようですか、こんなふうに考えてみてください。市場は常に、新しい情報や新しい視点から取引に参加するチャンスを与えてくれている。だからこちらも、変化に対応する準備を常に整えておかなければならない。これはとても重要なことです。

アラン　反発したからといってあっけに取られてはいけない。すぐに頭を切り替えて買い注文を入れなければいけない。ぼーっとしている間に五％値上がりしてまた後悔してしまう、というわけですか。そういう見方は初めてです。

キエフ　成功するときもあれば、困難にぶつかるときもあります。私たちは常に何かに反応しており、その反応の仕方が次のチャンスへの反応の仕方に影響を与えています。恐怖を覚えているとき、成功しているときには、それにどう反応するかが重要になります。もし今回の取引で損切りをせず、結果的に株価が反発して利益を得ることができたとしたら、自分は英雄だと思いたくなるかもしれません。でも何のことはない、ただ「運がよかった」だけの話です。その後はつまらない取引を続けてしまう恐れがあります。そういうことがないように、自分が変化にどう反応したかを振り返って記録するとよいでしょう。そうすれば自分が何にどう反応するかがわかり、戦略にとって好ましくない感情的な反応を正すこともできます。自分自身をもっとよく知れば、自分の短所を直し、長所と生まれついての性格に基づいたトレーディングスタイルを発展させることができます。感情がトレーディングの妨げになることはなくなります。さらに、トレーディングの目標を設定すれば、ゴール到達に必要なポジションのサイズがわかりますし、損失を見過ごすこともなくなるでしょう。

トレーディングでは、「どう感じているか」ではなく「何を知っているか」に基づいて動くことが重要であり、アランの経験はそのことを再確認しているといえよう。彼の反応について聞く限りでは、気が大きくなってチャンスを過大評価しているときのトレーディング管理法を学ぶことが、彼の課題のようである。

彼のように自信過剰気味な人が、自分の失敗をしつこく責めるのは決して珍しいことではない。自分の性格を観察し、両極端な感情の中間を見極めて進むべきだろう。

自分の反応を自分で観察するという作業は、トレーディングで利益を得ることよりも、人生において成功するうえで欠かせないことである。ひと味違うトレーダーは自己覚知（自分自身を客観的に見られること）ができており、規律正しく、トレーダー修行を始めて間もないころによい習慣を体得しているものだ。自分の反応を自分のものだと率直に認め、かつ利益を得る方法を理解できれば、ポジションを拡大して成果を何倍にも増やすことが可能になろう。トレーディングで自己覚知が行えるように、自分の感情を振り返る方法をぜひ習得していただきたい。

集中力を持続する

人生において、偶然に起こることなどほとんどない。大半の出来事は、たゆまない努力の結果として生じる。一人の個人が責任を持ってゴールを選択し、その達成に必要な準備をしてできあがるのである。その過程では、目の前にあるものに意識を集中させる必要がある。ストレスに直面すると、自分の能力を無条件に疑ったり、自暴自棄になったりして支障が生じることも少なくないが、それらに惑わされず、集中力を持って取り組まなければならない。

精神集中は、規律や欲望、動機づけ、達成感などを結びつけるものであり、目的を達成するうえで、おそらく最も重要なものだろう。何かに集中すると外界など一切存在しないように思われ、自分が取り組んでいることしか目に入らなくなるという意味で、精神集中は瞑想状態に似ている。一六世紀の聖人、十字架の聖ヨハネはこの状態を「記憶が消える」と表現している。

何かに完全に集中するとき、人は外界から遮断される。出来事のイメージや対象、結果などに左右されにくくなる。これは何らかのゴールを目指しているときには、大変価値のある状況となる。制御できるもの、すなわちその人の「努力」に的が絞られているからだ。

何かに集中するとき、人は必要があるときだけ自分自身を表に出す。抑圧されたり、怒ったり、敵意をむき出しにしたりしない。混沌の真っ只中に置かれながらも平静さを保ち、感情を制御しようとして立ち往生することも感情に流されてしまうこともない。ひるまず現実を直視し、プレッシャーにさらされても注意をそらさない。何かに心を乱されたり、夢中になりすぎたりすることもない。

自分の行動のどれが成果を生んでいるのか。自分がつくり出した世界を変えるには何をしなければならないか。今は自分の注意をどこに向けなければならないか。いずれも自分に問いかけてほしい質問だが、答えはひとつだ。自分のビジョンにつながる目の前の課題に集中すること、である。

何かに集中するといっても、事前準備を一切行わず衝動的に行動する必要はなく、すべての障害をあらかじめ取り除くような完璧主義的な行動も必要ない。目の前の状況を事前に注意深くチェックするのはよいが、些細なことにこだわりすぎて身動きが取れなくなってはどうしようもない。

複雑な部分に意識を集中すれば、自分の身のまわりで何が起こっているかをふだん以上に正確に把握できるようになり、成果をあげるための現実的な戦略を打ち立てられるようになる。細かいことに意識を集中すれば、不満や痛みなどマイナスな感情を乗り越えるのも容易になる。

精神集中は、穏やかでゆっくりした努力と相性がいい。肩の力を抜いて自然体で臨むのがカギだ。集中すれば心と身体、努力と目的が無理なく統合され、有意義な方向に自然と向かう。強いプレッシャーや、失敗したら恥ずかしいという不安に直面しているときほど、目の前の仕事に集中することが重要になるときはない。集中すれば外界とのつながりを断つことができ、目の前の仕事に専念することができる。さまざまな感情にさらされうるが、その時はその中から役に立つものだけを選べばよい。

いろいろな要素をコントロールできるようになれば、集中の度合いも高めることができる。心身ともに平静であれば、集中力は明らかに高まる。ひとつずつ順番に取り組んでいくことも役に立つ。具体的な仕事に的を絞ることも、集中の妨げとなる刺激を減らすことにつながる。面白いと思えることが見つかれば、集中するのはかなり簡単になる。邪念のない澄んだ心で、ほとんど努力することなく集中できるだろう。

作業が長時間に及ぶときは休憩をはさむとよい。スピーチでもゴルフでもテニスでもそうだが、少し間をおいて呼吸を整えたり、その時間を利用して少し先のことを考えたりするのは重要なことだ。うまくできているかどうかを漠然と考えるよりも、エネルギー投入を増やせることに的を絞って考えるほうがよい。

逆説的だが、精神を集中しようと努力しすぎるとひとつのことにのめり込み、全体的な状況が認識できなくなってしまう恐れもある。これを避けるには、具体的なことと全体的な状況や背景との間を行ったり来たりするようにすればよい。そうすれば、自分が置かれている現実を見失うことはないだろう。

行ったり来たりするには、つまり精神集中の対象を小さなものから大きなものへシフトさせるには、ちょっとした練習が必要だ。例えば、ちょうどテレビカメラの画像を切り替えるように、本書のこの言葉から、読者がいま座っている部屋の様子へと自分の関心を切り替え、また本書に戻るという練習を繰り返せばよい。

こうすることによって、精神集中できる時間を伸ばすことができ、関心の的が次から次へと無意識的に切り替わってしまうことをある程度防げるようになるだろう。同様に、精神集中の対象を心の中から心の外へと切り替え、また心の中に切り替える練習も有効だ。練習すればするほど、自分にあった精神集中のやり方がわかるようになるはずだ。

精神集中は、飛行機の操縦や車の運転にとてもよく似ている。小型飛行機で左に旋回したいときにはそのことに集中し、操縦桿をゆっくりと左に傾ければよい。車で左に曲がりたいときも同様で、ハンドルを少し調整すればすむ。

自分の本能を信頼できれば、人間は行動と一体になることができる。ハンドルの細かな調整を本能的に行うことができれば、見栄えや結果を気にすることに時間を使わずにすむ。リスクがコントロールされたトレーディングにも同じことがいえる。夢中になり、心の制御を特に試みなくてもよい状態になればゆとりができてもっと集中できるようになり、最大限の力を発揮できるようになるだろう。

また精神集中ができれば、特定の状況に対して事前にどんな準備をしておけばよいかがわかるようになり、自分の能力に対する自信も深まる。競争に対する恐怖感も弱くなり、誰かを負かすことではなく、最善を尽くすことに関心が向かうようになる。状況が変わるたびに自分の力量を示したり、計画を変更したりする必要も小さくなる。障害や変化、恐怖心や不確実性にも耐えられるようになる。柔軟性も高まり、新しい戦略が整ってもそれを実行に移せないということがなくなる。

この最後の点は特に重要である。なぜなら、新しい視点やスキルを身につけることによってトレーディングに対するアプローチが変わり、新しいトレーディングのやり方を身につけなければならないことがあるからだ。

ケーススタディ

的を絞りなおす

割安株に長期投資するファンドを運用するダニーは、損失を最小限にとどめながら、空売りの技術をかなりの時間をかけて習得した。その結果、リスク回避の傾向が強まり、利益をすぐに確定してしまうようになった。このままでは運用成績が伸びないので、利益を確定したいという衝動を乗り越えられるように、トレーディングの的を絞りなおすことになった。

ある銘柄の売買について、彼は次のように語った。「株価は二三ドルから二〇ドル五〇セントまで下げたわけですから、三〇万株の売りポジションをずっと維持すべきでした。売りを仕掛けたのは決算発表の前です。決算は間違いなく悪いと思ったからです。ところが、発表されても市場があまり反応しなかったので、すぐにポジションを小さくしました。発表前には二八ドルの場面もありましたから、そのときから売っていれば四〇％ものリターンが手に入ったわけです。売り始めたのは二四～二五ドル付近です。悪い決算になるとわかっていたのに大きなポジションを維持できなかったのは、二ポイント値下がりするたびに、少しずつ買い戻して利益を確定していたからです。株価が反発して含み益がなくなるのが怖かったのです。株価が下がらなかった日が三、四日続いたときは、間違えたかもしれないと不安になりました。今日も危うく買い戻すところでしたし、今でもポジションを大きくせずにこのままいきたいと思っています」

このとき、株価は反発し始めていたが、ファンダメンタルズは悪いままだった。市場の雰囲気が明るく、ほかの銘柄につられる形で値上がりしていた。ダニーはひと勝負したいと思ったが、損を出したくない気持ちが強く躊躇していた。

トレーディングで最も難しいのは、よいトレンドによいタイミングで乗ることである。長期的なファンダメンタルズが悪ければいつでも空売りできるというわけではないし、逆もまたしかりだ。

ダニーは自分が足を踏み出せないことに不安を覚え、私に尋ねてきた。「株価が下げているので利益を確定したいと思います。ですが、先生はここでもっと売れとおっしゃるのですね」

私は答えた。「達人と呼ばれるトレーダーなら、みなそうするでしょう。まず、株価の動きと売買高が読めなければなりませんが、この銘柄の流動性はどうですか?」

「毎日一〇〇〇万株できています。ですが、ポジションを大きくすべきだとわかっているのに動けない自分が情けなくて、何ともなりません」

私はこの言葉を聞き、怒りを受け流してトレーディングに集中することが重要であると伝えた。自分の心の状態ではなく、目の前にあるチャンスに注目せよ、感情に振り回されてはならないと説いた。「自分を責めてはいけません。責めることで、失敗をよくぞ認めたと無意識のうちに自分をほめていることがあるのです。自分の失敗をよく認めた、とほめてしまうのです。子供のころには、そうやって善悪の区別を学んでいることを親に示したのかもしれませんが、そんなことではトレーディングの利益はあがりません。それよりも次の一手を決めるほうが重要です」

自分の感情を受け流す

「俺は自分のトレーディングに腹を立てているんだ」などと周囲に話してしまうと、その感情を持ち続けなければならないと無意識のうちに思うようになる。周囲の人がそれについて質問したりしてくると、その気持ちはいっそう強くなる。しかし、そんな風にして憤慨し続けるよりは、さらりと受け流してしまったほうがよい。さっさとトレーディングから切り離してしまったほうがよいのだ。

精神集中していれば、自分の行動を抑圧する常識や自己批判、行動などに惑わされずにすむ。心の葛藤をうまく調整し、目の前の現実に注意を集中することができる。世界は決して公平ではないという事実も受け止められるようになる。自分は成功には値しないとか、成功しなければならないといった考えからも逃れられる。長期的な利益のために短期的な苦しみに耐えたり、プレッシャーに過剰反応する傾向に抗ったり、ゴール到達に欠かせない重要なステップに意識を集中したりすることもできるようになるだろう。

精神集中していれば、目標達成がおぼつかないように思われるときでも、全力を出し続けることができる。単なる勝利ではなく、自分にとって最高の実績をあげることに目を向けられるようになる。負けている場面でも、くじけることなく勝利を追求できるようになる。

精神集中していればリラックスでき、周囲に対する注意が行き届き、変化にも的確に反応できるようになる。普通であれば無視されてしまう情報や刺激を大量に取り込み、運用成績の向上に役立てることもできるだろう。

◆実践の手引き

大半の人は、成功の象徴を手に入れて格好いいところを見せたいと考え、そのためにかなりのエネルギーを使ってしまう。集中力を維持するには、そんな自分の弱さを受け入れ、自分の基本的な人間性とそれに対する自分なりの解釈とを区別することが重要である。集中力が続かない、なんとなく力が出ないというときには、何が自分を抑えつけているか考えるとよいだろう。例えば、以下のような質問に答えてみてほしい。

▽トレーディングで前進しようとする自分を、たびたび邪魔するものは何か？
▽何を怖がっているか？
▽行動しようとするとき、目の前に割り込んでくる常識にはどんなものがあるか？
▽これが始まると自分はふだん通りに活動できない、というものがあるか？
▽何かを達成しようと努力しても、個人的な思い出が邪魔をすることはあるか？
▽自分の能力に対する不信感が自分の可能性を小さくしていることはあるか？
▽今の目標は、仕方がないと思いながらいやいや決めたものではないか？
▽目的をあえて曖昧にすることで意識的に、あるいは無意識的に失敗したのではないか？

▽重要なポイントに注意を集中できなかったのか？　それとも思っていたほどうまくできなかったのか？
▽細部にこだわりすぎたのか？　それとも、目標実現への取り組みが甘かったのか？
▽自分の行動計画を周囲にうまく伝えられなかったのか？　それとも、仲間とコミュニケーションを取る仕組みを確立していなかったのか？
▽最初から自分の結果に責任を取ることができず、周囲の人々に負担させてしまったのではないか？
　彼らは、彼ら自身の能力に疑問を抱いてしまったために失敗したのではないか？

　大半のトレーダーは、自分のビジョンに基づいた戦略に集中できず、自分の感情に振り回されたり周囲の出来事を感情的に解釈したりすることによって、トレーディングから手を引く原因を自らつくっている。しかし、本書の読者はそうならずにすむだろう。

　自分がつくり出した問題の責任を自分で受け止められるようになれば、大きな進歩を遂げることができる。そのためには心を開き、外部の刺激に敏感に反応できる精神状態でなければならない。成功、失敗、恨み、競争、ねたみといった目標達成の邪魔になるイメージは受け流してしまわなければならない。自分のビジョンを表現するのに必要なステップにだけ注意を向け、集中する必要もある。

　そうすれば、不安感から幸福感に至るまで、多種多様な感情を乗り越えることもできるだろう。自分のトレーディングや感情の推移を客観的に観察し、成功したいという気持ちを思い切り働かせて、最高の実績を得られるようになるだろう。

不安な気持ちから完全に逃れることはできないが、少し距離をおいて自分自身の不安な気持ちを観察する能力を身につけることは可能である。そしてそれができるようになれば、自意識過剰や自己批判に陥ることなく活動できる。周囲の意見が気になって動けないということもなくなるだろう。

重要なのは、自分の感情を認識し、それを自分のものとして受け入れることである。その感情を自分自身から切り離そうとしてはならない。切り離そうとすればするほど、市場は恐ろしく予測しがたいものに見えてしまうだろう。

しかし、自分自身と自分の恐怖を受け入れることができれば、その恐怖心はすぐに消えてなくなる。

第4章　流れに身を任せる

トレーディングとスキー

トレーディングの機微を説明するときに、私はよくスポーツのたとえを使う。最も適しているもののひとつがスキーである。二枚の板でバランスを取りながら、白銀の斜面を優雅に滑り降りるのは決して簡単なことではない。初心者は滑り降りるという行動をすべて自分でコントロールしようと試みるが、そのたびに転んでしまう。だが少しずつコツをつかめば慌てることがなくなり、ついには重力に身を委ねて自由落下のように疾走できるようになる。スキーの醍醐味を味わうためには、二枚の板をコントロールしようという気持ちを捨てなければならない。

その意味で、トレーディングとスキーは非常によく似ている。制御しようという気持ちを捨てること、実際に参加すること、売買という現象を少しずつ受け入れていくこと。いずれもトレーディングでリスクを取るための重要なステップである。仕掛けた売買がうまくいっている間は、肩の力を抜いてリラックスし、相場の流れに身を任せてポジションを長く大きく持つようにしなければならない。

優れたトレーダーはリスクを取る。リスクを細かく管理したり、早々に利益を確定したり、大きな儲けを得るチャンスをフイにしたりしない。自分の本能を信じ、流れに乗り、目の前で起こっている現象をそのまま受け入れる。市場の声に耳を傾ける作業は、テニスの試合でラケットのスイート・スポットを探す作業に似ている。コートに入ったらボールしか見ない。直前のショットのことなど考えず、観客席にも目を向けない。ただゲームに集中してラケットを振るだけだ。

コントロールしようという気持ちを捨てて流れに参加すれば、成功する可能性は高くなる。自分の予想が当たって含み益が生まれたら、トレーダーは予想を補強するデータをさらに集めてポジションを大きくするべきだが、実際には怖くなって利益を確定してしまうケースが少なくない。

ポートフォリオマネジャーのゲーリーは、趣味の自動車レースでリスク管理の術を学んだ。そして、トレーディングとレースの間には共通点があることに気づいたという。

「レースでもトレーディングでも、難しいのは安全地帯から一歩足を踏み出すことだ。ほかのマシンと一緒にコーナーに入るときには、コース取りを早めに決めてリラックスし、流れに身を任せるようにする。実際にコーナーに入るころには、その決断が正しかったかどうかがわかる。コースを変えることはもうできない。たとえ、その決断が間違っていたとしても、だ。決断を誤れば事故に遭う可能性もあるが、そのリスクを取らなければ勝つことはできない」

「レースでもトレーディングでも、自分で制御しようとするのをやめて、流れに身を委ねる瞬間がある。重要なのは、制御しようとしてもできない状態に達する前に、的確な決断を下すことだ。最初に的確な決断を下しておけば、そのあともうまくやれる。このあたりは、スキーのジャンプにたとえればわかりやすいだろう。ジャンプ台を滑り降りていくとすごいスピードになるから、飛び出す直前までにしっかりと姿勢をつくっておかないといけない。いったん飛び出したら、もう修正はきかない。トレーディングでも、早めに的確な決断を下して、あとは流れに任せるというスタイルを身につける必要がある」

「レースを始めた当初は時速一〇〇マイルが精一杯だったが、今では時速一六〇マイルで走行できる。流れに身を任せて腕を磨き続ければ、理論的にはインディ（五〇〇マイルカーレース）に出られるくらいのレーサーになれる。トレーディングも同じで、発生しうる損失の規模が大きくなるほど、それにうまく対処できるようにならなければならない。レースでクラッシュの仕方を学ぶように、トレーディングでは上手な損の仕方を学ばなければならない。損を出したらそれを認識して受け流し、次の勝負で勝つ準備をしなければならない。自分のレベルをひとつあげるためには、こういった心理面での進歩が必要だ」

意識して流れに身を任せる

トレーディングに限らず、リスクの高い分野で達人と呼ばれるには、意識して流れに身を任せる術を学ぶ必要がありそうだが、話はそう簡単ではない。市場ならではの不確実性に対する心理的な抵抗が働き、身を任せるどころではなくなるのが普通だからだ。正直な話、身を任せる術を学べといわれても、そんなことはできないと思ってしまうだろう。

いくら論理的に説明しても、簡単には理解してもらえまい。自分の感情をありのままに認識して支援を求めたり、新しいスキルを学んだりするよりも、自分が怖がっていることを否定し、昔ながらのやり方で試みたいと考える読者もいるだろう。しかし実際には、不安感を避けようとすればするほど、かえって自分をだめにする行動に陥ってしまう恐れがある。

トレーディングは、多種多様な心理的抵抗の影響を受ける。習慣、長年の思い込み、感情的な反応、人柄などは、チャンスの認識の仕方、決断の下し方、時間とお金の使い方にも影響を及ぼしている。足元の喜びを我慢して将来の利益を目指せるかどうかも、心理的な要素で決まる。こうした要素が特に強くなると、完璧主義や決定マヒ、塩漬けといった現象が見られるようになる。

第4章では、こうした現象とその心理学的な理解について論じる。自分の反応をありのままに認識し始めれば、トレーディングでリスクを取るときの不確実性も、うまく扱えるようになるだろう。

完璧主義と戦う

「うまくできないんだったら、最初から手を出したくない」。この言葉を耳にしたことのない人はいないだろう。実際にこう思っている読者も少なくないはずだ。この種の発言はいわゆる完璧主義の表われであるが、トレーディングにこれを持ち込むと、その非現実的な期待ゆえにおびただしい数の問題が発生したり、運用成績が悪化したりする恐れが生じる。

例えば、完璧主義の傾向があるトレーダーは、何か問題が発生するのではないか、そのとき周囲の人はどんな態度を取り、どんな批判をしてくるだろうかといった不安に悩まされることが多い。この不安の根底には、すべて的確にこなしているように見せたいが、リスクはできるだけ取りたくないという意識がある。完璧主義者は用心深く、自ら進んで動きたがらない。そして、批判にさらされることを過剰なほど恐れている。

したがって、完璧主義的なトレーダーは、すべての条件が「完璧に」そろわなければ足を踏み出さない。不確実性が支配する世界を恐れ、過去を美化し、リスクを取ろうとしたかつての自分の気概さえ忘れてしまう。

株式トレーダーのアンドリューにも、そういう傾向があった。そのため、「この水準を超えていれば、あの条件を満たしていれば」という具合に、チャンスを見逃した言い訳ばかり考えたり、後から考えればあまりにも小さなサイズにまでポジションを抑えたりしていた。

例えば、ある取引で大手クレジットカード会社の株式を売り持ちにしたが、その数は一万五〇〇〇株でしかなく、その後値下がりしたときに地団太を踏んだという。欧州のある通信会社の株式を売り持ちにしたときもそうだった。子会社をスピンオフするという情報をつかんでいたにもかかわらず、リスクを取る決心がつかなかったために、一九五ユーロから一五五ユーロに急落したときも、小さな利益しか上げることができなかった。自分から率先してポートフォリオをつくることにも消極的で、上司の承認が出るのを待って行動していた。「全体像が見えなくて、とても不安なんです」

アンドリューが自分から動こうとしなかったのは、失敗したらどうしようと考えるあまり、リスクを取ることや決断を下すことに多大な恐怖を感じていたためである。なお、同じ完璧主義者でも、詳細な情報や分析結果にこだわるあまり身動きが取れないというケースもある。結果に対する恐怖心ではなく、あいまいさに耐えられないのだ。

ケーススタディ

いかにして完璧主義を克服するか

アナリストのエリックは、二〇〇一年上期、株価が乱高下する弱気相場でトレーディングを始めた。分析を仕事にしてきたことから、担当業種についてはできるだけ多くデータを集めたいと思っていたが、その量が膨大であるうえに、分析好きな性格も手伝って、にっちもさっちもいかなくなってしまった。

「担当業種や自分がカバーしている企業について誰かが話し始めると、つい聞き耳を立ててしまいます。そのため頭の中の情報が多くなりすぎて、判断がゆがんでしまっているようです。情報の中には不要なものもあるはずですが、必要なものだけを選り分ける余裕もなく、混乱しているのが実情です」

内省的な性格でデータ収集が好きな人にとって、必要なアイデアだけを選り分けることは決して容易な作業ではない。エリックも同様でデータそのものに魅力を感じているが、売買に直接つながるアイデアにもっと自分の関心をシフトしていく必要があるだろう。

解決策としてまず思いつくのは、トレーディングデスクから時々離れて自分なりの考えをまとめてみることだが、実際には目隠しをしたり他人の会話に近づかないようにしたりする必要がある。しかし完璧主義者にとっては、これが非常に難しい。礼儀正しくありたいという自分の姿勢に反するからだ。

エリック　考えることがありすぎて頭が混乱しそうだからといって、一人にしてくれと同僚にいってよいものでしょうか？　正直な話、自分が知っていることを一〇分も話されるのは苦痛なのですが。

キエフ　遠慮せずに立ち去ってしまえば？

エリック　いやいや、それはやっぱり失礼でしょう。

キエフ　しかし、トレーディングは食うか食われるかの世界でしょう。そうした会話から離れて、仕事に専念するべきでは？　あなたのそういう受け身な姿勢は心理面にも悪影響を及ぼします。イライラしながら話を聞き、あとでそれを後悔する。しかもトレーディングに使える時間が一〇分間失われているんです。

データが欲しいという気持ちと、同僚に礼儀正しく接したいという気持ちが重なった結果、エリックはインプットされる情報が多すぎて自分と周りの状況とを切り離せなくなり、身動きが取れなくなった。データが欲しいと思うのは、いくらあっても足りないと考えているためで、自分を守る行動が取れないのは周囲に悪いイメージを与えたくないためである。エリックはこのふたつの理由により、非生産的な状況に陥ってしまった。

◆実践の手引き

利益目標を達成するにはポジションをもっと大きくしなければならないが、失敗や損失が怖いためにそれができない、ありとあらゆるデータを集めてからでないと売買できない——多くの完璧主義者はこのパターンに当てはまる。自分もひょっとしたら完璧主義者かもしれないと思ったら、以下の質問に答えていただきたい。

▽自己批判するほうか？
▽自分は大した努力をしておらず、今のままでは不十分だと思っているか？　他人の批判を予想し、それを踏まえて自分の戦略を変えることがあるか？
▽気がつくと時間のかかる雑事に追われ、トレーディングに必要なエネルギーや注意力が削がれてしまったり、売買に責任を取りきれなくなったりすることはあるか？
▽自分について、自信がなく臆病な性格だと考えているか？
▽自分の判断に自信が持てないとき、自分の見方がほかの人と異なるときなどに恐怖を覚え、ポジションを簡単に手じまってしまうことがよくあるか？

大半の質問に「イエス」と答えた人は完璧主義者である可能性が高い。完璧主義者には知性という強みがあるが、その知性を重視しすぎるという弱みもある。不確実性に恐怖を覚えないこと、リスクを取ることを必要以上に難しくしないようにすることを学ぶ必要があるだろう。

達人と呼ばれるトレーダーは、事実やデータの分析に没頭したりしない。自分がつくったモデルや知的生産物の正確さに惚れ惚れすることもない。不確実であることを恐れて売買に踏み切れなかったり、十分な利益を生む前に怖くなってポジションを手じまったりすることもない。達人は利益をあげることにしか興味を示さず、不確実性を伴うトレーディングにも積極的に取り組み、最大限の利益が得られるように辛抱強くポジションを保持することができる。投資している株について、トレーディングそのものから学べることも多いという事実を理解している。

不確実性と不安感はトレーディングにつきものである。しかし時間をかければ、たとえ完璧主義者でもその扱い方を学ぶことができる。

ケーススタディ

過度の思い入れを断ち切る

自分の知的な読みに入れ込みすぎる完璧主義者は、必要なときに適切な行動が取れないことが少なくない。原油と天然ガスのトレーダーとして二〇年以上のキャリアがあるマニーは、損失を抑えて利益を伸ばすためにポジションを早めに手じまうべきだという直観があっても、あえてポジションを長く保有するようにしているという。私は二〇〇一年四月に、彼からこんな話を聞かされた。

「市場だけでなく、値動きそのものを観察しなければならないと痛感した。ファンダメンタルズの変化を見落としても、値動きを観察していれば、次にどんな手を打つべきか自然とわかる。もし自分の分析にあわない値動きが見られたら、それはチャンスか、自分が何かを見落としているかのどちらかだ。見極めるのは難しいがね」

「この二週間、原油をめぐる政治情勢を徹底的に分析しなおしてみた。そして石油輸出国機構（OPEC）の会議を機に、原油は下落すると読んだ。すると、株価の急落につられるかのように原油も下落し、会議の後にさらに下げた。当然、大儲けだが、底値に達したと判断した水準でポジションを半分しか処分しなかった。何かが起こりそうないやな予感がしていたからすべて手じまうべきだったが、あえて半分残したわけだ。そうしたら案の定、ショートカバーの買いが大量に入って急騰した。しかも、値上がり幅は当初の値下がり幅の二倍だったから、下落局面での利益はいっぺんに吹き飛んだ。いい勉強をさせてもらったよ」

「私の問題は、利益の確定が早すぎるのではないかといつも心配していることだ。値動きを見て気に入らないと思ったり、怖いなと思ったら、その感情を素直に受け止めなければいけない。リスクが少しでも残っていたら、安全な賭けをしているとはいえない。安全な賭けをしたいなら、ポジションはすべて片づけてリスクをゼロにしなくちゃいけない。ところが今回、自分の想定していた局面が終わったことを認めようとしなかった。読みが当たったという自己満足に浸ってしまった。OPECの会議を控えて売り持ちにしたことで周囲からはいろいろいわれた末の勝利だったから、自分のシナリオは半日以上もつはずだと思ってしまった。もっと冷静に事実を見つめるべきだったよ」

マニーのように、自分のシナリオと異なる値動きが見られても、自分のシナリオはまだ有効だと信じ込んでしまう完璧主義者は多い。状況の変化にもっと迅速に反応し、できるだけ早く損切りできるようにする必要があるだろう。

この話を読んで他人事とは思えないと感じる読者は、自分自身の完璧主義な思い入れをどう扱うべきか、考えてみるとよいだろう。結論をいえば、自分の考えに入れ込みすぎてはいけない。正反対の考え方も同時に頭の中に入れ、どちらにでもすばやく動けるように準備しておく必要がある。難しそうに聞こえるが、「少しでも多くの利益を得るにはどうしたらよいか」という視点から判断し、行動するようにすればそうでもない。

マニーのように自分のシナリオが気に入ってしまったトレーダーは、それにそぐわないデータが出てきたら、自分のシナリオを修正してもかまわないことを理解する必要がある。ポジションを半分だけ残すという妥協策でお茶を濁すべきではないのだ。「半分だけ残したのは得策だったのか。自問してみたが、そうではないことに気がついた。残しておけば、残しておいた分だけ市場が遠慮なく持ち去ってしまう。今になってようやくわかりかけてきたよ。引くべきときは、すべて引く。それも早め早めに、そうするべきなんだ」

相場を分析する能力は、自分のトレーディングの分析にも応用できる。具体的には、そのときの相場環境と値動き、そして最初にポジションをとったときの状況などをあわせて振り返る必要がある。また、常に正しくなければならないという完璧主義的な思考からも逃れるようにしなければならない。求められているのは一〇〇％の正確さではない。損失よりも大きな利益を稼ぐことだ。

「心の会計」を克服する

心の会計《メンタルアカウンティング》とは、同じ金額であっても、その出所や属性などによって扱い方を変えてしまう傾向のことである。お金はお金であり、金額さえ同じであれば同じように扱うべきだとは頭ではわかっていても、実際にはそうできない場合が少なくない。例えば、所得税の還付金と毎月受け取る給料とでは、たとえ金額が同じであっても扱い方が異なる。還付金はタナボタ式に手に入ったお金として無造作に使われてしまうことが多いのだ。ギャンブルの賞金にも同じことがいえる。

なぜこんなことが起こるのだろう。それは、短期的な取引のコストとその取引の長期的なゴールを、短期的な取引を行う度に照らし合わせていたら煩雑で対応しきれないために、心のなかで口座を作り、重要度に応じてあらかじめ区別するようになるからである。例えば、小遣いと住宅ローンの返済資金は重要度が異なるから、分けて管理した方が扱いやすいということだ。ただ、この心の会計は役に立つこともあるが（退職金だから安全に運用しようという意識が働くケースなど）、大きな不利益をもたらす恐れもある。タナボタ式に手に入ったお金だからと無造作に使ってしまったり、逆に何らかの理由で取引に慎重になりすぎてしまったりすることがあるからだ。

実際、トレーダーは売買で思わぬ利益が出るとこれを軽く見て、リスクの高い取引につぎ込んでしまうことがある。例えば、一〇銘柄で構成されるポートフォリオがあり、そのうちの一銘柄が含み損を抱えているとしよう。もしこの運用担当者が「残る九銘柄の含み益があるから」という理由でこの銘柄を長期間保有しているとしたら、心の会計が投資行動に影響を与えていることになる。もしほかの九銘柄が下落したら、この担当者はさほど深く考えることなく、この銘柄を売却することだろう。

ケーススタディ

利益を最大限に伸ばす法

心の会計は、成功している取引の利益を最大限に伸ばすことができないトレーダーに見られることが多い。例えば、本書の第1章で紹介したクリスは、トレーディングで勝ち取った一ドルよりも、トレーディングで失った一ドルのほうが価値があると考えている。ファンダメンタルは追加投資をしてよいぐらい良好だからとの理由で、含み損の生じた銘柄をずっと保有し続け、株価が反転上昇して含み損が消えたり含み益に転じたりするのを期待しているのはそのためだ。

また、彼は値上がりし始めたら追加投資したいと考えているが、実際には底打ちして値上がりに転じるとすぐに売却してしまう。株価が下落する局面でかなりの痛みを感じているために、反転上昇してから手放すとほっとするのだ。そのため、最終的に損失を出してしまうこともある。買い増したり利益が出るまでポジションを持ち続けたりするべきところで早々に手じまいしてしまうため、値上がり基調をとらえられない。したがって彼は、痛みを伴う相場が続いたあとでも、自分を見失うことなくトレーディングを続けられるようになる必要があろう。

クリスはファンダメンタル分析を隠れ蓑にして、含み損のあるポジションを保有する自分の決断を正当化していた。また、相場が自分の予想した方向に動いてもなかなかポジションを拡大できなかった。利益の可能性を伸ばすことよりも、損失を回避することのほうを重視していたためである。

割安株に長期投資するヘッジファンドの運用担当者、ロンにとって、一方の利益で他方の損失を埋めることには問題があった。彼の基本的なアプローチは、現在は過小評価されているが向こう二～五年で値上がりしそうな銘柄を購入する一方で、いずれ値下がりすると見られる割高な銘柄を空売りするというものだ。ロンの分析力を考えれば実に理に適ったアプローチだったが、本人は運用成績に不満を感じていた。私はそんな彼の行動をつぶさに観察した結果、運用成績よりも自分のファンダメンタル分析の正確さを気にしているケースが多いことに気がついた。

例えば、空売りしていた銘柄が予想以上に長い期間値上がりし、買い持ちにした銘柄で得た利益を自信とともに吹き飛ばすことが少なくなかった。ファンダメンタル分析を重視する割安株トレーダーとしての自負が強く、損得勘定でトレーディングをするのは避けたいという意識が働いていたのである。

実際、彼は利益目標を設定しておらず、値上がり益を享受するチャンスを最大限に活かしていなかった。割安な銘柄はいずれ値上がりし、割高な銘柄はいずれ値下がりするとしか考えていなかった。長期保有のコストは安いが、流動性に乏しいオールド・エコノミー銘柄を主な投資対象にしていたことも災いした。

運用成績を重視するのなら、流動性の高い大型ハイテク株か、値動きの軽い業種に的を絞ったほうが理に適っていると私には思われたが、ロンはそうしていなかった。また、状況が変わった場合に損切りしたり、思惑通りに相場が動いた場合にポジションを大きくしたりということもなかった。

さらに、ポートフォリオの中身を分析した結果、買い持ちにする銘柄の選択については十分な根拠があったものの、空売りする銘柄の選択についてはそうではなかった。彼にとって空売りは短期的な賭けであり、ファンダメンタル分析を行う対象ではなかったのである。悪材料があると確信していない銘柄でも空売りしていた。まだ値上がり局面にあったハイテク株を売り建てて大損したとか、見立てが当たって実際に値下がりを始めてからも怖くて手を出せなかったということもあった。

しかし、私との対話を続けた結果、ロンのトレーディング・アプローチは改善していった。まず、最も大きな利益をもたらしてくれた取引は、確信を持って多額の資金を投じた取引だったことを認識し、市場全体が上昇しても値上がりしない銘柄は処分し始めた。また流動性の低い割安株ではなく、流動性が高く、値上がりに転じやすい割安株を探すようになった。さらに、含み損が続いている銘柄を処分し、長期的に割安だからという理由だけでポジションを維持するのをやめた。含み損は短期間で損切りした方が運用成績の向上に効果があること、確信が持てないときにはポジションを縮小すればよいことも理解した。

この結果、運用成績は改善し、彼自身も自信をつけた。生産性も集中力も高まり、市場に振り回されることがなくなった。二〇〇一年前半の株価急落局面では、優良株を割安に仕入れることに成功し、大きな利益を手にした。

彼はさらにアプローチを改善し、短期のトレーディングでの利益も増やせるようになった。自信と達成感が深まり、長期投資のポートフォリオにも資金を回せるようになり始めた。相場が乱高下した二〇〇〇年後半から二〇〇一年前半にかけても、株価の変動から利益を得ることができた。気がつくと、彼は長期的な視点から銘柄を選択し、短期的な材料に反応してそれらを売買するというトレーディングを行うようになっていた。空売りの損失もカバーできるようになっていた。

利益目標を設定してそこからトレーディングを組み立てるようになってからは、ポートフォリオに組み込む銘柄の数を減らし、以前よりも深いファンダメンタル分析を行うようにした。ポジションの規模も、買い持ちと売り持ちの両方で大きくできるようになった。一部の銘柄での失敗をほかの銘柄での成功で埋め合わせることも、惰性でポジションを維持して金銭的・精神的ダメージを被ったりすることもなくなり、ポートフォリオ全体をこれまでよりうまくコントロールできるようになった。

◆実践の手引き

「含み損が発生したポジションにあまり時間を割きたくなかった」などといって、心の会計による失敗を正当化しようとするトレーダーがいる。確かに、あれこれ考えるよりは放っておいたほうが楽だろう。また、手放したとたん値上がりするのが怖くて損切りできないというトレーダーもいる。しかしどちらも、小遣いを使うのと同じ感覚でトレーディングを行っているにすぎない。お金の真の価値を認識せず、無造作に扱っているだけだ。

自分自身が心の会計にとらわれていないか、次の質問でチェックしてみよう。

▽「ほかの銘柄で利益が出たから、この銘柄では損してもよい」と損失をあっさり正当化することがあるか?
▽ひとつの売買の結果が、同じ日のほかの売買の決断に影響しやすいタイプか?
▽金額の小さな取引は大きな取引よりも重要でないと考える傾向があるか?
▽大きな金額を扱うときにはふだんよりも保守的になるか?

出どころや使い道が違っても、一ドルは一ドルである。含み益のある銘柄が二銘柄であろうと一〇銘柄であろうと、投資額が一〇〇ドルであろうと一万ドルであろうと、勝っているポジションは持ち続け、負けているポジションは早々に売却するという鉄則に変わりはない。

個々の取引は、川を渡るために置かれた飛び石のようなものだ。一見正しい判断を下すのではなく、利益が得られるかどうかを基準に判断していけば、この飛び石を着実にとらえて向こう岸の利益目標に近づくことができるだろう。

決定マヒと戦う

達人と称されるトレーダーは、バランスの取れた決断を下す術を知っている。しかし、多くのトレーダーはそうではない。データを入手しすぎて思考の迷宮に迷い込み、決断力を失う「決定マヒ」に陥ることがある。

行動経済学の専門家たちによれば、人間は選択肢が増えると、かえって何もしなくなる傾向がある。魅力的な選択肢が多ければ多いほど、そこからひとつを取り出す際の葛藤が強くなり、動けなくなってしまうのだ。トレーディングでも同様で、魅力的な選択肢が多いほど、どこに資金を投じていいかわからなくなる。当然、決断を先送りすれば、利益を得るチャンスをみすみす逃してしまいかねない。

ケーススタディ

決定マヒを克服する

アナリストからトレーダーに転じたジョージは、データの過剰分析と決断力の欠如のために決定マヒに陥っていた。間違えることへの恐怖心があり、自分を常に制御していたいという意識もあった。

「投資のアイデアは知的な活動の産物だ。ただし、本能的な要素も若干ある。例えば、どの株価水準で取引を執行するかという決断は本能的、心理的なものだろう」。ジョージはそういいながら、自分には自信がないと語った。「投資のアイデアは悪くないと思うが、売買は下手だ。別にこのアイデアでいけると思っても、調べることがまだあるように思えて売買に踏み出せない。別に妙な選り好みをしているわけじゃない。投資のアイデアをすべて実行に移すと、かなりの数のポジションができあがってしまうので、取捨選択しなくちゃいけないんだ。もっと本能に頼ることができれば、実際に持つポジションの数も増やせると思うが、分析するばかりでなかなか実行できない。誰かが背中をポンと押してくれれば、もっと大きな資金を動かせるんだろう。要するに自信がないわけで、自分自身に腹が立つ」

知識を追求するのは、トレーディングを有利に進めるためである。しかしジョージは、自分は取引をちゃんと理解しているという実感を得たいがために情報を収集している。すでに「宿題」は十分やっており、データもそろっているのだから、あとは投資のアイデアを一覧表に書き出して順位をつけるだけだ。そして、自分の判断に自信を持つために電話をしたり（その本数にはあらかじめ上限を設けておく）、アナリストたちの予想を集計している調査会社ファースト・コールの資料に目を通したりすればよい。

かなりの時間話し合った結果、ジョージはバランスの取れたポートフォリオを組むためにアナリストとしてのスキルを利用し始めた。また、大きなリスクを調整しながら取ることにより、売買をやめなくても、自分を制御できているという意識を強く持てるようになった。

◆実践の手引き

自分が決定マヒに陥っていないか、以下の質問でチェックしていただきたい。

▽自分の決断を後知恵で批判し、含み益のあるポジションを早々に手じまうことがよくあるか?
▽データを分析しすぎるために決断できなくなり、チャンスを逃すことがよくあるか?
▽「自分は決断力がなく、いつも人のアドバイスや承認を欲しがっている」と思っているか?

大半のトレーダーは、状況を制御しようと試みることで自分の不安を和らげようとする。投資対象をさらに深く分析したり、自分の見方を裏づける材料が増えるのを待ったりする。しかし、そんなことでは解決にならない。分析対象となるデータがかえって増加し、決断できないことがますます増えて決定マヒに陥ってしまうのが関の山である。それよりは、自分の不安を受け流すようにしたほうがよい。不安を感じるたびにその持続時間を計って日誌に記録していくと、いずれ不安をうまく制御できるようになるだろう。

また、投資先を分散したり、バランスの取れたポートフォリオを構築したりすることもリスクの低減に役立つ。小さな金額から投資を始めることも理に適っている。ひとつずつ着実にこなしていけば、大きなポジションを扱える日がきっとくるだろう。

柔軟に対処する

昔からなじんだやり方やスタイルから抜け出せず、現在の運用成績の足かせになってしまうことがある。これでは、私がかつて会ったトレーダーと同様、変化する市場環境にうまく適応できない恐れがあろう。

ケーススタディ

市場環境の変化に適応する

二〇〇一年四月一一日。チェースの運用成績は、その年の目標を大幅に下回っていた。彼はこれを、マクロで見た個人消費の失速懸念ばかりがクローズアップされ、企業のファンダメンタルズがほとんど無視されてしまう「方向感もトレンドもない相場」のせいだとしていた。

この状況では、チェースが得意とするミクロのファンダメンタルズに着目する手法は役に立たない。

小売株という安全地帯に逃げ込んでいたトレーダーも、以前に比べれば安いがまだ割高感の強いハイテク株に回帰したため、小売株は安全地帯どころか総崩れとなっていた。

チェース　不思議な話だよね。株式相場なのに、その企業のファンダメンタルズを見ていたのでは利益が得られないなんて。おまけにトレンドがほとんどないから、下手なところで勝負に出ると、とんでもない目に遭いかねない。常に相場の一歩、二歩先を考えなくちゃいけない。

今月は多数のトレーダーが相乗りする「コンセンサス・ショート」で大損した。手じまって損失を限定する手もあったが、実際には値上がりしたところで売り持ちのポジションを倍にしていた。この銘柄は一種の誤解に基づいて値上がりしているという確信があったからだ。経営陣は足元の事業環境を考えれば非現実的な見通しを口にしていた。年度の後半には立ち直るだろうという淡い期待ばかりを当てにしていた。

そんなのはおかしいと市場全体が思っていたのに、なぜか値下がりしなくてね。そうこうするうちに、自分はいつのまにか典型的なショート・スクイーズにはまっていた。ショートカバーが終わるまでは何とか持ちこたえなくちゃいけない。思うに、今回の損失の五〇％は自分が馬鹿だったためで、残る五〇％は市場コンセンサスに乗ったためだった。

早めに自分の誤りを認めてショートカバーを入れていれば、損失の三五％は回避できたかもしれない。一段落したら、同じ銘柄で空売りを仕掛けるよ。これ以上値上がりしそうにない水準まで上がってきたからね。コンセンサスにはもう乗らないよ。
今月は、企業のファンダメンタルズばかり気にして、実際に株価を動かしているマクロの景況感の変化を見過ごしてしまっていた。達人トレーダーなら、ファンダメンタル分析だけですべてを決めたりせず、判断材料のひとつとして扱うことだろう。まず業種全体を見て、次に市場全体を見てポジションを持ったり解消したりするはずだ。
また、個別企業の材料が業界や市場全体に対する市場参加者の見方にどんな影響を与え、彼らがどんな反応を見せるか考えるだろう。データを集めすぎることもない。知識が多すぎると、かえってまわりが見えなくなる。木を見て森を見ずってやつだ。

キエフ　ゴールを設定して、そこに到達するには何が必要かを考えてみる。そうしていれば、自分の過ちにもっと早く気づいたのでは？　マクロの相場環境にもっと早く注意を向けられたのではないですか？

チェース　一日あたり××ドル稼がなきゃいけないって決めるのは簡単だ。しかし株式市場はストーリーで動いている。これまでのストーリーをあっさり捨ててゴールを設定しろといっても、そりゃ無理な話だよ。

個々の企業の長期データを知っていれば勝てる――そういう環境で長年やってきた。ところが、市場が変わってしまった。本当の意味でのポートフォリオ・リスク管理のスキルが求められる時代になった。自分も持っているつもりだが、磨きなおす必要があると思う。どの程度のサイズのポジションをどの程度長く持ち続けられるか、どんなタイミングで売買すべきか、勉強しなくちゃいけない。

今みたいな相場環境じゃ、一〇銘柄は保有しないと十分な利益が出ない。これまでは、そういうシステマチックな運用をやってこなかった。ファンダメンタルズのいい銘柄が見つかったら多めに投資するとか、特殊な商品で下値リスクをヘッジするとか、その程度だった。具体的な運用成績を設定してそれに向かって走るということはなかったよ。

去年は売りと買いの使い分けで一二五%のリターンをあげたけど、システマチックな運用ではなかった。今年（二〇〇一年）はもっとシステマチックに、特定の銘柄に偏らない投資をする必要がある。

市場は常に変化している。したがって、チェースのようなトレーダーも常にリスクを見直さなければならない。市場の変化が自分のポジションにどんな影響を及ぼしているか、常にチェックしなければならないのだ。

理想をいえば、なぜトレーディングを行っているのか常に自分に問いかけるとよい。そうすれば、何かが変わったように思われるときに、すばやくポジションを解消できるからだ。何が変わったかを的確に把握し、それに応じてプランを変える能力が求められているのである。

◆実践の手引き

市場を現実的な視点から観察できなくなり、誤った前提に基づいて行動してしまうことがトレーダーにはよくある。これまでに紹介した「心の会計」や「損失回避」といった行動は、そうした問題が表面化したものだ。自分が変化する市場に適応できているかどうか、次の質問でチェックしていただきたい。

▽含み損を抱えたポジションを大事に持ち続けることがよくあるか？

▽売買のタイミングを見計らっているうちに時間がたち、ポジションを持とうと決断したころには、利益がほとんどあがらない状況になっていたということがあるか？

▽利益を増やすためにはもっとリスクを取らなければならないと頭では理解していても、ポートフォリオのボラティリティが高まるような変更は加えたくないと思うか?

トレーダーたるもの、感覚だけを頼りにリスクを取ってはならない。一歩下がって周囲の状況を客観的に観察し、論理的に整理する必要があるだろう。

ケーススタディ

変化に適応する

トレーダーの経験が浅いスペンサーは、変化する市場環境にうまく対応できなかった。特定の銘柄の売買でいつも損失を出していた。売り持ちにするべきタイミングで、必ず買い持ちにしていたからだ。

ある通信株を底値で拾おうと何度も試みたが、そこからさらに下落するのが常だった。空売りも利用したが、それはあくまで買い持ちポジションをヘッジする手段であり、値下がりしそうな弱い銘柄を見つけだして積極的に売りを仕掛けたわけではない。二〇〇〇年の秋から翌年の初めにかけて、トップクラスのトレーダーは空売りで大きな利益をあげたが、スペンサーはわざと空売りに手を出さなかった。烏合の衆の一員と思われたくなかったからだ。

インターネット・バブルが終わればかなりの数のハイテク企業が姿を消すだろうと分析しており、そういう直観もあったのだが、あえて売りに回らなかった。「ユニークな思考プロセス」を重視する姿勢を、オリジナリティに欠ける物まねと思われたくないという気持ちを大事にしたのである。

しかし、そのおかげで彼はどうしようもない銘柄を多数抱え込むことになった。誰もが売りに回る状況だったため、個々のポジションのサイズはあらかじめ抑えていた。また、株価は下げすぎているという思いもあったため、ほかのトレーダーが二五万株の売り持ちにする場面でも彼は二万株しか売れなかった。保有する銘柄が多すぎて調査が行き届かず、そこまで売り込む確信も持てなかったのだ。さらに、その銘柄を空売りするというアイデアは自分で思いついたものだったが、ほかのトレーダーも採用していたので自制してしまった。

さて、スペンサーはどうすべきだろうか。重要なのはまず銘柄の数を減らすこと。そして個々のポジションを大きくし、ほかのトレーダーと協力する努力を意識的に行うことだろう。


効果的なリスク管理を行うためには、この銘柄は××ドルで買ったとか、この銘柄には××ドルの含み損があるとかいった心配をしてはならない。昨日は昨日、今日は今日と、過去と現在の取引を切り離して考えなければならない。

また、誤った判断をしたと思ったら、素直にそれを認めなければならない。負け組の銘柄はさっさと売却し、勝ち組の銘柄に乗り換えなければならない。トレーディングで成功したいのであれば、勝ち組銘柄の利益を最大限に伸ばし、環境や情報の変化を恐れない姿勢が必要になる。

あるトレーダーは以前、私にこんなことをいった。「何に的を絞ればよいのかわからなくなって、守りに入ってしまった。損を出すとすぐに確定し、しばらくは損をした銘柄の話など聞きたくもないという感じだった。でも、その後思いなおしてまた購入してしまう。そんなことの繰り返しだった」

トレーディングにゴールを設定するのは、たえず変化する市場に対処する枠組みをつくるためである。仮に、ゴールへのアプローチの仕方が悪く、市場からの退場を余儀なくされたとしても、ゴールという概念を捨てるべきではない。ゴールをもっとうまく扱うための方法を考えるべきである。

ゴールは、トレーダーに進むべき方向を教えてくれる。何が重要で、何がそうでないかを見分ける手助けもしてくれる。もし、変化にうまく適応できないために市場から退場することになったら、いったん立ち止まって後ろを振り返るとよい。そして自分の売買に自分がどう反応していたか、見つめなおすのだ。

塩漬け

ポジションの大半を売却しながら、ほんの少しだけ残しておくことを塩漬け（hoarding）という。これは、ひょっとすると大幅に値上がりするかもしれないという期待によるものだが、実は周囲の変化に対する抵抗や頑固さが表に出たものでもある。換金してほかの投資対象に回せばもっと大きな利益が得られる可能性があるし、残しておいたポジションがさらに減価する恐れもある。

ケーススタディ

塩漬けにしたい気持ちを克服する

ヴァーンはいくつかの銘柄を塩漬けしている。トレーディングの収益性を高めるには、まずこの問題を解決しなければならない。心理的な抵抗を克服し、市場の変化に対応できるようにする必要もある。

「自分が間違っていることがわかっても、ポジションをうまく調整できない。これが私の最大の問題です。ポジションを大きくするのは簡単なんです。自分が間違えたとわかったときにポジションを完全に解消するのが難しいんです。ある石油株を大量に買ったときも、すべて売り切ることができませんでした。そういう小さなポジションが多いために気が散ってしまい、せっかく手にした利益の一部を吐き出す羽目になったこともあります。ひとつの銘柄を一〇万株買うべきところで、複数の銘柄を二万五〇〇〇株ずつ買ったこともあります。小さなポジションが多いと、時間ばかりとられて利益がなかなかあがりません。要は、集中すればいいんですよね。いつか値上がりするかもしれないなどと期待せずに、銘柄を絞り込む。そうしないと次のレベルには行けませんね」

「問題は、なぜ損が出るのかということです。株価の変動が原因じゃない。データ分析に問題があるんです。それなりの根拠がなければ、ポジションを持ってはならない。たとえ、以前持っていたポジションの一部でも、ひょっとしたら値上がりするかもなどと考えて持ち続けてはいけない。トレーディングは金銭的な利益を得るのが目的ですから、失敗した取引にはこだわらず、失敗したとわかったら早々に手じまって損失を確定すべきです。それがリスク管理ですよ」

要するに、トレーディングで成功するためには優柔不断であってはならないのである。

◆実践の手引き

塩漬けは、知的傲慢さに起因する高コストな戦略である。ある銘柄のポジションで損失が発生したら、それは投資のアイデアが誤りであるという市場のサインだと受け止めなければならない。真実と向き合い、早々にポジションを解消するべきだ。損失発生を防ぐために、あらかじめ購入価格でストップロスの注文を出しておくという手もあるだろう。

昔つくったポジションの一部を処分せずに塩漬けにしている、値上がりしそうにない銘柄を塩漬けにしているという読者は、ぜひ次の質問について考えていただきたい。

▽最も大きなポジションで、どの程度の損失が出ているか？
▽購入したときには有望だと思ったが、今ではそのストーリーも効力を失ったように思えるという銘柄があるか？　もしあるなら、今はそのポジションを圧縮すべきときではないか？
▽長期保有しているポジションをもっと大きくするには、これからどの程度の調査や準備が必要か？
また、購入当初のストーリーがもう機能していない長期保有銘柄のポジションを小さくするには、これからどの程度の調査や準備が必要か？

塩漬けをするトレーダーは、過去の取引にとらわれているのだ。株価の動きを感情的に眺めるのではなく、客観的に観察して売買する必要がある。これこそ、リスクを取って成功する秘訣である。

横並び現象

ここまでは、完璧主義や決定マヒ、心の会計、塩漬けといったトレーディングの問題行動について議論してきた。いずれも、制御しようという気持ちをカーレーサーやスキーのジャンプ選手のように捨てることができないために生じるものだ。

制御をあきらめることができなければ、投資対象の分析に精力を注いだり、用心深く行動したりしてもむだであり、かえって問題が生じてしまうことが多い。またその問題ゆえに、トレーダーはほかのトレーダーと同じ行動を取ろうとすることがある。これを横並び現象という。前述のチェースが言っていた「コンセンサス」に乗ることもそのひとつだ。

決断できないときは、ほかのトレーダーの後ろをついていったほうが安心できることが少なくない。相場が不安定で予想しづらいとなればなおさらだ。柔軟性のある達人トレーダーなら、あえて直観に反する売買を行うことができる。心を開いて、市場に集まる力（ほかのトレーダーの決断や意見）を読み、相場がどちらの方向に向かっているかを感じ取り、群集心理の裏をかく売買ができるのだが、そういう柔軟性の持ち主は少ない。

こうした話は、いわゆるゲーム理論と深いつながりがある。物理学者のジョン・フォン・ノイマンが生み出したこの理論は、不確実性が他人の意図の中に潜んでいることを暴き、リスクという概念に新しい意味を授けた。ピーター・バーンスタインは、その著書『リスク―神々の反逆』（日本経済新聞社、１９９８年）の中で次のように語っている。

ゲーム理論によれば、われわれが行う意思決定はほぼすべて、われわれ自身が要求するものと他者が要求するものとの交換によって不確実性を軽減しようとする一連の交渉の結果である……最も高い利益をもたらすと思しき代替案を選択することは、最もリスクの高い決定となることが多い。なぜならその場合には、こちらの思惑通りに行けば負けることになる相手が、最強の防御策を繰り出してくる可能性があるからだ。したがって、通常はそれ以外の案で妥協することになる。その場合には、悪い取引条件の下で最善を尽くさざるをえないかもしれない。

　ここではゲーム理論の概略だけを説明することにしよう。まず、複数のプレーヤーが「ゲーム」に参加していると仮定する。各プレーヤーは複数の戦略からひとつを選ぶことができ、その選択の組み合わせそれぞれについて各プレーヤーの報酬が決まっている。

　しかし、落とし穴がひとつある。各プレーヤーが受け取る報酬は、自分の決断だけでなくほかのプレーヤーの選択によっても変わってくるのだ。したがって、各プレーヤーは独立に（ほかのプレーヤーが何をしているかを知らない状態で）、かつほかのプレーヤーが何を選ぶかを予想しながら、戦略を選択しなければならない。

　最もよく知られているのは「囚人のジレンマ」だろう。刑事ドラマで、刑事が共犯と思しき容疑者を二人捕まえたところを想像してほしい。刑事は二人を別々に取り調べる。調書を取ったところで、刑事はそれぞれの容疑者に取引を提案する。相棒を裏切って本当のことを話し、かつ相棒が裏切らなかったら釈放してやると持ちかけるのだ。

　つまり、容疑者Aが容疑者Bを裏切り、容疑者Bが五年の刑に服すれば容疑者Aは無罪放免となる（AとBを入れ替えてもこれは成り立つ）。容疑者Aと容疑者Bがそれぞれに相棒を裏切ったら、どちらも懲役三年と仮定しよう、またどちらも裏切らなかったとしても、刑事は十分な証拠を握っているので両者を一年間刑務所に送ることができるとしよう。

ゲーム理論の本質

さて、この容疑者の立場に立たされたら、読者はどう行動するだろうか。もちろん、読者の運命は相棒の行動にも大きく依存している。うまくいけば自由の身だが、下手をすれば一年か三年の刑務所暮らしだ。思案のしどころだが、確実にいえることがひとつだけある。読者の決断はかなりの程度、相棒がどう動くかという読者自身の予想に左右されることだ。これがゲーム理論の本質である。

この本質が、トレーディングにおけるリスクの取り方とどう関係するのだろうか。まず、他人が何を考えているか「だけ」を考えて決断を下すのは賢明なやり方ではない。まわりが買うから買う、まわりが売るから売るというやり方ではだめだということだ。

しかし、他人が何を考えているかをまったく考えずに売買するのも、やはり賢明ではない。他人がどう行動するかは重要であり、自分の行動にも影響を及ぼす。これは避けられない事実だ。だからこそ達人トレーダーは、ほかの市場参加者が市場の出すシグナルや情報をどう解釈するかを考え、それに基づいて決断を下すのである。

達人トレーダーは情報を得ると、ほかのトレーダーがそれにどう反応するかを考え、市場全体がそのデータや分析にどう反応するかという予測も加味したうえで売買を行う。好材料が出たら買いという単純な見方はしない。また重要なことだが、完璧主義や決定マヒ、心の会計などトレーディングの足かせとなる現象とも無縁だ。

言い換えれば、ファンダメンタル分析（株式やその発行企業を理解すること）と、ほかの市場参加者によるファンダメンタル分析の解釈、そして足元の市場の状況という三つの要素を踏まえて初めて、賢明なトレーディングの決断が下されるのである。

この思考プロセスをたどるためには、エゴを捨て、株価の動きに影響を及ぼしそうなほかのトレーダーの感情や心理を読みとろうという強い意志が必要となる。この思考プロセスは途中でふたつに枝分かれする。

第一の枝分かれプロセスは、周囲が何を考えているかに注目するというもので、大半の人（群衆）はこちらを取る。第二の枝分かれプロセスは、自分以外の人はどう考えているのだろうと考えている人の頭の中をのぞくというもので、達人トレーダーが試みるのはこちらのプロセスだ。

有名なケインズの美人投票の理論はその典型例だろう。各地から美女を一〇〇名集め、その中で最も美しい女性を六名選ぶとする。ただしその六名は自分が見て美しいと思う人ではなく、ほかの審査員が美しいと考えそうな六名でなければならない。この原則は株式トレーディングの銘柄選択にもそっくりそのまま当てはまることがおわかりいただけるだろうか。

長期投資志向の投資家は、ファンダメンタル分析を頼りにするが、群集心理の変化などには関心を持たない。しかし短期勝負のトレーディングでは、特定の証券や群集心理における変化とそのスピード、そしてそれに基づくトレーディングなどが大きな意味を持つことが少なくない。

このトレーディングを実践するには、トレーディングの達人になるのを妨げている特徴的な行動に気づき、それを正さなければならない。

ケーススタディ

いかにして固定観念を捨てるか

達人トレーダーのドリューは市場を見る目に優れ、ポートフォリオの運用にも役立てている。獲物はいつも、寄り付きは高いが後が続かないという銘柄だ。群集がつくり出す株価の勢いと資金の流れ、市場の雰囲気などを注意深く観察してトレーディングの決断を下しているというが、群集の考えを鵜呑みにしているわけではない。

ドリューが注目するのは、市場の変動に対する群集の反応であり、その一手先を読もうとするのが彼のスタイルである。例えばある銘柄が、ファンダメンタルズでは説明しにくい水準に値上がりすると群衆が考えたとしよう。ドリューはそんなとき、株価はその日のうちに動くかもしれないが、それは短期的なものにとどまると考え、株価の勢いがなくなる前にポジションを手じまう。群集が動くことによる株価変動を織り込んで行動しているのである。

ドリューは相場を客観的に観察し、自分の感情を制御している。感情的な反応をしないわけではない。ただ、感情に従って売買するのではなく、ほかの市場参加者が何を考え、何を感じているかを知るための道具として感情を活用しているのだ。他人がどんなトレーディングを仕掛けてくるか。そうなると相場はどの方向に動きそうか。彼はそういった要素を考慮して意思決定を行う。前述した第二の枝分かれした思考プロセスだ。

ドリューは否定も合理化もほとんど行わない。間違いを犯し、市場がそのことを告げてきたら、素直に認めて手を引く。逆に、判断が正しいことが明らかになったら、そのアイデアをさらに推し進める。自分の仮説が正しいか正しくないかにはこだわらない。いろいろなアイデアを受け止め、投資対象企業について特別な感情を持たない。ほかの市場参加者がどう行動するか、情報をどのように解釈するかという点に常に着目している。

ほかのトレーダーの売買の様子を観察し、自分なりに市場の雰囲気を感じ、ほかのトレーダーが何を感じているかを予想する。そのうえで、ドリューはほかのトレーダーがどんな行動を取っているかを解釈する。トレーダーは株価の動きに反応するのが普通だが、彼はトレーダーの動きに反応する。周囲が何をしているか、あるいは何をしようとしているかに着目し、それに基づいて意思決定を行っている。

ドリューの同僚で、自らも経験豊富なトレーダーのボブは次のように話してくれた。「ウォール街は何が起こったかを説明してくれるが、何が起こるかは教えてくれない。ドリューはそれを予測しようとしているわけで、いろいろな要因を踏まえつつ個々の予測が当たる確率も計算している。群集がデータにどう反応するかだけを考えているわけじゃない。あるデータが公表されて、群集がそれをこういうふうに解釈する可能性はどれぐらいあるか、その解釈は相場にどんな影響を及ぼすか、その予想に基づいて現物株やオプションを売買することは可能か、といった具合に考える。そこまで読んでから、売りか買いかを決断する。われわれよりひとつ上の次元で考えているといっていいだろう」

「大半のトレーダーは、目の前の売買が将来どんな売買になるかなどとは考えない。すべてを額面どおりにとらえ、いたって受け身だ。何が本当で、何がみせかけかという区別もつけない。だが、ドリューは違う。現状を正確に把握して、その区別をつけることができる。どのタイミングでどう動くべきかを心得ている」

群集心理を読み取る力は、企業が発行する年次報告書の行間を読み取るときにも発揮される。響きのよい言葉でも、一枚めくればもっと合理的な説明が出てくることが多いものだ。何かが起こると、ドリューはその出来事が持つ意味や影響を把握しようと努力する。現実はどうなのか、一見些細な出来事だが実は深い意味を持っているのではないか、と懸命に探ろうとする。数字の操作が可能なバランス・シートを鵜呑みにせず、その背後にあるものを知ろうとする。それがわかれば、これから何が起こるかをもっとよく知ることができるかもしれないからだ。

ドリューはこうした分析を日常的に行っている。例えば、DRAM価格が上昇を続けているとしよう。これは需給が好転した証拠とみなせるが、ドリューはそれを素直には受け取らない。相場の上昇を抑制する問題が存在すること、下落に転じる可能性があることを知っているからだ。しかし、ＤＲＡＭメーカーの株価の動きからそうした懸念が読み取れないのであれば、ドリューは買い持ちのポジションを組む。自分の予想はひとまず脇に置き、ＤＲＡＭ価格下落の兆しが実際に見え始めるまでは買い続けるのだ。

群集の熱気がつくり出した株価の勢いは次第に衰えるかもしれない。達人トレーダーは資金の流れや市場の熱気を把握し、それを自らのトレーディングに反映させるが、群集の判断を額面通りに信じたりはしない。相応の注意を払い、妥当だと思われればそれに従いもするが、客観的な視点を捨てることはない。市場の熱狂を読み取りはするが、それには必ずしも乗らない。自分が「正しいか否か」にもこだわらない。群衆の動きと勢いが提供してくれるチャンスをつかんで利益を得ることに注意を集中しているのである。

要するに、自分の利益になると考えれば群集に追随することもあるし、そこから離反することもある。あくまでも投資家の群集心理を理解し、それを自分のトレーディングに役立てるのが目的なのだ。

合理化をやめる

この章で論じた問題の多くは、心理学でいう「合理化」に関連している。理屈をこねて損失を軽視したり、細部に過度にこだわって全体を見えにくくしたりする行為のことだ。

実際、些細なことへの過度なこだわりが戦略的思考として正当化されてしまうことは少なくない。ゴール到達に必要な作業がその分おろそかになり、運用成績を引き下げてしまうにもかかわらず、である。またこのような強迫行動は、自分は自分をコントロールできているという錯覚を生み出す。これは完璧主義に陥るときに見られる現象でもある。さらに、直接関わりのない細かなことに注意を奪われると、直観が鈍ってしまう。

完璧主義に陥って厳しい自己批判を繰り返すようになると、それに耐えられなくなって手を引いてしまったり、内に秘めたる力を発揮できなくなったりする可能性が高くなる。この自己批判をやめてしまえば、大きな障害でも乗り越えられるという自信がつき、自己実現の可能性が高くなる。

自己批判をやめたあるトレーダーは次のように話してくれた。「稼がなければ、というあせりを感じることがなくなりました。仕事は楽しいですし、以前よりもリラックスして取り組めるようになったようです。得意なんだから必ずうまくできるよ、というような感じです。だから、猛烈に働いて連日くたくたになることもなくなりました。目の前にあるチャンスを活かす力が自分にはある、何かに追われるように働く必要はない、という気がしています」

◆実践の手引き

自分が並みの人間ではないことを立証するには、大きな仕事を成し遂げなければならない――本書で示した原則に沿ってリスクを取ることを学べば、そんな強迫観念から解放される効果も期待できる。ただ、この章で論じた解決策を実践するには、まず何が問題であるかをとらえなおす必要がある。そこで、次の質問に答えていただきたい。

①売買は自分の感情にどんな影響を及ぼすか？
②売買にはどんな意味があるか？
③売買は何を表現したものか？
④売買するたびに異なった結果が得られるのはなぜか？
⑤自分の感情はどのような過程を経て売買の結果に影響を及ぼすのか？

自分がリスクを取るのを妨げている行動パターンを特定できれば、そうした行動を抑えようとしていたせいで感じていた緊張感やイライラが弱くなり、精神がひとつにまとまるような感覚を得られるだろう。実際、リスクを取るという行為は、目の前の活動に没頭し、自分の表向きのイメージが崩れるとか、他人の意見が気になるといった不安を一切持たないことを意味する。そのことがわかり、かつリスクを取ることの不快感が気にならなくなれば、トレーディングにさらに打ち込めるようになるだろう。

何度も繰り返しているように、大事なのは自分のビジョンへのコミットメントを通じて目の前の活動に没頭することである。そうすれば合理化のワナからも、自己を守るために構築したさまざまな仕組みからも自由になることができるだろう。

今こそ行動せよ！

ビジョンを実現する力は誰にでも備わっている。あとは自分の内にある障害物を取り払い、潜在力を発揮できるようにするだけだ。管理したり支配したりしようとせず、自分がつくった状況やビジョンに身を委ねれば、その過程を促すこともできるだろう。また過去にこだわらず、変化に抗うこともしなければ、潜在力が開花し始めるだろう。

川の急流をゴムボートやカヌーで下るラフティングというスポーツがある。この楽しさを味わうためには、まず急流に乗らなければならない。ガイドの助けが必要になるだろうが、急流を下るときの予測不可能性、リスクにさらされている感覚、そしてルールを守ることの重要性は実際に体験しなければわからない。本を読んだり、川岸で準備したりするだけではだめだ。

自分の中に眠っている創造性は、急流という現実に向き合うことで初めて開花する。自分自身の新しい側面を発見できるのは、実際に行動するときだけだ。新しい自分と新しい人生をつくり出す可能性は、外部の出来事に直接反応することで生まれてくる。

出来事に対する準備や分析と、出来事に対する具体的な反応や複雑な行動との間には非常に重要な違いがある。実際に行動すれば、自分が思っている現実とはまったく異なる現実を見ることができる、という点がそれだ。実際に行動すれば、自分の固定観念を打ち破ることができる。固定観念ができあがってしまう前に、その概念や思考の隙間から真実を見出すこともできる。

現実を一枚めくったところにある真実を見るためには、行動し、改革し、挑戦する必要がある。日本人ならこれを「悟り」というだろう。

第Ⅲ部　リスクと性格

第5章 受け身なトレーダーの共通点

さまざまなトレーダーの特徴

きわめて慎重、自信が持てない、臆病、心配性……。この中に自分のトレーディングスタイルに当てはまる言葉があるかと聞かれたら、少なからぬ読者が「イエス」と答えるだろう。どうするかを決めるのに、戦略ではなく、その時々の感覚に従っているトレーダーは多い。決断をためらったり、自分の考えを裏づけてくれる材料を探したりするため、彼らの行動は受け身になりやすいが、そんなことでは達人になれない。

本章から始まる第Ⅲ部では、いろいろなトレーダーの特徴を、具体例を交えながら議論していく。自分のトレーディングスタイルの改善に役立てていただければ幸いである。

慎重なトレーダー

受け身なトレーダーとひと口にいっても、さまざまなタイプがある。例えば、慎重なトレーダーは予測可能性や安定性を好み、リスクのある意思決定を嫌う。同じ体力づくりをするにしても、少し冒険的な雰囲気のあるハイキングや山登りではなく、清潔なジムで決められたメニューをこなすほうを選ぶ。慣れ親しんだ場所でスケジュール通りに行動することを、すべてをコントロールして細かなところに気を配ることを好むのだ。

一流のアナリストを目指すなら用心深く細部まで注意を払う必要があるだろうが、トレーダーとなれば話は別である。この用心深さがブレーキとなり、トレーディングの成功に欠かせないリスクを取れなくなってしまうことがあるからだ。

慎重なトレーダーは自己中心的で、周囲の態度や反応、批判などを強く恐れることも多い。買い上がって大きなポジションを組むことに後ろ向きだったり、運用資産が大きなリスクにさらされるのを嫌ったりする傾向も見受けられる。

完璧主義者にもいえることだが、慎重なトレーダーは、情報が完璧にそろっていなくてもトレーディングはできることを学ぶ必要があるだろう。リスクを取って成功したいと思うなら、たとえ情報が十分でなくとも、予測できない荒っぽい市場に乗り出していかなければならない。

トレーディングの成功は、適切な量のリスクを取れるか否かにかかっている。多すぎてはだめだし、少なすぎてもだめだ。また達人を目指すトレーダーは、困難な状況を乗り切る快感を楽しむと同時に、準備が大切であることを肝に銘じる必要があろう。過大なリスクと過小なリスクの中間点を見つけること、そして刺激的ではあるが圧倒されるほどではない困難に挑戦することが重要である。

ケーススタディ

極端な慎重さが危険をもたらす

ジェレミーは慎重なトレーダーで、少しでもプラスになれば利益を確定し、少しでもマイナスになれば損切りする傾向があった。また損失を恐れるあまり、利益の出ているポジションを長期間保持することができず、同じ銘柄に大きく投資することもできずにいた。つまり、彼の慎重なアプローチは市場への適応と運用成績の押上げを阻む要因になっていたが、本人はそのことに気づいておらず、運用成績が伸びないのは情報収集などの準備が不足しているせいだと考えていた。

「この銘柄のことはよく知らないが、スピンオフがあるという情報を耳にしました。石炭部門を分社化するそうなんです。その日は四ドル高で始まったので、二万五〇〇〇株売り建てました。そしたら、少し値上がりしたので買い戻しました。売り建てるのが得策だったとしても、もう少し勉強しておくべきだったと反省しています。この取引は八万三〇〇〇ドルの損失でした。実際、不勉強のために毎日二、三万の損失を出しています」

「テクニカル分析を中心にやっていますが、ファンダメンタル分析も多少やります。まったくの勘で銘柄を選んでいるわけではないんです。ただ、思うように稼げていないのは事実なので、正直いらだちますね。もっとしっかり宿題をやるべきなんです。それに、売買のタイミングも少しずれているようです」

ジェレミーのある日の売買を詳細に分析したところ、前日の優柔不断についての後悔を引きずる癖があり、ひとつの銘柄を買い上がりたがらないことが明らかになった。彼は自分が動かないことを正当化しようとしたが、私は以下の対話を通じて、どうすれば彼が行動できるようになるかを探ろうとした。

ジェレミー　持ち株の価格が目標に近づいてきて、五〇ドルの大台に乗るものがたくさん出たときは気分がよかった。ところがすぐに失速し、思ったような展開にならなかったので、ポジションを半分手じまいました。その銘柄は今日、ある証券会社の推奨銘柄になっていました。そのせいで今は値上がりしています。

キエフ　買い戻すわけにはいかないのですか？

ジェレミー　今朝の寄り付きはずいぶん高く、ちょっと手を出す気になれません。この銘柄は昨日も売買したんです。良い値で買えたのですぐに利食いの売りを出しましたが、今日は高いので気乗りがしません。私の昨日の買値より高いんです。

キエフ　では、今日も値上がりする余地があるのでは?

ジェレミー　ですから、寄り付きが高かったんです。あんな高値では買う気になれない。もう少し安くなったら買いますよ。

キエフ　株価が高すぎると?

ジェレミー　私が買いたいと思うレベルではないということです。値動きはいいんですよ。昨日出た材料にもちゃんと反応しましたし。

キエフ　では、このまま一本調子で値上がりしたらどうするんですか?

ジェレミー　どうするんでしょうね。どうしたらいいんでしょう。やっぱり買うべきですかね。

キエフ　もし値上がりし続けたら、あなたはきっとこう言うでしょう。やっぱり昨日買わずに今日買うべきだったかな、とね。

この会話から、ジェレミーにリスク管理の能力があることは明らかだ。しかし、私がここで強調したいのは、極端に慎重になることがいかにトレーディングの足を引っ張るかということである。

彼がせっかくつかんだチャンスを十分に活かせないのは、あまりに早く利益を確定してしまうからだ。この足かせを振りほどくために、私と彼はポジションを大きくする方法をまず話し合った。具体的には、過去のトレーディングのデータを分析してシャープレシオを計算し、それにそった形でポジションの増減パターンを定義した。ポートフォリオのボラティリティを大きくしなければ利益を伸ばせないことがわかったためだ（ジェレミーのシャープレシオは六で、標準偏差で見た場合の一日当たりの損益のぶれは八万四〇〇〇ドルだった。これを一六倍〔年間のトレーディング日数二五二の平方根〕すれば、年間の標準偏差は一三〇万ドルになる。そしてこれにシャープレシオ〔六倍〕を乗ずれば、過去のデータで見る限り、一年間で得られる可能性のある利益は七八〇万ドルとなる）。

シャープレシオはリスク調整後リターンの一種で、ポートフォリオのリターンから無リスク資産のリターンを差し引き、その答えをポートフォリオの標準偏差で除して求める。いわば一リスク単位当たりのリターンだ。もしこれが六倍なら、ジェレミーは一ドルを一年間で最大六ドルに増やせる可能性がある。しかし彼の年間目標利益は二五〇〇万ドルであるため、これまでの三倍のリスクを取らなければならない。

ジェレミーのシャープレシオには、野球選手の打率のような安定性がある。もし彼が三割打者なら、二〇〇打数あたりで六〇本目のヒットが期待できる。打数を六〇〇打数に伸ばせば、ヒットの数も三倍の一八〇本ぐらいになるだろう。

ポートフォリオの運用も同じことだ。ジェレミーが今の三倍の利益をあげたいのであれば、リスクにさらす資金の額を増やす必要がある。ところが、そこで心理的な抵抗が立ちはだかる。資金をもっとリスクにさらせば（前述のシャープレシオが有効である限り）利益は増えるはずだが、それがわかっていても損失を出したくないという気持ちからブレーキを踏んでしまうのだ。

そこで私はまず、利益目標に到達するには何が必要かを数学的に分析し、彼に説明した。次に、ポジションの大きさをまず二五％、次に五〇％大きくすることにし、大きなポジションの数も増やすことにしてその計画を立てた。さらに、ポジション保有期間を長くしたり、ポジションの数そのものを増やしたりする必要があることも話し合った。彼はそのうえでアナリストとチームを組み、売買対象となる銘柄の分析で支援を得ることにした。そして不安を制御するひとつの方法として、トレーディング日誌をつけることにした。いつ何を考えたかを順を追って記録していけば、早く手じまいたいと思う気持ちをコントロールしやすくなるからだ。

怖がりなトレーダー

損失を怖がるために適切なタイミングで売買できなかったり、あまりにも早く利益を確定してしまったりするトレーダーは、単なる慎重さを通り越して「損失回避」に陥っていることがある。トレーダーは自分の行動を正当化しようといろいろな理屈を並べるだろうが、このパターンに陥って損をしないトレーディングにのめりこむと、本当の意味での満足感が得られなくなり、絶望感だけが深くなる。そして自己防衛の習慣から逃れられなくなり、大きなリスクを取れなくなる。一発勝負に出ても調子があがらず、ますます自信をなくしてしまう。たとえ成功しても大した喜びは得られない。怖がっている分だけ全力を出し切っていないからだ。自分ではもっとうまくやれるとわかっていても、自己防衛の機能が働いて早々にゲームから降りてしまうのである。

もちろん、怖がりだから慎重なトレーディングを行うとは限らない。第6章で論じるトレーダーのように、恐怖のあまり向こう見ずな売買を繰り返すケースもある。とはいえ、怖がりなトレーダーはその恐怖心ゆえに慎重になりすぎるのが普通だ。

ケーススタディ

恐怖の限界を知る

一〇年ほど前に大きなミスを重ねてしまったジェイクは、おどおどしながら売買するようになってしまい、培ったノウハウを存分に活かせなくなった。恐怖が先に立って動くことができず、ポジションを長く持ちすぎてしまい、得られるはずの利益を得られずにいた。

第6章で論じる強迫観念に取りつかれたギャンブラーとまではいかないが、ジェイクには我慢しきれずに動いてしまう傾向がある。チャンスをうかがうときの緊張感に耐え切れず、衝動的に買い注文を出してしまう。年度末の決算を気にしすぎることも不安の元凶となっている。長期の売買と短期の売買の区別がつかず、トレンドの変化を感じ取ることもできない。為替取引ではポジションを長期間持てない。ストップロスの注文を買値より低くすることができないため、ちょっとした相場の振れにあっただけで反対売買してしまい、十分な利益をあげられずに終わってしまう。「相場が上がっているときはまだ楽です。下がっているときには、もう祈るしかありませんね」と苦笑するばかりだ。

具体的なゴールを設定し、コミットメントするという考え方は理解している。問題なのは、利益をあげるチャンスを十分に活かしきれない点だ。投資銀行部門に勤めた経験から、利益を早々に確定して次の取引に移る癖がついてしまったのかもしれない、と本人は語っている。

「ゴールをどうやって設定すべきか、よくわからないんです。狙い通りの運用成績をあげたことは一度もありません。楽観的になりすぎて過大なリスクを取り、大怪我してその穴埋めに追われるというのがお決まりのパターンです。長期のゴールを設定したら、短期のゴールとうまくかみ合わずに私の投資プロセスそのものがだめになってしまうでしょう。せっかく得た含み益が減少してしまうのは耐えられません。それにゴールを設定したら、きっとプレッシャーを感じてしまい、待ちきれずにどんどん売買してしまうでしょう。実際、私の投資アイデアは七五％くらいの勝率をあげているのですが、儲けはそれほど多くありません」

ジェイクは、自分の行動の原因に直に向き合ってからトレーディングを制御できるようになり始めた。自信たっぷりな表情の裏側に損失を出したくないという恐怖感があることを認めてから、大きなポジションを取ったり、ストップをこれまでより離れた水準に設定したり、自分がより大きな成功を目指す気になるよう励ますためにゴールを利用したりできるようになったのだ。

最初に取り組んだのは、ポジションを持った水準から少し離れたところにストップを置くことだった。多少の相場変動があってもポジションを保有し続けるためだ。実際、保有期間を延ばすことで利益を大きくすることができた。次に取り組んだのは、トレーディングの目標にこだわることだった。利益をあげることよりも正しい予測をすることに高い価値を与える癖を直すためだ。すると、一日単位で設定する目標が運用成績向上戦略を整理するうえで役立つようになり、売買したいという衝動を抑えられるようになった。以下は、トレーディングスタイルの変更について行った対話の一部である。

キエフ　デイトレードをするのなら、一日単位で目標を設定すればいいでしょう。スポットのトレーディングでは一日当たりでどの程度の利益を出せますか?

ジェイク　その答えは、失敗したときの痛みにどの程度耐えられるかによって変わってきますね。本来なら、一日当たり四～五万ドルは稼ぎたいところです。投資のアイデアが一日か二日どんどん湧いてきて、しかもリラックスしていられれば、一週間で二〇万ドル稼げるでしょう。

キエフ　では、毎日五万ドル稼ぐという目標を設定してはどうですか?

ジェイク　一日でできる売買は一〇件程度です。毎日五万ドル稼ぐとなると、この件数を減らして一件当たりの金額を大きくしなければなりません。そしてポジションの保有時間を、今よりも六～一二時間長くしなければ。スポットのトレーディングもできますよ。

キエフ　今までそういうふうにやってきたんですか?

ジェイク　受け身な姿勢ですが、市場の動きには注目しています。面白そうな銘柄がないかどうか感じ取るためです。興味を引くものが見つかったらチャートを調べます。リスクとリターンのバランスが取れていて取引を始めるのに最適なポイントを見つけるのは得意なんです。

キエフ　一日にどれくらい見つけられますか？

ジェイク　そう、三つか四つですね。

キエフ　それなのにどうして運用成績があがらないんでしょうか？

ジェイク　そのポイントまで待てないことがあるんです。例えばこんなことがありました。為替市場で一米ドルが一・七三スイスフランで取引されており、これが一・七五七〇まで上昇すればドルを売るチャンスだと考えました。すると、ドルは一・七五七五まで上昇して下落に転じました。ところが私は、そのころにはもう取引を終えていました。待ちきれなくて、すごく早いタイミングで売り持ちにしてしまったんです。当然ながら、いい気分ではありません。一・七四五〇まで下がったところで売り持ちにしようかとも思いましたが、調子が狂ってどうにもならない。結局、わずかな損を出して終わり。最初のアイデア通りに売り持ちにしていれば、それも二本売り持ちにしていれば三万ドルの儲けです。待ちきれなかったために、チャンスを逃してしまった。

昨日も、ユーロと円の売買で同じようなことがありました。一ユーロが九四円二〇銭だったのでユーロを買い持ちにしようと考え、九四円四五銭で買って、二〇銭値上がりしたら売ることに。ところが、ユーロは九四円四二銭まで下げてから一気に八〇銭も上昇しました。ストップは当然執行されているので、かなりの利益を見逃してしまったことになります。毎日こんな調子です。

キエフ　なるほど。では、自分のトレーディングスタイルを少し調整して、週当たり二〇万ドルの利益を目指すわけにはいきませんか?

ジェイク　損失さえ何とかできればね、それは簡単だと思うんです。私は、短期のトレーディングで損を出すのが大嫌いで、そのために取引を早めに切り上げてしまう。これが私の弱点です。すごく良いタイミングでポジションを持ち、どこで降りるかもわかっているのに、そこまで待ちきれないんですよ。まずい売買をして損をして、さらに大きなプレッシャーを感じてまた失敗してしまう。まさに悪循環です。

キエフ　では、利益の目標を週当たり一〇万ドルに引き下げましょう。というか、実現できる水準まで引き下げましょう。そうすれば、なかなか目標を達成できない理由を発見しやすくなるでしょう。具体的な数字を決めれば、あなたのトレーディングにはかなりの影響が及ぶはずです。話を聞く限り、あなたが気をつけるべきはただひとつ、ポジションの保有時間を伸ばすことです。プレッシャーを避けたいのなら、目標を定めたうえで保有時間を伸ばす必要があります。

ジェイク　プレッシャーの原因は、間違えたくないという自分自身の恐怖心です。事前にやるべきことをやっておいても、自分を完全に信用することができない。その点は五〇万ドルの取引でも五〇〇万ドルの取引でも変わりありません。

キエフ　最初の売買、そう一五回目ぐらいまでは落ち着かないかもしれません。ですが、目標を引き上げられるようになるまでは踏ん張らなければなりません。トレーディング日誌をつけるといいでしょう。どこでポジションを持ち、どこで手じまったか、そのとき何を感じたかを書き連ねていくのです。特に、あわてて手じまいたくなったときの様子を書いておくといいでしょう。自分が不安感をどのくらい長く抱えているか計測して、日誌をつけるとわかりますが、意外に短いものです。その短い時間を乗り越えられるようになれば、踏みとどまる力がついてポジションの保有時間も伸びるでしょう。

ジェイク　それはよいやり方ですね。私はこれまでは、もっぱら短期の投資アイデアで稼いできました。勝率は七割五分です。大きく稼ぐためには多少の損失を覚悟して、ポジションを長く持たなければならないわけですね。

キエラ　トレーディングで大事なのは利益です。アイデアの勝率ではありません。

ジェイク　やり方は悪くないが効果的でない、ということですね。

損失の恐怖を乗り越えるためには、利益の目標を引き下げなければならないケースがほとんどである。達成しやすい水準に目標を設定すれば、何が自分の足を引っ張っているか考えられるようになるからだ。トレーディングで利益をあげるためには、ポジションを長時間保有する決断を意識的に下さなければならない。そして目標に合わせてトレーディングの手法を調整しなければならない。この二点に気をつければ、利益を増やすためには何をすればよいか見つけやすくなるだろう。

一件の売買についてくよくよ考えてはならない。トレーディングの目的は利益を出すことであり、そのためには不愉快な思いをしなければならないときもあるだろう。ジェイクへのアドバイスにもあったように、すぐ行動しなければというプレッシャーを克服するまで、自分が不安を感じている時間を計ってみるのもよいだろう。

自信のないトレーダー

自分に自信が持てないために、いつも周囲からゴーサインをもらおうとするトレーダーがいる。完璧主義、損失に対する恐怖、慎重な性格などその原因はさまざまだが、自分を受け入れてほしい、尊重してほしい、背中をポンと押してほしいという基本的な欲求が底流にあることが特徴だ。嫌いなことは巧みに避け、何かと自分を合理化し、率先して物事に取り組もうとしない。行動を起こすときには必ず周囲の了解を取る。ただ、あまりにも多くの人と話をすると頭が混乱し、まったく行動できなくなることもある。

自信が持てないトレーダーは、周囲の注目を一身に集めたいという欲求や大掛かりな計画を胸に秘めていることが多い。だが、そのために行動を起こすことはまずできないため欲求不満に陥り、他にその責任を転嫁する。失敗やそれに対する周囲の批判を恐れる傾向も強い。

ケーススタディ

引き金を引く

ジェイソンは、自信が持てないトレーダーの典型例である。誰かに大丈夫だといってもらわなければ行動できず、準備が完璧に整わなければ引き金を引けない彼は、そんな自分にとてもいらだっている。このようなケースでは、ゴールと戦略に基づいて決断を下すことを通じて自信を培い、リスクを取って行動できるようにする必要がある。

「どんなことでも、事前に上司の承諾を得て行動したいと考えています。そうしないと落ち着かないんです。自分にも力があるところを見せるために大きな仕事もしているのですが、衝動的にしかできない」

そう話すジェイソンは、トレーディングの利益があまりあがっていない。リスクを取らず、行動することを避けているためだ。「誰か解決策を教えてくれないかなといつも思っています。いつも準備を整えるばかりで、最後に引き金を引くことができずに終わってしまうからです」

彼は実際に行動するのではなく、反省したり自分だけの世界に浸ってしまったりすることに時間を費やしているが、コーチの教えには素直に従う。「リスクを取りたいと思っています。あらゆることに関わって、中心的な人物として行動したいんです」とも話している。そこで私は、多少の試練を与えても大丈夫だと考え、後ろから背中を押すようにした。すると、それなりのサイズのポジションを取って利益をあげることができるようになった。

ジェイソン　ポートフォリオのボラティリティをもっと上手にコントロールする方法を会得して、一定のリスクを取ることで一定の利益を獲得したいと思っています。でもあなたと話していると、自分がどれほど神経質になっているか、それを克服するにはどうすべきかわかるような気がします。トレーディングというのは、その人の見方や欲望がはっきり出るものなんですね。私のトレーディングに明確さが欠けているのは、やはり、自信のなさを反映しているのでしょう。

キエフ　ここ数カ月間で学んだことの中で、リスクを取る能力の向上に役立ったものは何かありますか？

ジェイソン　損失の大きさを気にせずにすむようになれば、大きな利益を取りにいけるようになる、ということでしょうか。大きな損失を受け入れる力がなければ、大きな利益を得ることはできない。二五万ドル稼ぐためには一〇万ドル損をする覚悟が必要なのです。

キエフ　そういうことができるようになった理由は何だと思いますか？

ジェイソン　損益が変動している状況でポジションを的確に大きくできるようになったから、でしょうか。

キエフ　ほかには、どんなことがありますか？

ジェイソン　感情が行動に大きな影響を及ぼしていること、感情に振り回されないようにすることが非常に重要であること、それから、自分が犯したミスの責任を取れなければ大物トレーダーにはなれないこと、などでしょう。そのことがわかって、自分の責任はすべて自分が負うようにしたところ、友人たちの話が以前とは違って聞こえるようになりました。何だか、自分のことは棚にあげて他人ばかり当てにしているように聞こえて仕方がないんです。最終的には自分でやるしかない。もしできないなら、自分が変わらなくちゃいけないんですよ。

ローマは一日にして成らず、という格言がある。ジェイソンと私の対話も、もう数年間続いている。したがって、右で紹介した手法を試すときには、効果が現われるまでにかなりの時間がかかることをあらかじめ承知しておいてほしい。不安な気持ちを乗り越えるには、そして、周囲の承諾を得なければ前に進めないという昔からの傾向を克服するには、非常に長い時間がかかるものだ。しかし、トレーディングの心理をマスターするのに役立てようというのであれば、このステップを避けるわけにはいかない。相場の変動やニュースと、自分の自動的な反応や解釈とを切り離すことができれば、市場の変化にも利益の観点から対応できるようになる。単なる受け身な反応ではなく、先を読んで積極的に動くトレーディングに取り組めるようになる。リスク回避という自然な傾向をも克服できるのだ。

◆実践の手引き

確実な利益と不確実な利益のどちらかを選べといわれたら、受け身なトレーダーの大半はリスクを回避して確実な利益を取るだろう。もう少し待てば得られるはずの大きな利益を、みすみす逃してしまうわけだ。

しかし、見方を変えて確実な損失と不確実な損失のどちらかを選べといわれたら、受け身なトレーダーの大半は先ほどと正反対の行動を取る。冒険したい気持ちが急に強くなり、いずれ損失は小さくなるという不確実性に賭けてしまうのである。要するに、受け身なトレーダーはもう少し待てば得られるはずの大きな利益をみすみす逃す一方で、含み損が出ているポジションを持ちすぎることで損失をさらに拡大してしまうのだ。

受け身で経験の浅いトレーダーは利益を確定するときにはより保守的になり、損失を回避するためには進んでリスクを取るのが普通である。いうまでもないが、この傾向は「利益はできるだけ伸ばし、損失は早めに切る」というトレーディングの基本原則の正反対だ。

自分がリスク回避的になりすぎていないかどうか、次の質問に答えることで確かめていただきたい。

▽いつか値上がりするだろうと考え、含み損のあるポジションを長期間持ち続けることがあるか？

▽損失が生じると、その見方を変えることによって、痛みを軽減しようとすることはないか？　あるいは、ほかのポジションで利益が出ているから構わないと考えるか？

▽取引を始めるときには極端なほど慎重になり、最初は少ししか投資しないタイプか？

▽含み益が出ると早々にこれを確定し、もっと大きな利益を見逃してしまうことはないか？

良質なファンダメンタル分析を利用すると、リスク回避と受け身な気持ちを乗り越えられることが多い。その銘柄に関する分析が詳しければ詳しいほど意思決定に役立つ情報の量は増加し、銘柄のよい面も悪い面も見えるようになるからだ。この方法は、トレーディングの視野を広げるのにも役立つだろう。だが、トレーディングの達人を目指すのであればもっと重要なことがある。成果をあげようと誓うこと、つまり結果に対するコミットメントである。

結果に対するコミットメント

リスクを取るには、深い淵をのぞきに行くような覚悟と、どんな結果になるか定かでなくとも自分の目的に沿った行動を取ろうという気概が必要である。自分に対する疑念や、自分をビジョンから遠ざけようとする情報や出来事をやり過ごす必要があるのだ、と言い換えてもいい。

経験に基づいたやり方でリスクを取るとは、トレーディングの経験に心を開き、自分の欲望や古くからの常識などに縛られることなく、常に目の前のチャンスに即して行動することを意味する。これは自分の中に眠っている創造力を発揮することであり、自分が意識的に設定したトレーディング目標（この目標を立てる過程を通じて、市場に対する既存の解釈を超越し、心理重視の方法で市場にアプローチすることが可能になる）に沿った必要かつ現実的な行動を取ることにほかならない。

といっても、自分に対する疑念が完全に晴れるまで待つ必要はない。目的の達成に向けて精神を集中して取り組む力を見つけるためには、そうした魔物に立ち向かう必要もあるということである。そして魔物に立ち向かって初めて、具体的な目標が道しるべとなって自分を励ましてくれることを、最大級の不安をも乗り越える手助けをしてくれることをトレーダーは認識するのである。

具体的な結果を得るのだとコミットメントすること。現実に対処するには、ただ現状に流されるよりもそのほうが有効だ。現在の自分とビジョンを実現するときの自分とのギャップが、次に取らねばならない行動を指し示してくれるのを認識したうえで、リスクを取れるようになるからだ。

トレーディングの世界では、リスクを多く背負えば背負うほど大きな損失を経験するようになる。そのため不安感や自己意識が強くなり、パニックに陥ることもありえよう。しかし、だからといって具体的な目標の設定を避けてはならない。不安感やパニックは達人になる過程では避けて通れないものであり、遅かれ早かれ対処法を学ばなければならないものなのだ。

前述したように、私はトレーディング日誌をつけることと不安を感じた時間を計測することを強くお勧めする。不安を感じている時間は意外に短い。しかも、そのことがわかれば、その時間は次第に短くなる。最終的には、かなりストレスがたまる局面においてもほとんど不安を感じなくなる。私はそのような事例を何度も見てきた。自分の不安が自分の足を引っ張っていることを理解してしまえば、トレーダーは次第に大きな資金を動かしたりポジションを長く保有したりできるようになり、大きな利益をあげられるようになる。また、自信がつくことで、これまでよりずっと早く損切りしたり、次の売買に取り組めたりするようになる。

ビジョンを実現できなくても人間として失格になるわけではないこと、絶対に成功できないと決まってしまうわけではないことも、覚えておかなければならない重要な点である。トレーディングのビジョンとは所詮、成功するためには何をどうすればよいかを知るための情報でしかない。

本物の活力

利益を得ることがトレーディングの目的であるが、利益を得れば幸せも得られるなどと考えてはならない。ゴールを設定するのは、眠っている能力をもっと活用できるようにするためであり、自己実現によって幸せになるためではない。確かに、もっと上を目指したいという常識や、子供時代に得られなかった能力でも努力すれば獲得することができるし獲得しなければならないという誤った考えから、自己実現を目指してゴールを設定して努力を重ねるケースは少なくない。

だが実をいえば、子供時代に得られなかった能力（あるいは、得られなかったと自分が思っている能力）を大人になってから手に入れることはできない。手に入れようと努力しても満たされた気持ちにはなれず、かえって自分の無力さを感じてしまうという悪循環に陥るだけだ。

自分が何も求めていないこと。自分はすでに完全な存在で必要なものはすべて自分の中にあること。そして、具体的な目的を達成することで自分を完成させようとする努力は無力感を強めるだけに終わること。本当の意味での活力は、この三点を理解して初めて湧き上がる。

本当の意味での能力開花は、今ある自分からスタートする。ビジョンを設定し、周囲の反対や自分自身の抵抗に直面してもビジョンに基づいて行動し、自分にはもう求めるものなどないと理解し、自分の内面を分裂させたり無力感を感じたりする行動は取らないようにするところからスタートする。

本当の意味での能力開花は、リスクを取る力の源泉は現在の自分自身になること、つまりビジョンに沿って行動することによりビジョンと一体になることだと理解するところからスタートする。そうすれば、トレーディングは、ビジョンの実現に欠けているものを補うことによって自分のビジョンを「いま、ここで」表現するひとつの方法となる。

たいていの場合、人がふさぎこんでしまうのは、何かをいわれたりされたりしたからではなく、自分の感情や考えを覆い隠そうとするためである。そんなときには本当のことを話し、自分自身を過去から解放して次の瞬間に飛び込んでみてはどうだろう。

怖がりな人は恐怖を感じればよい。その恐怖の下に何らかの悲しみがあるのなら、それも受け入れてしまえばよい。今この瞬間の感情をすべて引き受けるのだ。重要なのは、目の前にある今この瞬間だ。この瞬間に全神経を集中させる力を得ること、そして自分でつくった状況がもたらす苦難や要求を受け入れ、それに対応することで目の前の瞬間に集中することが重要なのだ。これこそ、リスクを取ることのエッセンスなのである。

次の瞬間に飛び込むためには、自分自身を認めること、そしてトレーディングとは自分がどんな人物であるかを表現する手段なのだと認識することが必要である。

ゴールやビジョンを使って目標を見失わないようにする。そして、物事は自分が思った方向に展開することが少なくないことを、忘れないようにする。そうすれば、自分がつくった状況の次の瞬間にすんなりと入り込むことができ、無駄骨を折ることもなくなるだろう。

身構えることなく力を抜いて臨めば、自分の目的達成に役立ちそうなトレーディングのチャンスが目の前にいくつも転がっていることに気づく。自分自身に対する疑念や恐怖をやり過ごすことができれば、不確実性にも落ち着いて対処できるだろう。毎日の出来事に正面から取り組むことができ、市場の美しさやパワー、奇跡、エネルギーをも利用できるようになるだろう。

すでに持っているものを改めて選ぶ

自信が持てずに困っているトレーダーや受け身なトレーダーにとって、すでに持っているものを改めて選ぶことは大変重要である。「すでに持っているもの」とは自身の能力のこと。つまり、自分に関する判断や解釈をいったんすべて水に流し、ありのままの自分を受け入れ、自分が今持っている資源からトレーディングの役に立つ資源を取り出すことが重要なのだ。これなら、自分に備わっていないものを一生懸命探したりすでに持っている長所を無視したりしてエネルギーを無駄遣いすることが少なくなる。

ありのままの自分を受け入れ、目の前の課題に集中する。他人の言葉に素直に耳を傾け、妙な迷信はやり過ごす。そうすれば心理的な安全地帯から抜け出し、リスクを取る創造的な世界に足を踏み入れることができるだろう。自分をかっこよく見せたい、落ち着いているように見せたい、他人に好かれたいといったペルソナを外すこともできる。現状を維持したい、真実など見たくもないし語りたくもないといった気持ちを捨てて前進することもできるだろう。

ここで最も重要なのは、リスクを取るうえで必要な行動に自ら進んで取り組んでいるかどうかである。完璧な答えが出てから行動しようなどと思っていると、抽象思考のワナにはまって実体験をせずに終わってしまう。

表現を変えて説明してみよう。どの方向に進むべきかを考えて決断するとき、人間はちゃんと仕事をしている気持ちになってしまうことがあるが、実際には自分の思考にはまり込んでしまっただけかもしれない。コミットメントの観点から見る限り、重要なのは選択するか否かであって、正しい選択ができるか否かではない。リスクを取るためには、まず自分で選択して行動する必要がある。正しい答えが目の前に現われるのをのんびりと待っていてはいけないのだ。

行動すればするほど、トレーディングの成功とは何かを成し遂げて手に入れるものではないことが、そのときそのときに全力で取り組んでつかむものであることがわかるだろう。トレーディングは今この瞬間にしかできない。トレーディングの達人になることとは、安心感をもたらしてくれる何かを将来手に入れようとすることではない。自分の中にある資源からトレーディングの役に立つ資源を取り出すこと、そして「そのときそのときに全力でトレーディングに取り組むこと」により、チャンスが存在する時間と場所に飛び込むことなのだ。

欠けているものを見つける

トレーディング戦略とは自分のリスクの取り方を整理したものであり、絶対に成果をあげてやるという決意を後押しするものである。戦略を策定すれば、今欠けているものや、これからもっとできるものに的を絞ることができる。

ご承知のとおり、ゴールというものは、常にある程度意識していなければ到達できない。したがって、トレーディングで自分のビジョンを表現するためには、常に意識し続けられるような少し大きめのゴールやビジョンを設定する必要がある。潜在的な能力を引き出して前進し続けるためには、今の自分よりも大きなビジョンを掲げ、ずっと先の未来にも目を向ける必要がある。あっさり達成できるビジョンでは役に立たない。

やるべきことはたったふたつ。ビジョンに矛盾しないリスクを取ることと、目的に向かって一歩ずつ着実に進むための戦略を策定することである。目の前にある仕事をひとつずつこなしていくのが精一杯だというのであれば、ビジョンを表現するためにはどのステップを踏んでいくべきか、考えるとよいだろう。具体的には、期待や習慣、考え方を改めたり、前向きに行動したりすることが考えられる。

ビジョンをつくるのに欠かせないがまだ手に入れていない――そんなものを見つけだす作業も必要だ。不足を認識するためではなく、能力がすべて活用されているわけではないことを理解するためである。何が活用されていないかを認識できれば、あとはそれを活用するだけでよい。

トレーダーは、真実に立ち向かう気概を持ってトレーディングに臨まなければならない。目的に向かって動き始めて障害や失敗に直面したら、周囲の声に耳を傾け、何が欠けているのか、何を直さなければならないのかを把握しなければならない。成果を生み出すという目的と自分の行動が矛盾しないように、行動を微調整しなければならない。

具体的な目的を達成しようとするときには、自分の中に抵抗感が生じたり、古い習慣が邪魔したりするものである。これはごく自然なことだ。しかしその一方で、自動的な思考や常識、心理的な反応、自己防衛の本能などを認識し、そこから自分自身を解放することも可能である。解放できれば、大きな目的に向かって積極的なトレーディングができるようになるだろう。自分が弱い存在であることを認め、自分の精神的・身体的反応を解釈せずにすませることができれば、そうした反応が出ても慌てることなくやり過ごせるようになるだろう。反応を引き起こす出来事に耳を傾けること、自分の生理的・感情的反応や自動的な思考を認識すること、そして先入観や自分の自動的な反応に惑わされずビジョンに沿ったトレーディングに徹することが求められているのだ。

自分がすでに持っているもの（周囲の環境やハンディキャップを含む）は、自分の中にある勇気や創造性の発揮をうながす試練である。これに抵抗すると自分の中に亀裂が生じ、思考プロセスのワナにはまって行動できなくなってしまう。したがって、自分がすでに持っているものを拒んではならない。ゴールのビジョンをつくり、それを表現するためにできることから始めよう。そのビジョンが今の自分よりも大きければ、自分の内に眠っている能力をもっと引き出すことができるのだから。

第6章　ハイリスク・トレーダーを解剖する

リスクを好むトレーダー

第5章を読み終えた読者は、「自分は受け身な人間ではない」と思われたかもしれない。「ギャンブルみたいな売買や大胆な売買もするし、あえて危険を冒してとことん勝負することもある」と思われたかもしれない。リスクを取るのはよいことであるのが普通だが、実は例外がある。リスクを取るのが好きなトレーダーが、リスクを「取りたいから取る」場合だ。

リスクの好きなトレーダーは、慎重に売買しなければならない場面でも、リスクを取りたい気持ちに負けてしまうことがある。またギャンブルの好きな人がやたらと賭けたがるように、利益よりもトレーディングで得られる陶酔感のほうを求めてしまうケースも多い。薬物依存症になると〝酔う〟ために必要な薬物の量がだんだん増えていくように、陶酔感を得るのに必要なリスクや資金の量もだんだん増えていく。こうなると、リスクを慎重に計算して着実に利益をあげることよりも、リスクを取って興奮することのほうが重視されてしまう。

ケーススタディ

ハイリスク・トレーディングの実態

リスクの高いトレーディングが好きなトレーダーは、含み損が発生し、放っておけば自分や会社の利益を吹き飛ばしてしまう恐れがある場面でも、なかなか損切りできない。リスク管理担当者からポジションを圧縮するよう指示されても、大きな金額を賭けたいという衝動をなかなか抑えられない。自分のポジションを客観的に見ることができず、トレーディング戦略を捨てて一発逆転を狙った大勝負に出たりするが、傷口をさらに広げてしまうことも少なくない。

「損を取り戻して利益を出すことばかり考えている」。聡明ではあるが大きな賭けに出る衝動を抑えられない若手トレーダーのダスティンはそう語る。「でも、ちょっと儲かってもすぐに損してしまう。含み益ができるとなんだか気が大きくなって、いろいろな売買を仕掛けて含み益を吹き飛ばしてしまうんだ。そんなことをずっと前から繰り返してる。われながらうんざりしているよ」

そんなダスティンについて、ある同僚は次のように話してくれた。「彼はリスク管理とか、リスクヘッジをまったくやっていないんです。わずかな数のポジションにどんと資金を投じる。それこそ、たったひとつのポジションにかなりの金額を賭けることもあるんですが、相場が激変したらポジションをどうやって守るかまったく理解していない。例えば、リスクヘッジの手段として自分の投資アイデアと正反対のポジションをあえて持つことがありますが、彼は買いなら買い、売りなら売りに全部賭けてしまう。買いを三〇〇〇万ドル、売りを一〇〇〇万ドルという具合に分けることもありますが、ごく少数の銘柄に集中投資してしまうんです。これではヘッジしているとはいえませんよ」

「彼が好調だったころと同程度の運用成績を維持しているのは、担当セクターに潤沢な資金が流入して相場全体が底上げされているからです。また、彼はひとつのテーマを信じてしまうと、それに沿ったポジションを積み上げ続ける傾向があります。自分が何か見落としているのではないか、自分に不利な材料が飛び出す可能性はないのかといったことは考えない。実際、彼のようなタイプのトレーダーは、思惑がはずれる可能性があるという事実を勝手に割り引いて考えてしまうようです。トレーディングでは、ヘッジをしなくても八回のうち七回は無傷ですむことがありますが、最後の八回目で大損し、七回分の利益が軽く吹き飛ばされてしまうことがあるものです」

この同僚はまた、自分が含み損を抱えたときの経験も話してくれた。「含み損が生じたら、それまでの予想を修正します。そして一カ月で一〇〇万ドルというような具体的な目標を掲げ、ゲームプランを立てます。バスケットボールにたとえるなら、スリーポイント・シュートなど狙わず、もっと簡単なシュートで点数を稼いでいくようにするんです。ダスティンのスタイルは、前半でついた三〇点差をスリーポイント・シュートの連続で一気に逆転しようというようなものです。自分をあえて不利な状況に追いこんで、そこから巻き返したいと思っているのかもしれませんがね」

「トレーダーにとっての今年（二〇〇一年）のポイントは生き残ること。今年の相場は荒っぽく、二〇年以上のキャリアがあるベテランでも苦労しています。利益をあげられたらたいしたものですが、無理をして利益を吹き飛ばさないようにすることが大事なんです。リスクをちゃんと計算せずに売買するべきではありません」

「ハイリスク・トレーダーは一発逆転を狙うものです。確かに、なかにはホームランを打てる人もいますが、そういうトレーダーは自分をコントロールできていて、ヘッジもしっかりやっている。何かおかしいと思ったらすぐに気づいて対処できる人たちです。同じセクターのほかの銘柄で逆方向のポジションを持つなどして自分を守ることができるんです」

別の同僚はダスティンのリスク好きについて次のように解説してくれた。「あいつは何も考えていない。コインを入れてレバーを引くだけのスロットマシンをやってるようなものだ。人のアドバイスを聞いて大金を投じているだけで、自分がなぜこの銘柄でこの規模のポジションを持っているのかまったく把握していない。それに気が短くて、含み益がある銘柄も早々に手放すから利益を伸ばすことができないし、含み損が出ている銘柄はいつか一気に値上がりするだろうと期待して持ち続けたりナンピン買いしたりする。確かに、ナンピン買いは時々用いられる手法だが、短期売買では下策という見方が一般的だ」

不幸なことに、ダスティンのようなトレーダーは、大勝負に出て含み損の圧縮に成功してしまうと、規律がないことや負けパターンを繰り返していることをしばしば忘れてしまう。それどころか自分を大物トレーダーだと勘違いし、これからも大勝負で勝ち続けることができると錯覚し、さらにリスクの高いトレーディングにのめりこんでしまうのだ。

リスク管理に成功して大きな利益をあげたあるトレーダーは、トレーディングの二面性に着目している。「大当たりすると自分は天才だと思ってしまうものです。これはトレーディングにギャンブル的な側面があるためです。ギャンブル的でない側面では質の高い情報がものをいいますが、ギャンブル的な側面では直観が大事ですね。直観というのは、結局はリスク管理とその判断です。

利益を得るためにはリスクを取らなければなりませんが、処理に困ってしまうほど大きなリスクを取ってはなりません。その際は、自信を持つことが大事です。負けているときにはとにかくたくさんシュートしたり、大きな賭けに出たりしがちですから」

ネイザンは自分がハイリスク・トレーダーであることを自覚している。トレーディングは退屈だ。目標を設定して、達成したら手を抜くなんて「ありきたりでつまらない」と言ってはばからない。総じて言えば、利益が出ているときには気が大きくなってホームラン狙いの売買に手を出すが、返り討ちにあってしまうことが多いという。

ネイザン　ギャンブルせずにはいられない性格なんでね、毎日やってる。本当はさっさと勝ち逃げしなきゃいけないんだけど、欲が出ちゃってね、もっと儲けたくなるんだ。今年は二五万ドル稼いだ売買が三つある。一〇万ドル稼いだ売買もいくつかある。ところが、含み益があっという間に四、五万ドルの含み損になってしまうことがある。欲張って持ち続けてると、急に流れが変わってしまうんだ。恐ろしい世界だよね。やっぱり勝ち逃げしなきゃいけないんだよね。実際、先月には八九万ドルの含みがあったのに、この四日間で四九万ドル減ってしまった。こんなことしてたら、いつまでたっても儲けは出ない。要は、退屈するからいけないんだな。

キエフ　何がそんなに退屈なのですか？

ネイザン　することがないからだよ。トレーディングデスクに座ってるだけじゃないか。電話はするよ。でもずっと売ったり買ったりしてるわけじゃない。決算発表を待ってるときなんて静かなもんだ。アクション・ジャンキーっていうのかな、動いてないと落ち着かない。スクリーンの前で売買していないと、市場に参加している気がしないんだ。

キエフ　水曜日までに少なくとも一〇銘柄の下調べをして、そのうちいくつかはポジションを取るというようにしたら、退屈せずにすむでしょう。

ネイザン　退屈だな、それ。

キエフ　とにかく売ったり買ったりしていないと、退屈してしまうんですか？

ネイザン　それじゃいけないってことはわかってる。でも退屈しちゃうんだよ。下準備にもしっかり取り組むべきなんだろうけど、あれだと参加してるっていう感覚がないんでね。

キエフ　準備では参加していることにならないのですか？　ということは、あなたが探しているのは……。

ネイザン　そう、俺は手っ取り早くやりたいの。わかってるよ、いけないことだよね。でも俺はアクション・ジャンキーなの。一歩先に出ようとしていろいろ調べるトレーダーとは違うの。だって、いろいろ調べるのって大変だろ？

キエフ　情報に基づいてトレーディングするときは、どんな気分になりますか？

ネイザン　気分はいいよ。損したら最悪だけどね。でも、大損して困り果てているときにホームランが出て穴を埋めてくれれば、もう気分は最高。誰も知らない情報で儲けられるならなおさらだ……実際、俺は損益が示す以上に優秀なトレーダーだと思うよ。

キエフ　損益が示す以上に優秀なトレーダーなんていませんよ。トレーダーは損益がすべてです。

ネイザン　いやいや、優秀なトレーダーになれないのは自分のせいだといいたいんだ。ギャンブラーだから、欲が深くて手っ取り早い方法なんか探しているからだめなんだよ。

ネイザンは自分が抱えている問題を理解しているようにみえるかもしれないが、実際はそうではない。私がもっと準備をしたらどうかと勧めたとき（アナリストの話を聞いたり、投資先である企業を訪問したり、テクニカル分析をしたり、市場や投資銘柄の動きについて研究したりという意味）、あからさまに抵抗感を示したのがその何よりの証拠である。

彼は、必要な知識はすでに獲得ずみだと信じており、市場に転がっているすべてのチャンスをチェックしようとしなかった。投資先である企業について調べればもっと面白いことがわかり、トレーディングがもっと面白くなり、常に動いていないと落ち着かないという傾向を正すことにもつながるのに、自分から動こうとしなかったのだ。

　幸い、ネイザンはその後、自分の成績が同僚に比べてかなり悪いことにショックを受け、やたらにポジションを大きくして利益を追い求めてはいけないことにようやく気づいた。大きく賭けたいという気持ちを抑えるようになり、準備にも時間をかけるようになり、トレーディングが非常に複雑なものであることを理解するようになった。そしてこつこつと利益を確定できるようになり、ついにはさらに大きなポジションで大きな利益をあげようと試み始めた。

◆実践の手引き

リスクの高いトレーディングが特に問題となるのは、含み損にさらされたトレーダーがリスクを軽減するどころかさらに大きなリスクを取るときである。ここで取るリスクは、投資した資金を失う危険性を高めるだけだからだ。

　普通であれば、もともとギャンブル好きなトレーダーしかこのようなことはしない。しかし、ひとたび大きな損失を抱えてしまうと、誰でもこの誘惑にさらされる。つい感情的になり、一発逆転ホームランを狙って大きなリスクを取ってしまうのだ。ご承知のように、成功することはあまりない。

　では、自分がリスクの高いトレーディングをしていないかどうか、以下の質問に答えて考えてほしい。

▽自分に都合の悪いことを認めない（否認）、迷信を信じる、自信過剰といった問題を抱えているか？
▽力が欲しい、自分でコントロールしたいと常に思っているか？
▽自分は有能でエネルギッシュだが、何かしていないと落ち着かず、飽きっぽいと思っているか？
▽人に命令されるまで、あるいはやらざるを得ない状況に追い込まれるまで仕事をサボったり真剣に取り組まなかったりする傾向があるか？

リスクの高いトレーディングに手を染める人の心理を分析すると、その背後には、不安感を覚える、不確実性を許容できない、仕事に打ち込むことで気を紛らわせ、不安が小さくなるのを待つことができない、といった傾向を見ることができる。

不確実性を受け入れられず、相場の行方を見極めるまで待てない。一歩先を行きたいと思う気持ちが強すぎて、早すぎるタイミングでポジションを持ってしまい、リスクを適切に計算しない。トレーディングに必要な調査など面倒なことは避け、大きな成果をできるだけ早く得たいと考えて迅速に動く――ハイリスク・トレーダーの特徴を羅列すれば、こんな感じになるだろう。

この中にひとつでも当てはまるものがある読者は、大やけどをする前に、自分のトレーディングをコントロールするにはどうすべきか、真剣に考えたほうがよいかもしれない。重要なのは、トレーディングのやり方を大きく変えてやる、目の前にあるチャンスは積極的に取ってやる、そして強迫的な衝動で動いて全てを失うという軽率なことはしない、と固く決意することだ。

相場の流れは変わりやすい。用心深さを発揮し、慎重に利益を守らなければ、あっという間に押し流されてしまう。また、簡単そうだからという理由で特定のトレーディング戦略に魅力を感じることがあるかもしれないが、安易な道を選ぶべきではない。

ケーススタディ

相場の天井と底をとらえる

ハイリスク・トレーダーは手っ取り早く利益を得たがるため、相場の天井や底でのトレーディングに魅力を感じる。うまくいけば大ホームランとなり、ほかのトレーダーを出し抜くことができるように見えるからだ。また「最後のバカが買っているときに自分は売っている」という感覚が優越感を生む側面もある。他人と同じことはしたくない、冒険してみたいと思っているトレーダーなら知的なスリルも感じるだろう。

確かに、相場の天井を的確にとらえて空売りを仕掛ければ利益が出る。そのため、まだ値上がり傾向にある銘柄に着目し、ほどなく天井を打って反転下落するからと考えて売り持ちにするトレーダーがいる。株価が実際に下がり始めるまえに、少しでも高い水準で売っておこうというわけだ。相場の底を拾う売買はこれとは逆で、まだ値下がり傾向にある銘柄に着目する。

いずれ底打ちして反転上昇するからと考えて、これが底だと思われる水準で買い持ちにするのである。

いずれも有利な価格でポジションを持ちたいという気持ちから行われる売買だが、トレーダーはここで非常に大きなリスクを取っている。相場が反転する前に仕掛けたのだから、その分利益も大きくなると本人は納得しているかもしれないが、実際にはその売買のリスクは反転した後に仕掛ける場合よりも大きい。なぜなら、反転すると思った相場が反転せずに上昇や下落を続け、売り持ちなら買い、買い持ちなら売りという具合に反対売買を強いられて損失を計上してしまう恐れがあるからだ。

相場の天井と底を狙うときの最大の問題点は、いつどこで相場が方向転換するか事前に知ることはできないところにある。ある銘柄が天井に達したと思って空売りを仕掛けても、株価がそのまま上昇し続けたらトレーダーは損失を被る。ある銘柄が底打ちしたと思って買いを入れても、株価がそのまま下落し続けたらやはり損失を被る。つまり、天井や底をとらえようとすると、ひどいやけどを負うことがある。

相場がある程度上昇したのを確認してから買い持ちを続けるという手法がある。株価上昇の恩恵を最大限に享受するのが目的だ。値上がりし続けている銘柄を買うのは理に適っているものの、利益目標と売り抜けるタイミングをあらかじめ決めておかないと、上昇が止まったり値下がりし始めたりしたときに手放せなくなってしまう恐れがある。例えば、株式トレーダーのミカリーは、いったん保有した株式をなかなか売却することができなかった。事前に立てた戦略はもう無効であり、ポジションを解消すべきだと株価の動きが示唆しているにもかかわらず、いずれ利益が出るはずだと考えて持ち続けてしまったのである。後から、彼はこう語っている。「値上がりしているときには、保有し続けても間違いではなかった。間違いだったのは、株価が私の予想に反して値下がりしたときにこれを売却しなかったことだ。間違いはもっと早く認めなければならない」

残念ながら、ハイリスク・トレーダーにとって、適切なタイミングで手じまいするのは非常に難しいことである。もっと大きく儲けられるのではないかという気持ちからポジションをいつまでも保有する傾向があるうえに、次にくるチャンスを逃したくないという気持ちから売買を手控えてしまうのである。そして、思惑とは反対の方向に相場が動き始めたら自分を責める。含み損が発生して決定マヒに陥り、ポジションを解消できなくなってしまうことも多い。

また、相場の天井と底を探るのが好きなトレーダーは、ヒーローにあこがれる傾向があるようだ。一番乗りになりたい、ほぼ全員がイエスといっているときにノーであるほうに賭けてみたい、集団から抜け出したい、その集団と張り合ってみたいという具合である。さらに、彼らは株価が動き始める前に手じまいしてしまうこともある。軍資金を使い果たしてしまったり、含み損の痛みに耐えられなかったりするために、予定よりも早くゲームから降りざるを得ないのだ。

では、相場の天井や底をとらえようとすることに利点はあるのだろうか。一般論ではあるが、この手法は株価が一定の範囲内で上下動する循環株のトレーディングに有効であり、長期の割安株投資にはあまり用いられない。運用担当者がその企業のファンダメンタル分析に自信を持ち、株価はいずれ反転すると確信している場合ではそうだ。

株式アナリストからトレーダーに転じたマークは、次のように話している。「とことん売り込まれた銘柄が好きだ。実際に底打ちする前に買ってもかまわないと思っている。いずれ値上がりするだろうし、少しぐらい値下がりしても気にならない。それよりも、ここぞというときに小さなポジションしか持っておらず、チャンスを逃してしまうことのほうが気分的にはいやだ。もっと素早くポジションを持ったり積み増したりする必要があると自分では思っている」

安くなった株式を買う。それも底打ちする少し前に購入する。この手法に利点がないわけではないが、実際に底打ちする前に軍資金を使い果たしてしまう恐れがあるという意味で危険な戦略といえるだろう。例えば、複数のノーベル賞受賞者を抱えながら一九九八年に破綻したヘッジファンド、ロングターム・キャピタル・マネジメント（LTCM）は、ダブリング・ダウン（値下がり中だがいずれ底打ちするとみられる銘柄に資金を投じ、実際に底打ちして大きな利益が得られるまで投資資金を倍々ゲームで増やしていく手法。実際に底打ちする前に軍資金を使い果たしてしまう恐れがある）と呼ばれるナンピン買いの一種を行ったために失敗したという説がある。

それにしても、なぜハイリスク・トレーダーは値下がりする銘柄に魅力を感じるのだろうか。おそらく、バーゲンセールのように見えるからだろう。また、既存のシステムに打ち勝つチャンスに見えるからだろう。相場の天井や底を狙うトレーダーたちは人とは違うことがしたい、目立ちたいと常に思っているのだ。

しかし、天井や底を探ることが知的好奇心をくすぐる作業であるとしても、そして長期的に大きな利益をもたらすように見えるとしても、実は根拠のない期待に基づいた行動であることを忘れてはならないだろう。この手法で成功するためには、相場の方向性を正確に読み取り、かつ売買のタイミングも確実にとらえなければならない。そしてこの作業に神経を集中すると、相場の方向性も勢いも明らかな銘柄を売買して利益を最大化することよりも、正確な分析を行うことのほうを重視してしまうようになる。つまり、トレーディングの最終的な目的を忘れてしまう恐れが生じるのだ。

ケーススタディ

人との違いを見せたがるトレーダー

自分のアイデアで勝負したい、人とは違うことを証明したい――そんな意識を強く持つトレーダーもいる。例えばティムは、周囲が売るときに買って周囲が買うときに売るのが好きな「逆張り」のトレーダーで、市場でひとりだけ正反対のポジションを取るときに大量のアドレナリンが分泌されると語っていた。これは痛みを我慢する能力が人並みはずれて高いこと、投資資金が減少するリスクを無意識のうちに取ろうとしていることと関係がある。

「追い詰められた状態からスタートするのが好きなんです。心理的なプレッシャーは不快ではありません。むしろ、追い詰められたほうが力が湧いてくるんですよ。問題があるとすれば、それは時間と労力の無駄が多いことです。一〇〇〇万ドルの損失から始める場合、二〇〇〇万ドル稼いでようやく一〇〇〇万ドルの黒字になるわけですから、時間がかかる割には儲からないってことになりますね」

ティムが逆張りを好むのは、集団の一員にはなりたくない、他人の売買に便乗したトレーディングはいやだという本能によるものだ。したがって彼は、他人がやっている取引は凡庸だと考えて意識的に手を出さない。たとえそれが利益のあがる取引であっても、だ。このタイプのハイリスク・トレーダーは、相場の動きを読んで利益を追求することよりも分析に重きをおく。そして、自分の見通しが正しいことが証明されれば強い知的満足感を覚える。

私はジャックという石油トレーダーと話をしたときに、このことを改めて痛感した。「自分でいうのも何だが、私はトレーディングデスクに座る知的なスノッブだ。自分が優秀であることを確認するために利益をあげなければならない。毎日儲けようとは思わない。毎日こつこつと利益を出すやつはちょっと賢いだけの話。デイトレーディングは好きだけど、良い印象はない。下品だと思うときもある。自分はエネルギー・トレーダーというよりは、ポートフォリオマネジャーでありたいと思っている。デイトレーダーや、ディーリングルームで電話片手に怒鳴っているやつとは一緒にしてほしくない」

対話を続けた結果、ジャックは原油先物の売買に短期トレーディングモデルの要素を取り入れる決心をした。自分の分析が正しいかどうかではなく、生産性を引き上げ、利益を増やすことに重点をおくようにした。その過程で学んだことを、彼は次のように話している。

「値動きを尊重しなければならないということを学んだと思う。値動きは現実であり、いくら自分独自のストーリーがあってもこれを無視することはできない。分析をあきらめようというわけではなく、値動きという現実の中で行動しなければならんということかな。そして思考を柔軟にして、現実の中で自分の行動を考える。現実もひとつのストーリーなんだ。日中の値動きは俗にいうノイズではなく、チャンスだと考える。トレーディングを短い期間で区切って考えるようにして、短期的に利益を稼いでいく。そのほうが長期的なファンダメンタルズ重視のトレーディングより儲かるよ。材料に敏感に反応してポジションを頻繁に動かす。各種の分析や売買する銘柄の理解だけでなく、市場の雰囲気にも注目する。そういう短期的なアプローチのほうが有効だ。単にスクリーンの前に座っていてはだめだし、オフィスで黙々と分析するだけでもだめだ」

「以前は、一生懸命働いても何にもならないと思っていた。正直いって、イライラしていた。でも今は違う。このトレーディングモデルなら、不確実性にもかなり耐えられると思う」

ハイリスク・トレーダーは、自分のアイデアが正しいことを確かめたいという意識が強い。そして自分のアイデアが正しいときには大きなポジションを持ちたいと考えている。大きなポジションでなければ、たとえアイデアが正しくても劇的な効果が得られないからだ。彼らは、アイデアが正しいことを劇的な効果で裏づけたいと思っているのである。この点について、ジャックは次のように語っている。

「あの売買は大失敗だった。そのことはすぐわかったが、なかなか抜け出せなかった。自分は事態を把握しているのだと確認したかったからだ。だが最終的には、リラックスすることができた。

たかがトレーディングじゃないか、ということにようやく気づいたんだ。それからは積極的に利益を取りにいくようになった。そして毎朝出勤するたびに、『儲ける準備はできているか』と自分に問いかけるようになった。今日はどうやって利益を出そうか、と考えるようになった。今まではそんなこと、考えようともしなかったのにね」

ケーススタディ

ハイリスク・トレーディング依存症

職場でペアを組んでいるジェイソンとダニエルは、ハイリスク・トレーディングの餌食になっていた。ジェイソンは危機的な状況から巻き返すことに快感を覚えてしまったらしく、リスクをろくに調べずにポジションを持ち、損失を圧縮することにも関心を示さないようだった。

「逆境を乗り越えるのが好きなんですよ。依存症になってしまったかもしれませんね。巻き返しているときが一番楽しい。単にトレンドを追って儲けるだけでは面白くないんです」

ジェイソンは値下がりした銘柄を物色するのが好きで、それが値上がりに転じてからもしばらくは買い増し続ける。ところが、株価がピークを越えてからも手放そうとしないため、それまでの値上がりで手にした利益が霧散してしまうことが多かった。そこで二〇〇〇年の下期に入り、もう少しリスクを回避しようと決意した。

まず、循環株のトレーディングに買いから入ることにした。大手製紙会社の株を買い、二〇〇〇万ドルの利益を得た。FRB（連邦準備制度理事会）の公開市場委員会（FOMC）まで持ち続け、その内容を見届けてから同じ銘柄の売りに回った。ところが、そこで調子が狂ってしまった。勢いのある銘柄を買い続けるのが好きな彼にとって、買いから売りへの戦術転換は非常に難しいことだったのだ。

「正しいやり方だとは思っているのですが、なぜあの銘柄を三二ドルで売り持ちにするのか、どうしても疑問を抱いてしまうんです。確かに、市場では値下がりするという見方が支配的でしたが、どうも腑に落ちない。足元の業績はいいし、先行きも明るい。ファンダメンタルズもいいんです。七〇〇〇万ドルというポジションを取りましたが、うまくいっていないので縮小しました。つらかったですよ。本当はもっと買いたいんですが、相場には逆らえませんからね。自分の見通しが外れたときには、早々にそれを認めて行動する。今はボラティリティを小さくしようと努めているところです」

ジェイソンは自分が取り組んだほかの売買を振り返りながら、自分とパートナーのダニエルはいつも相場の転換点を見極めようとしていたと語った。

「ファンダメンタルズに変化があれば相場も転換点を迎えると考えているんです。例えば、DRAMが値下がりするとしましょう。するとDRAMメーカーの売上高は減り、金利を払うのも難しくなる。韓国メーカーは安値攻勢をかけてくる。そこでわれわれは考えます。DRAMが一定の水準まで安くなれば、市場から撤退するメーカーも出てくるだろう。そうなればDRAMの生産量が減り、需給が改善し、DRAMメーカーの株もV字型の回復を遂げるだろうと考えるのです。われわれは下落するDRAMメーカーの株を買い下がります。そして反転上昇したところで早々に売却します。頭のよい達人トレーダーならそこから二〇〜三〇%値上がりするのを待って売却するんでしょうが、われわれはかなりの含み損を抱えているので、転換点まで待って損益をトントンにするだけで大喜びしてしまうのです」

この対話からうかがえるように、ジェイソンはせっかちである。痛み、リスク、損失の可能性をすべて否定する。事前に立てた計画も守らない。本来なら、「売買を行う前に」投資のアイデアや規模を十分吟味して納得しておくべきなのだが、途中でころころと気が変わってしまう。また自分は常に正しいと思っており、失敗してもそれを認めたがらないため、含み損が出るとそれを放置してしまう。彼にとっては、これが最大の問題だ。さらに、売買に入るタイミングが早すぎるうえに、その売買を行うきっかけとなる材料が効力を失ったあともポジションを持ち続けてしまう。自分のイメージを気にするあまり、リスクを管理できずにいる。

だがジェイソンはほどなく、もっとリラックスしたアプローチを取り入れることができた。そして損失を出さないトレーディングに集中できるようになった。あとはポジションを長期間抱える癖を、利食いのタイミングを見失って利益が減っていくのを見守ってしまう癖を直すだけである。

ジェイソンのパートナーであるダニエルも同様の問題を抱えていた。「私は典型的なホームランバッターです。身のほど知らずで、いつも大物狙いで無茶をしている。パニックにはならないんですよ。パニックになるくらいならもう少し自制できるんでしょうけど、要するに自信過剰なんです。だからポートフォリオのボラティリティもすごく大きい。八週間で二五〇〇万ドルの損を出すかと思えば、二週間で二五〇〇万ドル儲けたりするんです」

ダニエルは事前に必要な調査や準備をせずにトレーディングに臨むこともある。準備不足を恐れない冒険家だといえるが、同時に下方リスクの管理がうまくないといえる。リスクを取れる分だけ優れたトレーダーではあるが、もう少し用心深くできればもっと優秀なトレーダーになれるだろう。リスクや痛みに耐える能力は高いが、損失を小さめに抑え、ポジションも小さくする必要がある。パートナーのジェイソンは失敗してはいけないという気持ちが強かったが、ダニエルは人と同じことをしてはいけないという気持ちが強い。

具体例を紹介しよう。ダニエルは以前、天然ガス相場の天井をとらえて売り持ちのポジションを持った。しばらくは相場が天井の周辺で推移したためポジションを積み増し、下落したその日に反対売買をした。その後も相場の上昇に乗じて売り、転換点がくるのを待った。この値動きならもっと売りが増えてもいいだろうなどと考えながら、ひたすら待った。チャートやほかのトレーダーの動きも観察していたが、自分の信念に賭けたのだ。

このアプローチで最も問題なのは、ポジションをあまりにも早く、あまりにも大きくしすぎることだ。これでは転換点がくる前に息切れしてしまい、損失覚悟の反対売買を強いられることになる。実際、ダニエルは何度も手痛いダメージを受けていた。

また、ポジションを持ってから反対売買で手じまうまで、ダニエルがずっと痛みを感じていたことにも注目する必要があろう。ジェイソンによれば、「ダニエルはある日、コーンを一ブッシェル＝二ドル二〇セントで買った。そして相場が一ドル八五セントで底を打つと、一ドル九五セントで売っていた」。相場が底入れして痛みを感じなくなったから売ったのではない。底入れしたら売ろうと単に決めていただけなのだ。

ジェイソンとダニエルのチームはこれ以外にも、トレーディングのゴールの使い方がわかっていないという問題を抱えていた。本来であれば、損失限定のために手じまうタイミングを計るのに使えばよいのだが、彼らは月間のゴールを二〇〇〇万ドルと決めても注意を払いたがらなかった。束縛されたくなかったのだ。この問題に対処するには、まずリスクを抑えること、ポジションを小さくすること、損失限定にもっと力を入れることが必要だった。

ジェイソンとダニエルは、アドレナリンが大量に分泌されるようなスリルあるトレーディングスタイルが気に入っていたが、そのスタイルゆえに運用成績が伸びないことを理解していた。「ゲームのような感覚がたまらなく好きですね」とジェイソンはいう。「でも、当然ながら負けるのは嫌いです。ゲームから脱落するのも嫌いです。損をするのはやっぱりいやですよ」

リスク管理の重要なポイントは、利益を確定することである。二人はこのことにすぐ気づいた。「今までやっていたように、相場の転換を狙ってポジションを持つよりも、大型株を買って少し値上がりしたところでさっと手放すほうがはるかに気が楽ですね。これに比べれば、今までのやり方はかなり苦痛です。最近は、早々に利益を確定して、ポジションをだらだらと持ちすぎないようにしています。値下がりしてもナンピン買いせずに手放すようにしています。そして、値上がりしているときには買い増します。相場の転換点を狙わず、中間的な範囲でトレーディングするようにしています。また、利益を確定できるときには積極的にそうしています」

「達人トレーダーのブライアンのやり方を見て、達人もハイリスクなトレーディングをやっているのかどうか、二人で考えたんです。答えはもちろんイエスです。ただ、達人は『余計な』リスクは取らない。一度の取引で大儲けする必要はないと考えているんです。自分の腕前を見せつけるためにわざわざ相場の底に近いところで二〇〇万株買って二ドルの値上がりを待つよりも、二〇〇万株を一〇ドルで買って一二ドルで手放せば、あまり痛みを感じることなく同じ額の利益が得られるでしょう」

達人トレーダーはトレンドをつかまえることを重視しており、ポジションを持つ時間も短くしている。相場が反転したら深追いせず、自分の判断が間違っていることがわかれば早々に手を引く。相場の天井や底を狙うこともあるが、それはチャートが相場の転換を示唆しているときに日和見的に取り組むだけのことだ。

ジェイソンとダニエルはまた、有力な材料が手に入ったときにはポジションを大きくするようになった。わずか三％の売買でポートフォリオの利益すべてを稼ぎ出してしまうことがあることを知り、最大のチャンスを有効に活かそうと決意したからだ。この手法は普通のトレーダーにとっては受け入れやすいものであるが、ハイリスク・トレーダーにとってはそうではない。なぜなら、含み損のあるポジションを持ち続け、含み益が乗ったポジションはすぐに手放すという彼らの本質的な傾向とは正反対の行動を強いるものだからだ。

　こうした対話を繰り返すうちに、二人は一部の売買で大きな利益をあげ始めた。業績発表やニュースなどをチェックして探したり、既存のポジションを大きくしたりしたからである。また、利益が出ているポジションは意識的に大きくし、損失が出ているポジションは逆に小さくした。具体的には、利益と損失の比率が三対一になるまで利益が出ているポジションを大きくしたり、損失が出ているポジションを手じまったりした。さらに、相場が天井に達して反転する前に売り抜けられるように、市場のあらゆる情報に注意を払うようにもなった。

　大きな損失をもたらしかねないハイリスクな取引は意識して避けなければならないことも理解した。ダニエルは以前、欧州の新規株式公開（ＩＰＯ）銘柄に手を出して大やけどを負ったことがあった。業績見通しは後に下方修正されるに違いないと思っていたにもかかわらず、買ってもおそらく安全だろうと思い込み、アナリストから十分な情報を得ることなく大金を投じてしまった結果だった。またそのほかにも、独自のマクロ経済分析だけを頼りに携帯電話会社の株を買って大きな損を出していた。携帯電話業界のファンダメンタルズが悪化し、株価も落ち着き所を探していたときだったが、「欧州で開催される大掛かりなコンファレンスで好材料が出るに違いない、そこで値上がりしたときに売り抜けよう」と考え、複数の銘柄を計四〇〇〇万ドルで買った。ところがその日の夜、携帯電話セクターの指標となる銘柄で悪材料が飛び出し、彼はあっという間に投資資金の一〇％を失った。「つぎ込んだ四〇〇〇万ドルは、手持ち資金の半分に相当する金額だった。やはり多すぎたってことになるんでしょうね」

この携帯電話株の取引と欧州株ＩＰＯで連敗したことにより、ジェイソンとダニエルは一五〇〇万ドルの損失を出した。年初から蓄えてきた利益はこれでほぼ吹き飛んだ。二人はこの経験からポジション管理の重要性を悟り、ポジションの数を三〇に増やしてポートフォリオとして運用するべきだという結論に達した。ダニエルは次のように語っている。

「具体的には、ひとつのポジションの上限を八〇〇万ドルに設定しました。そしてポジションの数を三〇に増やし、これらをばらばらに売買するのではなくポートフォリオとして運用することにしました。ホームランにつながるようなアイデアを思いついても、八〇〇万ドル以上は投資できないようにしたんです。そのアイデアが本当にすばらしくて、どうしても八〇〇万ドル以上賭けたいときには、上司に相談して許可を得てから取り組むことになるでしょう」

ダニエルはついに、自分がリスクに注意を払っていなかったことを認めた。彼はボラティリティの高い銘柄に多額の資金を投じることで、あっという間に多額の損失を抱え込むリスクを取っていたのだ。

解決策

上記の事例からわかるとおり、ジェイソンもダニエルもハイリスク・トレーディングに陥る傾向から抜け出すために、数多くのステップを踏まなければならなかった。実際、この傾向を克服するためのステップはたくさんあり、心理学的に見て健全な手法も多い。そうした手法は拙著 ***Trading to Win*** と ***Trading in the Zone*** で議論した理論に基づいたものであり、そのポイントは、自分の行動に対する意識を高めてこれをよく観察すること、そして自分が目指す目的に沿った新しい行動を試すことにある。

第一のステップは、自分の先入観や、潜在意識における態度が自分のトレーディングに与えている影響を理解することである。また、自分のトレーディングに関するメタ概念を高める必要もある。自分のトレーディング体験そのものを観察して見解を述べたり、リスク管理能力を高めるために変えられることを見いだしたりできるようにするためだ。

第二のステップは、リスクの高いトレーディングに走る理由、つまりどんな強迫衝動が自分を駆り立てているかを考えることである。単にスリルを味わいたいのであれば特にそうだが、そうした衝動があることをまず認めることがここでのポイントになる。人とは違うことをやらずにはいられない衝動に対処するには、自分が所属するチームやそのコーチ、上司などの支援を受け入れることも重要だ。自分の感情とは関係なく、もっと合理的な視点から売買してもよいのだと学ぶ必要もあるだろう。

ハイリスク・トレーディングのパターンを変えるのは容易ではない。なぜなら、それはそのトレーダーの世界観に組み込まれている習慣や態度の集合体であるからだ。つまり、トレーディングで得る利益を増やすためには、トレーディングに関係のある世界観を変えなければならないのである。デパートのバーゲンで掘り出し物を探してもかまわない。住宅や自動車を買うときにできるだけよい条件の取引をじっくり探すのもかまわない。しかし、トレーディングにおいては頑なにならず、柔軟に取り組まなければならない。私がダニエルに語ったように、自分の知性は利益をあげるために使わなければならない。たとえその結果、唯一無二の存在になれないとしても、利益を優先すべきなのである。

ハイリスク・トレーディングに手を染めているトレーダーは、自分の現実をトレーディングの場に持ち込んでいる。失敗は認めたくない、人と違うことをしたい、安値で買いたい、一番乗りしたい、市場コンセンサスの裏をかいてやりたいといった現実だ。実際にそうしたいのなら、まず損失に対する恐怖心を制御する術を体得し、自分の衝動を抑える力を持たなければならない。そして自分がなぜこの銘柄でポジションを持ったか、具体的な理由をいえるようにしなければならない。もしその理由がいえないのなら、逆張りの痛みを克服しようとするのではなく、早々にポジションを解消しなければならない。

今は、誰よりも早く売買できたという満足感を味わいたいがゆえに、相場が転換する前に動いてしまっている。だが、一歩下がって相場の転換を待つようにすることも理に適っているかもしれない。思惑通りに進んでいない相場に関わって痛みをがまんするよりも、多少の気まずさには目をつぶってその相場から降りるほうがよいかもしれない。痛みを覚えるならその行為は正しくないという具合に、痛みを行動の適否のバロメーターとして利用してはどうだろうか。さらに、相場が思惑とは逆の方向に動いて痛みを受けてしまった場合は、相場が転換した後もしばらくとどまってその方向になることを覚えるとよいだろう。要するに、ハイリスク・トレーディングに手を出す傾向を克服するのに役立つ、柔軟性の高いトレーディング規律を自分なりに編み出す必要があるのだ。

リスク管理能力を高めるためには、自分のトレーディング方法の背後にある前提を把握する必要がある。それができれば、トレーディングの生産性を低くする要素を制御しやすくなり、リスクを管理しているという感覚も増すだろう。

トレーダーにとって最も難しいのは、習慣を変えることである。大半の習慣は、トレーディングのアプローチとしっかり結びついてしまっているからだ。慣れ親しんだアプローチを変えるためにはまず、リスクをもっと上手に管理したい、自分が遭遇するあらゆる抵抗にも正面から向かっていきたいという気持ちを強く持たなければならない。

次に、トレーディングで大損しないという目標を定め、これを意識的に守らなければならない。そして、リスク管理の能力が向上したことが損失の減少によって確認されるまで、トレーディングで取るリスクを減らさなければならない。

痛みを感じにくいために大きなリスクを取りやすいトレーダーは、データやアナリストの分析にもっと目を向けることにより、リスクを取って興奮したいという気持ちを意識的に抑えるよう努め、的確な銘柄選択や全体的なリスクの低減ができるように心がけなければならない。

あるトレーダーは次のように話している。「トレーダーとして効果的に行動できるように、常に冷静であろうと努力しています。そして帰宅するときには、不安を感じていないかどうかチェックしています。自分でも制御できないくらい興奮する必要はないんです。以前は、トレーディングとは興奮するものだと思っていました。相場と格闘している、自分の仕事を賭けて戦っているという感覚がありました。自分をかなり危険な状況に追い込んでいたんですが、今は違います。そんなふうにやらなくてもいいということに気がついたんです」

◆実践の手引き

ハイリスク・トレーダーはまず、その頑固な性格を直さなければならない。何でも自分のやり方でやらねば気がすまないかもしれないが、それではゴールに到達するのが難しくなるからだ。「これが俺のやり方だ、今さら変えられない」などといって自分の行動を正当化したことはないだろうか。もしあるとしたら、ぜひ知っておいていただきたい。これは自分の行動に責任を取りたくないとき、すでに獲得した態度や行動パターンに安住したいときに出てくる言葉なのである。ハイリスク・トレーディングのワナを逃れたいのであれば、ぜひ以下のアドバイスを試していただきたい。

▽人とは違うことがしたいという理由だけで逆張りのポジションを取らないようにする。市場コンセンサスに逆らわないトレーディングを心がけ、人とは違うところを見せたいという気持ちを捨てる。

特に、市場参加者の大多数の判断が正しいときにはそれに逆らわないようにする。

▽相場の転換点を狙ったトレーディングには手を出さないようにする。一番乗りしたいとか、後れを取りたくないという理由から非常に早い時期にポジションを持つこともやめる。

▽特大のホームランを打ちたいとか大量点を入れたいという気持ちも捨てる。相場の小さな動きから小さな利益を着実に得ることに喜びを見出すようにする。

▽持ち前の創造性と才能を創造的、個性的になるためにではなく、利益を確保したり損失を小さくしたりすることに使う。

▽ニュースには早めに反応する。株価が下落しているときには早々に手じまって損切りを行う。「ダブリング・ダウン」などのナンピン買いは論外。

達人トレーダーはスリルを追い求めたりしない。ヒーローになろうともしない。常に前を向き、雲行きが怪しければ手を引いて様子を見る。大きなポジションを抱えたときには慎重に行動する。トレーディングはあくまで利益を得るために行っており、自分のエゴを満足させたり感情の高まりを楽しんだりすることには利用しない。

本書で紹介している、リスクを取るための新しい心理学は、市場の情報収集法ではなくトレーダー本人の心理にスポットを当てている。もちろん情報収集は重要だが、トレーディングでの成功の本質は、未知の領域に飛び込む能力、困難な状況に適応する能力、そして数々の失敗と成功を超越する能力にある。人と違った行動をどうしても取りたいという強迫衝動ではなく、利益をあげるためにトレーディングに取り組める状況を作らねばならないときなどは、特にそうだ。

市場に対してどれだけ心を開けるか。どれだけ目の前の現実を直視できるか。恐怖やエゴ、興奮、誇大妄想などにとらわれずにいられるか。市場は単なる自己満足を得るところではなく、自分を高めるチャンスを与えてくれる場所であると考えられるか。究極的には、こうしたポイントがトレーディングの成否に大いに関係してくる。

第7章　達人トレーダーの秘密

達人と凡人との違いは何か

これまで見てきた受け身なトレーダーとハイリスク・トレーダーは、いずれも極端な事例である。図で表わすなら、統計学でおなじみの釣り鐘状の曲線の左端が受け身なトレーダーで、右端がハイリスク・トレーダーということになろう。この曲線の真ん中、つまり最も盛り上がったところにいるのが、用心深さと自信をほどよくバランスさせてリスクを管理できる達人《マスター》トレーダーである。

トレーディングを職業に選んだトレーダーたちはおそらく、病院や銀行、会計事務所に勤める人々よりもリスクを取る意欲が強い。しかし同じトレーダーでも、同僚より大きなリスクに耐えることができるうえに、市場の動きを客観的に見る力に優れている人がいる。彼らこそ達人と呼ぶにふさわしい、同僚たちの模範となりうるトレーダーである。

達人トレーダーと凡人トレーダーの間には非常に大きな違いがある。利益をあげる能力もさることながら、ふだんの行動や売買のスタイル、含み益が出ているポジションと含み損が出ているポジションの扱い方がひと味違うのだ。彼らの特徴をつぶさに見ていけば、自分はどこまで変わることができるかという意識を持つことができるだろう。

達人が凡人と違うのは、自分自身や市場に対する先入観をすべて捨て去り、自分のペルソナや常識、「あれをやってはいけない」というルールや信念をも横において、目の前にあるリスクをフルに取ることができる点である。真実を語れること、自分の成功にこだわりすぎないこと、損失を出しても落ち込みすぎないことなども重要な違いだ。

達人になるためには、トレーディングの損失を抑えて利益を伸ばすだけでなく、昔から携えてきた価値観をすべて超越して目の前の困難に集中できなければならない。五〇〇〇万ドル稼ぐ場合でも五〇〇〇ドル稼ぐ場合でもその点は同じである。本書ではどうやって集中するか、どうやって戦術を守ってゴールに到達するかを説いているが、この第7章では現在の自分と将来なりたい自分との間にあるギャップについて論じてみたい。凡庸なトレーダーから卓抜したトレーダーに変身するにはどうしたらよいかを知るためである。

達人トレーダーの特徴

トレーディングを極めるために、達人トレーダーは感情を制御する術を学んでいる。混沌とした状況におかれても冷静でいられるようにするためだ。そしてそうすることにより、感情ではなくあらかじめ決めた戦略に基づいて意思決定を行う。リスクを取るときも感情に任せたりせず、売買に影響を与えるかもしれない重要な情報と単なる雑音《ノイズ》とを区別する。レニーという名のトレーダーは、達人とはどんな人物であるかを次のように語ってくれた。

「達人トレーダーは、凡庸なトレーダーなら無視してしまうものにもしっかり耳を傾ける。特定のストーリーに市場参加者が何名乗っているかという観点からリスクの大きさを計算することができる。トレーディングを通じて株価がどのように動いているかを把握し、そのセクターに資金が流入しているか、資金の流れに変化があるか、その変化が株価にどんな影響を及ぼすかなどを判断することができる。さらにその株価がなぜ動いているのかを考え、その会社で生じている出来事からその理由を推察し、市場全体とその他のセクターの様子などを勘案しながら考えをまとめることができる」

「X社の株価が三ドル上昇したら、複数のストーリーを検討してその理由を見つける。そのストーリーはX社に特有のものか、それともセクターに特有のものかを考え、ほかのセクターにおける資金の流れも勘案しながら状況を総合的に分析する」

「ある大手ディスカウント・チェーンが二〇〇一年夏の所得税還付のために売上げが伸びたと語った。市場参加者の反応はさまざまで、株価には織り込み済みだという見方もあれば、株価はまだこの材料を織り込んでいないから一時的に値下がりしたところで買うべきだとの見方もあった。やがて株式市場は全般的に下げ始め、多くの投資家がアパレル関連の銘柄を売りまくった。百貨店は『客足低調』で『業績も期待に達しない』状態だったが、ディスカウント・ストアは所得税還付のために『計画以上の売上高』を計上していた。ショッピング・モールの客足は伸び悩んでいた。気温の高い状態が続いていたので秋物の売れ行きは伸び悩んでいた。つまり、小売業界では好調なところと不調なところの差がますます際立っていった。こうした場面でトレーダーはどう行動すべきか、達人なら知っている。あちこちで観察されている事実と株価の動きのパターンとを関連づける能力を持っているからだ」

「機械のように冷静にトレーディングを行う能力も、達人と呼ばれるための重要な要素だ。この能力はトレーディングの損益にも大いに貢献している。また、達人トレーダーは株式市場の需給の力学を把握している。実は、一口に需給といってもいろいろなタイプがある。達人トレーダーは資金の流れを見てそれを見分け、需要と供給がどう絡み合っているか、どこでバランスが取れるかを感じ取ることができる。売るべきときと買うべきときを把握するセンスがある」

このほかにも達人トレーダーの特徴と呼べるものがないかどうか、私は為替トレーダーのベンに尋ねてみた。彼の答えはこうだった。「負けが込んでいるときでも自信を失わずにいられること、自尊心を傷つけずにいられることかな。風向きが悪いときにはポジションを小さくして慎重になり、ここぞというチャンスがめぐってきたらポジションを一気に大きくできる能力も重要だ」

別のトレーダーは「達人トレーダーは痛みに耐えることができる。利益をあげることこそ究極のリスク管理だ」と話してくれた。「早々と利益を確定しないことが大事だ。達人になるには、そういうスタミナと自信が欠かせない。資金を寝かさないようにして利益を得る、市場の動きに乗じることができる、相場がどの方向に向かっていようと、自分の信念を貫く勇気がある――そういう人が達人トレーダーだと私は思う」

「達人トレーダーなら、私は間違っていない、間違っているのは市場のほうだということができる。とても強い自信の持ち主だということだ。それに少しシニカルな面があって、売り持ちでも利益をあげられる。どのタイミングで手を引くべきかもわかっている。どうなれば損が出て、どうなれば利益が出るか把握している。なかなかできないことだよ」

つけ加えるなら、達人トレーダーは自分の感情面の反応を客観的に観察し、他人がどう反応するかを推し量る材料として利用することができる。ほかのトレーダーがどう行動しそうか考えながらその先手を取る形で売買できる。もし判断を誤っても、市場が誤りだと教えてくれるからそれに従って手を引く。判断が正しければ、その方向でさらに押す。自分の読みが正しいかどうかには興味がなく、自分の読みが誤りであることがデータで裏づけられても落ち込んだりしない。企業に対する思い入れや勝手な信念で投資することもない。凡人トレーダーなら不安を持つことにも不安を覚えるものだが、達人トレーダーならそのように心を乱すこともない。

ケーススタディ

達人トレーダーの実例

達人トレーダーのサムは自他共に認めるトレーディングの才能の持ち主だが、その陰には自分のアプローチを常に見直す姿勢と日々の努力があった。彼は市場の変化や投資資金額の変化、さまざまな戦略や他人の助力を利用できる状況の変化などに応じて自分自身を常につくり変えているのである。

サムはどんなに不確実な状況に陥ってもすぐに決断を下すことができる。リスクとリターンのバランスに常に配慮し、どんなに利益が出ていてもリスク管理に細心の注意を払う。そしてほかのトレーダーには見えないものを見ながら、落ち着いて自分なりの結論を引き出すことができる。同僚のルークは、サムのリスクの取り方を次のように話してくれた。「彼は三次元でものを見る。〝上がっているか、下がっているか〟だけでなく、一般に出回っている分析結果をほかのトレーダーがどう解釈し、どう行動するかを読んだうえで決断を下す。そして、同僚たちがどんな売買をしているかを観察しながら、ほかのトレーダーが何をしているか解釈しようとする。いい換えれば、同僚をほかのトレーダーたちの代理変数とみなしているわけだ。そして、ほかのトレーダーが価格の変化に反応しているときには、サムだけが価格の変化ではなく、ほかのトレーダーの反応に反応して売買している。出てきた材料には反応せず、それを見たほかのトレーダーがどう行動するかを考えて、その答えに反応している。価格の変化は何かほかの部分で生じた変化の反映だと考えているんだ。彼はそうやって、さまざまなデータを見たうえで仮説を立てている」「こんな分析があるからこの銘柄を買うんだ、といえる人はたくさんいる。しかし、型にはまった思考法から抜け出せる人は必ずしも多くない。サムはさまざまなデータから重要だと思われるものだけを抽出し、買い持ちにするか売り持ちにするかを決めている。何が問題になるのか、トレーダーたちの関心はどこに集まるのか、そしてその理由は何なのか。彼はそういう視点でトレーディングを眺めている。市場やセクター、そしてその企業の変化に市場参加者がどう反応するかを見極めて行動しているんだ」

達人トレーダーは大量のデータに目を通す

達人トレーダーは、材料に反応する短期的なトレーディングによってリスクを巧みに管理する一方で、ファンダメンタル分析にもかなりの注意を払う。投資対象の企業の評価に関わる問題をしっかり理解し、業績が好調（あるいは不調）である理由を常に探ろうとする。

凡人トレーダーは値動きを知ろうとチャートを長時間眺めることが多いが、達人トレーダーはその背後にあるものに着目し、投資対象企業のファンダメンタルズを深く知ろうと努力する。業績発表や証券会社の投資判断変更、株価に影響を与えそうなニュースといった株価材料が重要かどうかも吟味する。株価が動いているときには、どんな材料がどの程度影響しているかを理解しようとする。チャートの背後で起こっていることを理解するのがいかに重要かを把握している。事業がきちんと行われているかを知るために企業訪問を行ったり、企業やその株価の行方を占うためにウォール街のアナリストたちが書いたリポートにも注意深く（内容を鵜呑みにしないように）目を通したりする。うっかり見逃してしまいそうな些細なことにも気を配り、多様なデータを収集・分析することによって企業の全体像をつかみ、バランスシートの背後にあるものを読み取ってしまうのだ。

達人トレーダーは、ファンダメンタルズと市場の動き、トレーディングのパターンという三つの要素を評価して運用成績の向上につなげることができる。しっかりした経営が行われているかどうか常にチェックしているため、何か異常が起これば ちゃんと気がつく。そして情報を鵜呑みにせず、バランスの取れた分析を心がける。

ケーススタディ　**情報分析の達人**

二年ほど前、ＤＲＡＭの価格が毎日のように上昇し、しばらくすると下落基調に戻るという出来事があった。達人トレーダーのサムはこのとき、下落基調に戻る兆しを感じ取ることができなかったが、半導体関連株への投資で打撃を被ることはなかった。DRAM価格が着実に上昇する様子を見ながら上値余地が小さくなっていると感じ、下落に転じる条件が整いつつあることを察していたからだ。しかも彼は、半導体関連株が下落する予兆を感じながらも、実際に下落するまで行動を手控えた。

市場が半導体関連株の上昇を信じて買い上がっている限り、その業績が悪化するという見方はひとつの見方でしかない――サムはそう考え、この見方が広まって相場の潮目が変わるまで待った。DRAMの価格が需要と供給で決まるのは当然だが、今回に限っては供給がもっぱら重要になると見ていたことも、待ち続けた理由のひとつだった。

達人トレーダーは単なる逆張り投資家ではない。企業のビジネスモデルを理解し、その企業がこれからどちらに向かうかを把握したうえで、行動の機が熟すのを待つのが達人だ。あるトレーダーが語ったように、「これは単なる思いつきではできない。考えに考え抜かなければだめだ」。達人トレーダーはいつも、この銘柄は将来どんな姿になっているだろうかと考える。何ごとも額面通りには受け取らず、あらゆる変化を先取りして対応しようとする。何が本物で何が本物でないかを見極めようと常に努力している。

大半の凡人トレーダーは、この銘柄は将来どんな姿になっているだろうかなどとは考えない。何ごとも額面どおりに受け取り、何かが生じてからそれに対応しようとする。何が本物で何が本物でないかを見極めようともしない。物事をじっくりと調べて本物か否かを見極めることができる達人トレーダーとはここが大きく違う。ある人物が述べたように、達人は「どのタイミングでどう動くべきかを心得ている」のだ。

また、達人トレーダーには手元の最新データに惑わされることなくその先を見通す能力がある。ジョージというトレーダーは次のように話している。「企業がいつ決算を発表するかは誰でも知っているし、トレーディングを行う際にその内容が重要になることも常識といってよい。証券会社は決算内容に反応し、株価もそれを反映して動く。だが達人トレーダーは過去の出来事を整理し、これから起こりそうなことの一覧をつくってリスクとリターンを勘案する材料にする。ほかのトレーダーの心理や期待を利用するためだ」

「リックという達人トレーダーは、アナリスト説明会を間近に控えたある大手小売企業の株式を売り持ちにした。説明会で新たに得られるデータを検討した結果、この会社に対する市場の見方が悪化し始めていることを感じたためだ。この時点では特に目新しい材料は出ておらず、既存店売上高の伸び率がマイナスになるかもしれないとのうわさがあるだけだった。リックが達人らしさを発揮したのは、暑い夏が近づいていることから、既存店売上高伸び率など問題にならなくなると判断して売り持ちを維持したところだろう。多くの凡人トレーダーは、マイナスの伸び率はすでに株価に織り込まれたと考えて売りポジションを手じまっていたが、リックは値上がりする材料がないこと、予想通り熱波が近づいていることを重視した。そしてアナリスト説明会を機に株価は下落基調に入り、次の業績発表までの間に株価は四二ドルから二六ドルまで下がる恐れがあると読んだ」

「説明会で提示されたデータの量は多くはなかった。参加したアナリストは、紳士服の既存店売上高が前年割れになったとの情報を耳にして否定的な投資判断を維持した。リックは四二ドルで売り持ちのポジションを組んでいた。空売りが得意なトレーダーたちは、既存店売上高の前年割れは相場に織り込みずみだと考えていたので、株価が一気に三五ドルに下がるのを見て驚いた。達人トレーダーのリックは目前の出来事に目を奪われることなく、もっと先のことを考えて、値下がりする余地がまだ残っていることを十分に検討したうえで行動に出たのである」

「優秀なトレーダーと達人トレーダーとの違いは、数手先を読めるかどうかにあると思う。その意味で、達人トレーダーはチェスの名手に似ている。ポーンを動かすときもただなんとなく動かすのではなく、ルークやビショップをどうやって守るかを考えながら、三手か四手先を読みながら動かしているからだ。盤面をにらんで自分なりのシナリオをつくるかのように、彼はデータを創造的に評価し、相場のストーリーをつくり出すことができる。そして市場の変化や市場参加者の関心の方向に応じてそれを調整することができる。株価変動や需給関係など、自分の理屈を裏づけたり否定したりする材料を常に探そうと努めている」

自分のスタイルを微調整する能力

ひと口に達人トレーダーといってもその人となりはさまざまだが、全員に共通しているのは自分のスタイルと信念を貫こうという強い意志を持っていることだ。達人トレーダーになるためには、自分の能力の限界を知り、ゴールを設定し、戦略を策定して自分のスタイルを微調整する必要がある。ここでカギになるのは、リスク管理のレベルを高めて利益を得る機会を最大限活用する腕前を上げるにはどうすればよいか、ということだ。

達人トレーダーになりたいのであれば、まず世界を見るときの枠組みを変えなければならない。これは容易なことではない。「自分はよくやっている」「(成し遂げたいことはあるけれども)絶対に必要とはいえない」「いずれ神様が配慮してくださる」などと考えて動くのをやめてしまうほうが、そして真実から目をそむけてしまうほうがはるかに楽だ。だがおそらく、大半の人は自分の限界まで精神集中しておらず、全力を出し切っていない。何かが欠けていることを認めれば、それが何であるかに気づいて探し始めれば、もっといろいろなことが成し遂げられるようになる可能性がある。

あるトレーダーは、達人を目指して次のような修行に取り組んでいる。

「自分の不安をむしろ利用したい、そして自分の力を最大限に発揮して落ち着いたまま利益をあげられるようになりたいと思っています。私は先日、不安を利用したいと思いながらも実行できず、悔しい思いをしました。ある製紙会社が大手の同業者に買収されることになりましたが、この大手は何年も前からアスベストがらみの訴訟を抱えていることで知られていました。アスベストの問題を抱えた銘柄は最近、ことごとく値を崩していたのですが、この材料が出たことで大手製紙会社の株式に注文が集まりました。

しかし、私は素直についていけませんでした。買収資金をどうやって調達するのか気になったのです。同僚の一人は、内部資金でまかなったのだろうとまったく疑問を抱いていません。もし手を出さなければこの同僚にバカにされると思い、ポジションを持ちましたが、すぐに外部から資金を調達する計画であることが明らかになりました。これはこたえました。なぜなら、私は他人と違う判断を下す不安に耐えられず、そして同僚からバカにされるかもしれないという予想に耐えられずに、自分の判断をゆがめてしまったからです。信念を持つということは不安を利用することでもあると思うのですが、それができなかったのです。信念がなかったらトレーディングなどできないはずなのに」

達人トレーダーなら、手っ取り早く満足感を得たいという衝動に耐えることができる。そして、自分が追い求めているものに精神を集中することができる。

そうなるためには、まず自分や世界をコントロールしてやろうという野心を捨てなければならない。自分がやっていることは正しいといってくれる人や、自分の行動を裏づけてくれる証拠や成果を追い求めたりしてはいけない。自分の成果を測る基準を欲しがったり、自分が何者であるかを証明しようとしたりしてはいけない。自分や他人が何を思い、何を考えているかも気にしてはならない。要するに、目の前にあることに無心で立ち向かっていかなければならないのである。そうすれば、これまでよりもトレーディングに深く入り込むことができるようになるだろう。

同じことは、自分の長所やすでにある資源を利用するのではなく、他人の戦略をコピーすることで自分を変えたいと思うときにもいえる。確かに、人は他人の取り組みからいろいろなことを学べる。ただし、ほかの人が自分の資源をどのように開発してきたのか、そしてそのモデルが自分の長所の発見にどの程度役立つかということを自分の頭で考えるのが望ましい。自分の関心や才能、性格などを把握して真の自分になるよう努力して初めて、真の達人トレーダーになる道が拓かれるのである。

達人の域に近づくには

これまで、達人トレーダーに備わっている特徴の概略を紹介してきたが、その中で最も重要なのは、否認や合理化を極力抑えて真実を正面から見据える力だろう。人間は、物事を偏見なく見られるようになればなるほど、現実の受け止め方を修正できるようになる。過去から解放されれば、真実に向き合うことで、そして過去に体得した常識ゆえに自分が事実をゆがめて解釈していないかどうか常にチェックすることによって、創造的な視点から物事を理解し始めるようになる。

この世の中には、目には見えないが現実の法則に従って動いている領域が存在する。すでに獲得した視点から物事を見て行動している限り目にすることのない領域だ。しかし、凡人トレーダーであることをやめて達人トレーダーの域に足を踏み入れれば、それまで見ることのできなかったこの領域が見通せるようになる。新しい可能性と、達人トレーダーへと続く道を目にすることができるだろう。

そんなことは当たり前だという思い込みや、深く考えずに反応してしまう自動的な思考プロセスが自分にも備わっていることを認識できれば、出来事に対する反応を自由に選べるようになり、これまでよりも意識してリスクを取れるようになる。ペルソナや過去の常識に縛られた自動操縦モードでいるときよりも、創造的なトレーディングが行えるようになる。自動的な思考プロセスを自覚することは、足かせとなっている古い見方を脱ぎ捨てる能力を高めてくれるのだ。

新しい視点をつくり出す

人間は動物と違い、物事の解釈を変えることができる。意識というものがあるため、自分の考えを変えたり自分の考えについて考えたりすることができる。新しい視点をつくり出せば、世の中をまったく新しい視点から眺めることも、遺伝による制約や幼い子供のころに植えつけられた価値観を乗り越えることもできる。

トレーディングの世界でもまったく同じことがいえる。市場について未来志向の新しい視点をつくり出し、足かせになる古い見方を捨てて売買に取り組むことは十分可能である。この新しい視点が「ビジョン」である。ビジョンは、トレーディングで具体的な成果をあげるために情報を整理したり経験を定義したりする新しい方法を提供してくれる。といっても、身の安全を確保したいとか性欲を満たしたいという一次的な欲求や、社会の中で認められたいといった二次的な欲求に関する常識《ライフプリンシプル》とは違う。どちらに関する常識も幼いころから人の心の中に存在し、たいていは特に意識しないものであるが、物事の受け止め方や行動に影響を及ぼしており、その意味で「ビジョンの力」を持っていない。「ビジョンの力」があれば、トレーディングのひな形を意識的につくり出すことができる。この力があれば自分のトレーディングスタイルを永遠に変え続けることのみならず、自分自身を変えることもできる。視点を変え、トレーディングのビジョンを新しくつくり出すときには、市場に対する基本的な見方も変わる。そうすれば過去を繰り返せという自らの内なる声から解放され、これまでよりも大胆にリスクを取ることができるようになる。目的の達成に役立つ、適切な大きさのリスクを取ることが可能となるだろう。

未来を視野に入れた大きなビジョンというレンズを通して自分のトレーディングを見つめなおせば、これまでは見ることのできなかったチャンスが市場に転がっていることに気づくだろう。自分の実力以上の成果を得ようとしてもっと複雑なリスクを取れば、生まれついての才能を伸ばすことにつながるだろう。このように達人トレーダーを目指すときには、古い概念を捨てて新しいビジョンに従って行動しようという気概が重要になる。新しいものに挑戦していくことが、そして、自分の内にある秘められた可能性が姿を現わし始めたら、ひるまず、合理化という自己防衛に走ることなく、これを認めることが重要なカギとなる。

ビジョンを追求する

目標達成に向けたステップを踏むことに完全に没頭しているときには、機嫌がよくなったり、ちょっと「ハイ」になったりする。特別な努力などしなくても、物事が実にスムーズに進んでいくように思われる。本書でここまで論じてきたように、ゴールを設定し、それに沿った手順を着実に踏んでいけば、そうした状態に到達することができる。的を絞れば、雑念にとらわれることなく目の前の仕事に集中し続けることができる。集中できていれば、特に努力しなくても雑念に惑わされずにすむ。したがって具体的な成果も得られ、トレーディングをちゃんと管理できているという安心感も生まれ、さらに大きなエネルギーと注意をトレーディングに投入できるようになる。自分のエゴから生じる過剰な不安も避けることができる。

ひとつの行動に完全に没頭しているときには、他人が自分をどう思っているかまったく気にならない。リラックスできるうえに、自分の体験を楽しむ余裕すら生まれる。

ビジョンを追求することは、弓を引く禅の達人を目指すことに似ている。禅の達人は、特に狙いを定めなくても的を射ることができるという。トレーディングであれば、過去を繰り返すことなく淡々と売買を執行していくことがこれにあたるだろう。自分が何をしたかを認識しつつ、しかし完璧を目指すことなく前に進むということだ。

テニスでサーブとサーブの間にちょっとした休憩があるように、トレーディングでも休憩をはさんでリラックスする必要がある。ストレスを発散させて頭の中をクリアにし、次の瞬間に備え始めるべきだろう。どんなステップを踏むべきかをイメージしたり精神状態を前向きにしたりすること、背筋をピンと伸ばしたり胸を張って歩いたりすることなども、自分の実力を発揮するのに役立つ。いつもより調子がいいと思うこともあるだろうが、そんなときは以前の調子を思い出したりせず目の前のことに集中していればよい。過去があって今があるように、今があって未来がある。深く考える必要はない。目の前にあるチャンスを大切にすることだけを考えていればよい。

目の前のことに全力を尽くす。ビジョンを支える構造さえつくれば、結果は自ずとついてくる。遠慮はいらない。自分のビジョンを支える構造をつくりながら、どんどん前に進めばよい。

自我を解放する

達人になるということは、自分は形のあるモノではなく瞬間や売買の連続体なのかもしれないという可能性を受け入れることでもある。実際、自我は永久不変のモノではなく、目の前の売買の集合体である。達人トレーダーになることは誤った自己意識を捨てること、そして自分なら次から次へと絶え間なくリスクを取り続けることもできると認識することだといえる。

人はみな、自分には臆病とか慎重、几帳面といった性格があって簡単には変わらないという固定観念を抱いている。しかし、自我は永久不変ではないと考えることができれば、そうした固定観念を取り除くことができる。自分はずっとこういう人間ですなどとほかの人に説明する必要もなくなる。そもそも、「自分はこういう人間です」という固定観念は社交上生み出されたつくり話かもしれない。便利ではあるが、自分の行動を束縛しているかもしれない。そうであれば、固定観念など捨てて、今日からは違うペルソナを自由に選択できると考えたほうが理に適っているのではないだろうか。まったく新しい世界観を手に入れて活動したほうが、ずっと爽快なのではないだろうか。

読者のみなさんもぜひ考えてみてほしい。知らず知らずのうちにこうした固定観念を持ち、それを正当化していることはないだろうか。自分の思い描いている現実に実際の現実をあわせていないだろうか。自分を軽んじたり欺いたり、必要以上に謙虚になったりする傾向はないだろうか。自分にはそんな大それたことはできないし、そんな希望を口にしたら周囲に笑われてしまうなどと考えて、無意識のうちに自分の能力を覆い隠していないだろうか。

自分の能力を覆い隠してしまうと、ゴールはその分遠くなる。現実を否認してしまったり、外見を気にしてやるべきことを見失ってしまったりするからだ。富と名声こそ現実だと考えたり、自分にはそれなりの力があるから行動よりも外見にエネルギーを注いでいると自信たっぷりに話したりするトレーダーがいるとしたら、そのトレーダーは構造的な緊張感を維持できず、「ゾーン」でトレーディングを行えるだけの創造性を失ってしまうことだろう。

もしこうした呪縛から逃れることができたら、世界のあらゆる現象に備わっている力や独自性、躍動感などを感じ取ることができるようになるだろう。必要なだけリスクを取って具体的な成果を残そうとするトレーダーになりたいと明言し、自分がどんなコミットメントをしたかを折に触れて思い出し、今は何に集中できるかを毎日確認していけば、自分でも想像しなかったような大きな成果を得られるようになるだろう。

◆実践の手引き

今の自分から将来なりたい自分への移行期（ギャップ）にトレーディングを行う力は、自分にどんな問題があるかを認めようという気持ちから生まれてくる。問題の存在を認めることができれば、トレーディングの成績が向上し始める可能性が出てくるだろう。第一のステップは、いろいろな出来事と自分の反応とを区別すること。そして感情的な反応とそうでないものとを区別することだ。

もし可能なら、かつて大成功した売買のデータをひも解いてほしい。大成功したことがないなら、大成功したことがあると想像してほしい。大脳は実際の体験と象徴的な（あるいは勝手につくった）体験を同じ方法で処理するので、実際にあったことかどうかはこの際大きな問題ではない。

データがそろったら、今度はそのときの状況や気分を思い出し、その気分を再現する。おそらく、なんとなく機嫌がよくなっている、少し興奮している自分に気づくだろう。そして、自分は失敗などしないし咎められもしないという感覚が芽生え、気が滅入っているときや運用成績が伸び悩んでいるときには見えないこと、わからないことなどがくっきりと見えるような気分になることだろう。

このように前向きな精神状態をいつでも再現できるようになれば、昨日の失敗が今日のトレーディングに影響することはなくなる。実際、昨日の失敗を悔やんで自分を責めたところで、得るものは何もない。

もちろん、前向きな精神状態を再現するだけでは運用成績は上がらないが、運用成績を押し上げるひとつの方法にはなる。〝ものの見方〟を正し、集中力や能力をそぐ雑念を取り除く効果が期待できる。

自分の心理的な限界がどこにあるか、自分は理解していない――このことが認識できれば、つまり自分が無知であることがわかれば、ギャップにおいてトレーディングに取り組むときの準備は一歩進んだといえる。自分が達人に変身するためにどの程度のエネルギーを生み出せるかは、現在の自分と将来なりたい自分との落差をどこまで許容できるかによって決まる。

では、次の質問について考えていただきたい。

▽自分がリスクをとるときに欠けているものはあるか？

▽自分のポジションはどの程度大きくなければならないか？

▽トレーディングのやり方はほかにもあり得たと思うか？　あり得たとしたら、それはどんなものか？

▽同じ過ちを繰り返さないために、自分は過去の体験から何を学べると思うか？

結果を出すには、まずそのための構造をつくる必要がある。そして行動し、その過程を振り返って構造に何が欠けているかを探す。データが不足していたのか、準備作業が不十分だったのか、自分の姿勢に問題があったのか、それともパートナーに問題があったのか。目的達成の障害になっているものが構造の中に隠れていないかどうか調べるのだ。

私は「トレーディング・イン・ザ・ナウ」という表現を使うことがある。自分の意見や判断を一切差し挟まず、自分が望む成果に最も適した量のリスクを取って行うトレーディングのことだ。自分の判断が常に正しいとは限らない。あらかじめ設定した目的やビジョンに沿ったリスクを取るためには、物事をありのままに受け入れ、心を開いてチャンスに向き合う必要がある。

また、物事がどう進展していくか時間をかけて見守り、現実につきものの不確実性も受け入れていく必要がある。不確実性を受け入れるのは自分の能力が劣っているからだと考えてしまうかもしれないが、それは大きな誤りだ。さらに、未来は「到達点」ではなく次の瞬間に入っていくための「道しるべ」だと考えるようにしたい。トレーディングは鋭い刃物のようなもので、下手に扱うと大怪我をする恐れがある。だが真剣に取り組み、たえず先を読むよう努力し、実践を重ねれば、達人の技を習得することは十分可能だ。

進歩の度合いを測る

設定したビジョンやゴールに入れ込むあまり、それを達成しなければという気持ちが強くなりすぎて、みじめな思いをすることがあるかもしれない。ここで重要なのは、ビジョンというものは、行動の指針を作ることと自分を未来に引き寄せることを意識して設定されているという認識を持つことである。ビジョンはいわば羅針盤であると同時に磁石でもあるわけだが、ビジョン自体は目的ではない。ビジョンはトレーディングに没頭しようとするときに役立つが、それができれば自己実現ができるというわけではない。

ゴールを達成して自己実現を果たそうという努力は、自分の欠点は正さなければならないという常識や、自分なら子供時代に得られなかった能力でも獲得することができるし獲得しなければならないという誤った思い込みに起因する。だが実をいえば、子供時代に得られなかった（あるいは自分がそう思っている）能力を大人になってから手に入れることはできない。手に入れようと努力しても満たされた気持ちになれず、さらに努力して自分の無力さを感じてしまうという悪循環に陥るだけだ。

達人トレーダーの域に達すれば、こうした努力や満たされない気持ちとは無縁になれる。自分の気持ちを偽ったりせずに、リスクを取るチャンスと向き合えるようになる。ただし、そうするためには心のよろいを脱ぎ、自分が弱い存在であることを認めなければならない。

要するに、ありのままの自分であればよいのである。自分の目的を実現するチャンスは、文字通り目の前に転がっている。あとは耳をそばだててその位置を確かめるだけでよい。以前のように勝手な判断で行動したり、待ちきれずに動いたり、深く考えず自動的に反応したり、用心深くなりすぎたり、完璧を目指すあまり現実を見失ってしまったりしないようにすればよい。目の前にあるチャンスを受け入れる力はもう備わっているのだから、わざわざ外に出てその解決策を探す必要はない。

本当に問題になるのは、リスクを取るときに必要な行動を取る気概があるかどうかである。ゴールを設定できるか、戦略を練ることができるか、常に前を目指すことができるか、現在の自分と将来なりたい自分との間には何があって何が欠けているかを常に考えることができるか。問われているのはそういうことだ。何が欠けているかを認識し、自分はすべての答えを知っているわけではないと認めることができれば、具体的な成果をあげるためには何が必要かをもっと真剣に考えるようになるだろうし、外部の支援やアドバイスをもっと受け入れるようになるだろう。何が自分に欠けているかを認識する際には、この「受け入れる」という点がきわめて重要である。自分自身についての判断や、できそうにないという予想はいらない。受け入れることこそ、生産性向上への扉を開く「呪文」なのだ。

◆実践の手引き

トレーディングの成果を数字で表現したものは、目標をどの程度達成したかを知るための目安として役に立つ。何が欠けているか、これから何をやらなければならないかを知ることもできるだろう。ただし、何が欠けているか、これから何をやらなければならないか、機能していたはずの戦略から何が抜け落ちてしまったのかといった問いを自分に向けると、どうしても自分の成果を合理化したり正当化したりしてしまいがちだ。

自分が十分な成果をあげられなかったとすれば、それは成果をあげられなかったから、ただそれだけである。今やらなければならないのは、今後その成果をあげるには何をどうしたらよいか、これまでよりも注意深く考えることだ。

▽この仕事に対し、これまで以上の注意を向けることができるか？　できるとしたら、それはどの程度か？

▽ほぼ自動的にこなしてしまう仕事のやり方を変えるにはどうしたらよいか？

▽自己防衛的なトレーディングに陥ることなく目の前の現実と向かい合うには、これまで慣れ親しんだ考え方や仕事のやり方をどのように変えればよいか？　また、それは可能か？

ここまで来ると、習慣、自分に対する疑念、自分を過去に閉じ込める悲観主義的な常識《ライフプリンシプル》といった抵抗勢力が頭をもたげてくる。しかし未来を先取りする視点を得れば、今以上に大きなリスクを取ることが可能になり、公約していた成果をあげられるようになる。

この抵抗を克服するには、上記のような思考や身体的反応、反応のプロセスなどをまず意識し、自分にはどんな資源があるか、どんな目標に向かってどんな戦略を立てたのか思い出す必要がある。また、自分のトレーディングが自分の世界観や自己意識などにどの程度縛られているか、目的を持った創造的なトレーディングという理想からどの程度離れているのか、認識する必要があるだろう。

達人を目指すのであれば、自分を変えようと試みてはならない。自分自身を殺してはならない。ないものねだりはやめ、すでに持っているものがすべてだと認めなければならない。自分はこれだけのものを持ち、この場所で今という時間を生きている。その事実を否定してまで未来に照準を合わせ続ける必要はない。未来ばかり見ていると、未来になっても未来ばかり見ていることになり、目の前に現われたダイヤモンドの山を見過ごしてしまうだろう。つまり、自分に必要な技術と知識はすでに自分の中にある。

自分の中にあるものを改めて選ぶことができるのと同様に、これから何かを手に入れようという考えや願望はすべて手放すことができる。トレーディング戦略はそのことを念頭において策定すべきであり、単なる結果ではなく自分の潜在力や創造性を引き出すことを重視した戦略にすべきだろう。達成困難と思われるようなビジョンを掲げ、それに基づいて具体的なゴールを設定し、そのビジョン実現のためにできることを誠心誠意実行する――これこそ、トレーディングに没頭する最も強力なやり方のひとつだが、前述のように、ゴールはあくまで通過点であって目的ではない。したがって逆説的ではあるが、トレーダーはゴールを追求すると同時に、これを重視しないようにしなければならない。

成果をあげることや満足すること、アイデアや欲望を得ることなどに注目するだけでは、自分がすでに認識している自分を追求することにエネルギーが使われてしまい、自分ではまだ気づかない本当の自分になるところまでたどりつけない。自分の内にある勇気と、リスクを取る能力とを活かすためには、本当の自分を活かさなければならない。自分の外にある目的や報酬を設定することで自分を完成させようという考えは、捨てなければならない。

目的を設定してその実現を誓うと、内なる自分がそれに抵抗したり、周囲が反対したり、迷信や痛み、疲労などがその道をふさいだり、自分に対する疑念が足かせになったりすることだろう。しかし、そこでひるむことなく目的に向かって突き進めば、必要なことを着実にやり続ければ、多大な満足感を覚えるだけでなく、それまで見ることのできなかったまったく新しいものを見つけることができるだろう。困難に内在する障害を乗り越えて初めて目にする、新しい次元を見ることができるだろう。

もちろん、あちこちから批判される恐れはある。身近な人が新しい方法でトレーディングに臨むのを好まない人、新しい方法の採用によって運用成績をあげられてしまうと自分の立場が危うくなると考える人などが攻撃を仕掛ける可能性はあるだろう。具体的なゴールの達成に時間がかかり、その間に自信を失いかけることもあるだろう。

しかし、達人という新しい境地に到達するためには、うれしい気持ちもいやな気分もすべて受け流す必要がある。自分の感情を隠すのではなく、自分の弱さを積極的に認めるのである。そうすれば痛みや苦しみ、喜びまでもが、いずれ消えてしまう一時的な感情にすぎないことがわかるだろう。そして、達人とは痛みも喜びも認識したうえで受け流すことができる、いわば感情を超越できる人であることも理解できるだろう。

第Ⅳ部 リスクを取る

第8章　大きなリスクを取る

投資資金を増やす

ニューヨークに本拠を構える大手銀行の為替トレーダーを対象としたセミナーに出席したときのことだ。何人ものトレーダーが、リスク管理について主任トレーダーと同じ言葉を口にした。「リスク管理についてはシステムがしっかりしており、何も問題はない。問題は、トレーダーがリスクを取りたがらず、配分した資金があまり使われていないことだ」

私は次のように答えた。「トレーダーは積極的にリスクを取るというイメージが一般的ですが、実は大半のトレーダーは十分なリスクを取っていません。トレーディングの達人の域に達したいのであれば、この基本的な問題をまず解決しなければなりません」

大半のトレーダーは十分なリスクを取っていない。だからこそ私は、損失が生じたポジションは早めに手じまいし、利益が出ているポジションに追加投資をして、もっと大きなリスクを取ることが重要だと本書で訴えてきた。しかし残念なことに、大半のトレーダーは投資資金を増やすことには慎重だ。確かに、投資資金が大きくなれば、大きな損失を出す可能性も高くなる。だが実際には、リスクを大きくしてもかなりの確率で報われる。

トレーディングで大きな利益をあげるためには、ボラティリティ、つまりトレーディングで生じうる損益の幅を大きくしなければならない。しかし、自分のシャープレシオ（リスク調整後リターンの一種）を維持できれば、投資資金を増やしてボラティリティを大きくしても、それ以前とほとんど同じ運用成績を得られるはずである。確かにひとつのポジションで失う金額は大きくなるかもしれないが、ほかのポジションで得る利益も同じ比率で膨らんでそれをカバーしてくれる。

以前よりも大きなリスクを取ることは損切りと同じくらい重要であるため、この第8章では、利益の出ているポジションを積み増さなければならないときに遭遇する困難について考えてみよう。

統計資料の価値を理解する

従来型のリスク管理担当者は、トレーダーのリスク・パラメーターの決定と監視に注意を払うが、私はトレーダーの心理的パラメーター、つまりトレーダーの行動を抑制し、ゴールの達成を内面から妨げる要因に関心がある。リスク管理担当者は資金配分の問題も扱っているが、私はトレーダーの計画実行を妨げている心理的な問題や不安を検証することで、トレーダーがもっと大きな金額を扱えるよう支援したいと考えている。私にとって最も重要な課題は、自分の性格や態度、信念などによって決まるトレーディングのパターンを、トレーダーが自分で認識できるよう手伝うこと。これまでの運用成績を振り返り、目標達成の障害となっている要素を見つけ、運用資産の規模を考慮しつつ克服できるよう支援することである。

私の目的は、適切なリスク管理原則の範囲内で、トレーダーができるだけ高い運用成績をあげられるよう支援することにある。トレーディングの行動学的、心理学的側面に関心を持つコーチとして相談に乗り、目標達成の障害を取り除くのが私の仕事だ。

具体的には、もっと大きな資金を動かすようトレーダーに勧めたり、もっと大きなポジションを最初から取って含み益ができたらこれを積み増すよう促したり、含み益のあるポジションをできるだけ長く保有させたりする。いずれも、同じリスク調整後アプローチの枠内で行う。

私はその際、野球の打率を引き合いに出して統計データの重要性をトレーダーたちに説くことが多い。これは第5章でも述べたことだが、三割の打率を誇る打者は打数を増やしても同程度の確率でヒットを打つ。トレーディングも同じで、投資金額を増やしてもそれまでと同程度のシャープレシオは記録できる。被る損失はこれまでより大きくなるかもしれないが、得られる利益も同様に大きくなるのだ。投資金額を減らす場合も同様である。

統計データは、自分がトレーディングのリスクをどの程度コントロールしているかわかるという意味で役に立つ。これがわかれば、余裕を持って取ることができるリスクの程度、ポジションの効果的なサイズの決め方、オプションや先物を使ったボラティリティの高め方なども見当がつく。自分のポートフォリオにはどんなヘッジ戦略が必要か、自分は割り当てられた資金を適切に使っているかもわかるようになるだろう。

例えば、トレーダーの運用成績の比較に使われることの多いシャープレシオは、各トレーダーがリスクを適切に管理しているか否かをみる目安になる。私の経験では、シャープレシオを参照することでトレーディングに自信を持ったり、損を出すことへの恐怖や不安への対処という心理的な問題を強調しやすくなったりするケースもある。

統計データは、自分の能力の限界を引き上げる際にも役立つ。目標を達成するにはあとどれくらいリスクを取ればよいか、数字を見ればより正確に知ることができるからだ。しかし私が見る限り、大半のトレーダーは統計データをあまり活用していない。統計データとはほとんど無関係にトレーディングを行うのが普通のようだ。

「統計データなんかなくてもいい。損益を見ればリスクの程度がわかるからね」。あるトレーダーは私にそういった。「自分は何回売買したか。何回負けて何回勝ったか。問題はこのふたつだ。自分がやりすぎていないか、ポジションをどの程度長く持っているかは、これだけで十分わかる」

確かに、統計データの知識がなくてもトレーディングで成功する可能性はある。しかし、統計データを分析すれば、たいていのトレーダーが利益を得る。

成功するカギは、守りのトレーディングから一歩踏み出すところにある。具体的にいえば、リスクを取るのをいとわないこと、トレーディングを続けること、リスクとリターンを常に天秤にかけることなどがそれに当たる。自分のゴールはどこにあり、そこに向かって毎日どの程度進んでいるかが認識できれば、ゴールできるかどうか判断できるだろう。ポジションの大きさやリスクをどの程度調節する必要があるかもわかるはずだ。

ただし、これまでよりも大きなリスクを取れば大きな利益を得る可能性が生じるが、大きな損失が生じる可能性も同時に生じることをあらかじめ念頭におかなければならない。例をあげよう。損益が毎日平均で一〇万ドル増減するポートフォリオは、一年間で損益が一六〇万ドル増減する可能性がある（一日の損益の増減が標準偏差で表現されている場合、これを一年間の損益の増減に換算するには、一年間の営業日数に当たる二五二の平方根〔約一六〕を乗じればよい。標準偏差ではなく分散で表現されている場合には、平方根を取らずそのまま二五二倍するが、これは標準偏差が分散の平方根を取ったものであるためだ）。さらにシャープレシオを三対一と仮定すると、このトレーダーは三対一のリスク・リターンでトレーディングを行っていることになり（ここでは無リスク金利を無視する）、一年間で四八〇万ドルの純利益を得られる可能性があることになる。

リスク調整後の運用成績が不変ならば、ポジションの規模を二倍にすると一年間で得られる純利益も二倍の九六〇万ドルに膨らむと予想される。ただし、これを実現するには大きなハードルを越えなければならない。一日で計上し得る損失もこれまでの平均一〇万ドルから二〇万ドルに跳ね上がるため、これに耐えられる強い自信を身につけなければならないのだ。具体的には、損失が出たら早々に損切りする、ポジションそのものを少し小さくして様子を見るなどの対応が考えられよう。

運用成績（打率）を維持できるなら、そしてポジションを大きくしたときの損失の拡大に耐えられるなら、そのトレーダーはポジションを大きくしてもそれに比例する形で利益を増やすことができる。実際、自己防衛的な反応や恐怖心などの発生を回避しながら、これまでよりも大きなリスクを取れるようになれば、達人トレーダーの域に近づくことができるだろう。

なお、このときの恐怖心を克服するには、損益の増減を金額ではなく投資資金に対する比率（％）で考えるとよい。もし二倍のリスクを取っていると感じることがあったら、それはおそらく運用資金の規模が二倍になったためであって、比率は変わっていないだろう。

◆実践の手引き

トップレベルのトレーダーは、ごく一部の売買（件数の比率でいえば三～五％）から利益のほとんどを稼ぎ出す。そのため彼らは、「ごく一部」になるのはどの売買かをできるだけ早く見つけだし、そこにエネルギーを集中すべきだと考えている。そのポジションの規模に自信を持てるようにするためだ。

実際、ポートフォリオ全体の利益を押し上げるのは「ごく一部」の売買だという意識があれば、チャンスが来たときに利益の最大化に注力できるようになる。利益の出る行動を強化したり、利益の出ない行動を修正したりすることにもつながるだろう。具体的には、自分自身のポートフォリオについて次のような手順を試していただきたい。

▽自分のトレーディングスタイルのボラティリティを知る。
▽投資できる資金額にそれを当てはめると、ボラティリティがいくらになるかを計算する。
▽ポートフォリオから得られそうな利益の上限を引き上げる方法を見つける。
▽投資資金をすべて吹き飛ばしてしまうような、あるいは決定マヒを起こしてしまうような過大なボラティリティが生じないよう気をつける。

大半のトレーダーは、自分の実力で扱えるよりも小さなボラティリティしか使っていない。おそらく、大半の読者もそうであろう。だが自分の運用成績が安定していることを確認できれば、ポジションの保有期間を伸ばしたり、オプション取引を利用したりすることで大きなボラティリティを許容しようという気になるはずだ。

究極的には、ポートフォリオの大きさは損益のボラティリティに応じて決めるべきである。そうすれば、損失の最小化と利益の最大化の両方に寄与するだろう。リターンのレベルを変えるのは、最終的にはリスクのレベルである。高い運用成績をあげた後に、リスクのレベルとトレーディングスタイルを調整することも、ポートフォリオの大きさの調整と関係している。

ケーススタディ

ポジションの大きさを決める

高いシャープレシオを誇る優秀なトレーダーのギャビンは、ポジションを大きくしようと努力してきた。割り当てられた資本をできるだけ多く運用し、利益の絶対額を増やすことが狙いである。シャープレシオや勝率を引き下げてしまう恐れもあるが、果敢に挑戦していきたいという。

二〇〇一年の一月から二月にかけてナスダックが急落したとき、米国には景気後退に突入するかもしれないという恐怖感が広まった。ギャビンはこれを見て、向こう数カ月間の相場に強い懸念を持った。業績好調の銘柄が値下がりしたり、業績不調の銘柄が底堅い動きを示すなど、ファンダメンタルズと株価との乖離が拡大し、非常にわかりにくい相場になっていたからだ。それまでの上昇相場とは異なり、ファンダメンタル分析の成果をトレーディングの成功に結びつけることがきわめて困難になっていた。

二月のある日、ギャビンは自分の懸念を次のように表現した。「向こう二カ月（二〇〇一年三月、四月）は、利益をあげるのが非常に難しくなると思う。ポジションを小さくして、機動的に動かなければならない。何しろ、ファンダメンタル分析が機能しない。業況を分析してもトレーディングの役に立たなくなってしまった。どうやら市場は、個々の企業の業績ではなく、市場独自の勢いや方向性、雰囲気に左右される展開になっている。視界の悪い嵐の日に運転しているようなものだから、的を絞って慎重な運用を心がけなければならない。とはいえ、運用しないわけにはいかない。ファンダメンタルズは改善していないけどね」

「市場全体が値下がりしてきたことを考えれば、私はかなりうまくやってきたほうだと思う。今年に入ってからの利益は二五〇〇万ドルで、二カ月間の実績としては悪くない。割り当てられた資金をできるだけ活用し、運用額を大きくしてきたことが奏功している。確かに勝率は落ちたし、多少の不安もある。運用額を大きくすれば損益の振れ幅も大きくなる。ポジションの数を増やし、個々のポジションのサイズも大きくするというのは難しいことだが、もう一段高いレベルに上るにはこうするしかない。一日だけだが、運用額が一五〇〇万ドルに達したこともあった。実は、今年の目標は去年の倍稼ぐことだ。そのためには、運用額を大きくするしかない」

「夜はたいてい宿題をやっている。ポジションをチェックしたり、電話会議を聞いたり、今までよりも一生懸命働いている。それもこれも、もう一段高いレベルのゲームに参加するためだ。自分にはそれだけの能力があるし、まだピークには達してないと思っている。でも、今の市場で利益をあげる能力が自分にあるかどうか、ちょっと自信がないというのが正直なところだ」
「基本的には、これからも大きなポジションをつくっていく。一日単位ではなく、もう少し長めの視点で見る。利益を出せるポジションはほんの数えるほどで、残りは損益トントンになるだろう。おそらく、利益の大半を稼いでくれるのは規模の大きな売買上位二〇件だ。要するに、いけると思ったときには大金を投じる必要があるということだ」

特殊なテクニックを使う

どの程度のリスクを取らなければならないかがわかったら、リスクを調整するトレーディング戦略が多数利用できるようになる。取るリスクを増やしたいのであれば、ポジションの保有期間を延ばしたり、オプションなどの派生商品（デリバティブ）を利用したりすればよい。

リスクを減らしたいときは、ヘッジ取引や資金分散を行ったり、厳選したセクターに属する銘柄の売買頻度を高めたりすればよいだろう。調子がよいときには投資資金を増やし、調子が悪いときには逆にポジションを小さくするといった工夫も有効だ。

こうしたテクニックを使えば、自分のリスク管理にどんな問題が潜んでいるか自ずと明らかになるだろう。だが、いわゆる「ゾーン」でトレーディングしたり、リスクに関わる心理的な問題をうまく管理したりできるのであれば、多様な戦略を駆使してもっと柔軟に対処することができるだろう。その域に達するためには、本書で紹介した心理学的な諸問題をあらかじめ克服しておく必要がある。

◆実践の手引き

トレーダーを名乗るのであれば、ある程度のリスクを取らなければならない。私の見る限り、トレーダーの七〇〜八〇％は十分なリスクを取っておらず、もっと積極的にトレーディングに臨むよう促す必要がある。また、あまり多くはないだろうが、リスクを取りすぎているトレーダーは、逆に適切なリスク管理原則の枠内に収まるまでリスクを小さくしなければならない。

自分にとっては高めの目標を掲げ、その達成に向けて努力するというコミットメントができれば、トレーディングのレベルを引き上げ、目的達成に向けて一歩前進することができる。以下のような問いを常に念頭において、自分のペースをつかんでもらいたい。

▽目標を達成するには何が必要か？
▽ポジションはどの程度大きくしなければならないか？
▽どの程度のボラティリティが必要か？
▽どの程度注意深くあるべきか？
▽トレーディング対象にしている銘柄のファンダメンタルズを、自分ならどの程度理解できるか？

目標の達成には、たえず自分のやり方を微調整する必要がある。まず、自分のレベルに合ったトレーディングに臨むことが重要だ。夢物語のように高いゴールは論外だ。市場の流動性やボラティリティなども考慮しながら、やる気を持って目指せるゴールを設定すべきだろう。

現在の自分と将来なりたい自分とのギャップに、うまく対処することも必要だ。こんなふうになればいいな、と願っているだけでは何も変わらない。目標に即したリスクを取り、それによって発生する損益の大幅な増減にも耐える気概を持つことが重要である。

自分の目標とその戦略を分析して書き出し、最近犯してしまった大きなミスをそこに書き加えれば、目標実現のために自分が何をしなければならないかがわかるだろう。自分が何をしているかを常に振り返ること、自分の成果を記録していくこと、できる限り目標にこだわり続けることなども重要である（目標までの道のりを細かく分割し、ひとつずつこなしていくのも可）。

前述したように、トップレベルのトレーダーは、利益のほとんどをわずか三％の売買から稼ぎ出す。この「三％ルール」を日々のトレーディングと両立させるには、ぶらぶらと歩き続ければよい。落とし穴を避け、チャンスを探しながら、損益のボラティリティを管理していけばよいのだ。優秀なトレーダーはチャンスを見つけたら、すぐに飛びつく。チャンスを確実にモノにできるように、そして不振なときに売買しなければならない状況を避けられるように、日々の行動を管理している。

ポイントは投資金額を大きくし、損失はできるだけ小さくとどめ、可能なときには自分の目標に合ったリスクを取るよう心がけることだ。もちろん、大半のトレーダーは投資金額と損益の比率を常に気にしているだろうが、ここで理解しなければならないのは、一部の売買による損失よりもほかの売買による利益を大きくすることのほうが重要だということである。

損失が出たら早々に手じまうというだけでは十分ではない。利益の出ているポジションを大きくすることも必要だ。思い通りに事が進んでいる三％の売買で、利益を最大化することにエネルギーを集中するのである。

ケーススタディ

大きなリスクを取るときの障害

デボンは長期運用を担当するトレーダーだが、材料に反応する短期的なアプローチをトレーディングスタイルに取り込もうとしていた。また、リスクとリターンのバランスを重視し、多数のアイデアを盛り込むことで、バランスの取れたポートフォリオを構築していた。

具体的には、これはと思う銘柄のリスクとリターンを調べ、トレーディングの目的を考慮してポジションの大きさを決め、どの局面でポジションを取り、どの局面で手じまうかを慎重に決めておく。さらに、短期的な相場の材料にも反応して成功の確率を高めるというものだ。また、特定の銘柄に偏ると損失の生じる危険性が高まるため、資金分散も心がけた。

しかしこうした努力にもかかわらず、デボンは自分がわずかなリスクしか取っていないことに気がついた。資金をすべて使い切っていないこと、完璧な分析をしなければという気持ちが足かせになっていることに気づいたのだ。

相談を受けた私は、デボンのトレーディングの姿勢に影響を及ぼしそうな心理的要因を探す過程で、何かがリスクを取るのを妨げているのではないかと考えるようになった。そこで、次の点を調べることにした。

▽デボンの強みは何か？
▽適切なリスクを取ろうとする意欲を、あるいはリスクを取ることそのものを妨げているものは何か？
▽デボンの足かせになっているのは何か？
▽デボン自身が調整しなければならないものはあるか？
▽失敗したらどんな気分がするだろう、まわりはなんていうだろうという懸念を感じていないか？　あるいは、それによく似た心配や不安が、能力の発揮を妨げていないか？

デボンは次のように語った。

「トレーディングをやっているときは、気合を入れて完璧にこなそうと思っています。そのせいか、大きな資金を投じてもいいと思うようなアイデアは多くありませんね。本当は二〇ぐらいあればいいんでしょうが、せいぜい一〇個ぐらいです。完璧を期したいんです。しっかりした理由があって取り組んだ売買で損を出すのは、まあ仕方がないと割り切れるんですが、なんとなく手がけた売買で損を出すのがいやなんです。

そう、自分の直観は信用しません。ポジションを取った後で間違いに気づいても、それを乗り切るためのプランがないからです。株価に方向性がないときには、短期売買には手を出したくないですね。自信がないんです。動物的な勘で短期の値幅取りに徹するよりも、ファンダメンタルズを重視して長期の勝負をしたいというのが正直なところです」

「中核となる銘柄を決めて、短期的な材料に応じてそれを一部売買するのはかまわないと思っています。しかし、短期的な売買のためだけに新しいポジションを持つことには抵抗があります。やっぱり、ポジションを持つからには何らかの理屈が必要なんです」

デボンがリスクを十分に取れないのは、トレーディングの前に分析データをもっと入手しなければいけないという気持ちが強すぎるためである。特に、初めての銘柄で短期売買をするときには、その傾向が顕著だ。トレーディングの模範的なモデルがかえって足かせとなり、短期売買という未知の世界への進出を妨げている典型的な事例だといえよう。その意味では、彼が慣れ親しんだ長期投資を中心に据え、補助的に短期売買に取り組むことを選択したのはごく自然なことである。

「重要なことを始めるときに引き金を引いてくれるのは、やはり自分の人生経験だと思います……いやその、私の場合、分析うんぬんよりも扱う時間の長さのほうが重い意味を持っているように思うんです。例えば六カ月間で勝敗を決めるトレーディングで重要なデータと、六時間で勝敗を決めるトレーディングで重要なデータは、やはり違うはずです」

「私はこれまで、短期のトレーディングに必要なデータをほとんど扱ってきませんでした。つまり経験がないので、私にとって短期売買はとても難しいものなのです。長期的に保有していて、ファンダメンタルズをちゃんと理解している銘柄なら別ですが、そうでない銘柄を短期売買することはできません。例えば、私が保有しているような大型株では、重要なデータがいつ発表されるか、市場はどんな内容を期待しているかといったことがわかれば、トレーディングのよいチャンスがつかめるかもしれません。私は定期的にそうしたチャンスを狙います。データが毎日出るわけではないので短期売買には向きませんが、仕方がないですね」

「私自身は、長期の投資アイデアに関連する銘柄を売買することによって、これまでよりも大きなリスクを取ることができます。ただ私は、自分の理屈がどの程度有効かを見極めることこそ、大きなリスクを取ることだと考えています。単にポジションを大きくするだけでは不十分だと思うのです。例えば、一日平均の売買高が五〇万株の銘柄を一〇万株も持ってしまったら短期売買などできないでしょう。全部売り切るのに数時間かかる可能性もありますからね」

デボンの場合、これまでよりも大きなリスクを取ることは、ポジションを長く保有することであり、ファンダメンタル分析を厳しく吟味する傾向を認めることである。彼は自分の分析を過小評価する傾向があり、ほかの市場参加者はたいていのことを知っていると思い込んでしまうふしがある。辛抱強く待てないことも少なくない。ある投資アイデアを得てそれを実行に移したがうまくいかないとわかると、「市場はすでにこれを織り込みずみだ」と解釈して、早々に手じまいをしてしまう。そのアイデアが市場に広まり、株価に影響するまで待ちきれないのである。つまり、他人より早くポジションを持てるという長所がありながら、それに気づいていないのだ。また短期売買では損失を出さないが、利益も計上しない。早々とポジションを手じまってしまうためである。

徹底的に分析を行うので、トレーディング対象企業については良質なモデルができあがる。ただし、経験が浅いためにデータの価値を信頼できない。ポジションを持つタイミングが早すぎるため市場が思ったように動いてくれず、裏づけが得られないときには特にそうだ。トレーディング対象の選択が厳しすぎるので、ときにはトレーディングに専念できるようにあら探しの手を緩めることも必要だろう。自分の本能をもう少し信頼し、短期売買の腕前をもう少しあげる必要がある。

几帳面な性格のデボンには、短期売買が非常に混沌とした世界に見えてしまう。整然としたモデルの構築に大きな満足を覚えるため、混沌とした短期売買にはいらだちを覚えてしまうのだ。だがその一方で、自分の理屈が的中するとき、特に売り持ちにしていた企業が経営破たんするときには大変な喜びを感じる。したがって、相場の材料をもとにポジションの大きさを決めること、売買に参加する理由を見つけることが重要だろう。

難しいかもしれないが、デボンのようなタイプのトレーダーが、どのポジションをいつ手じまうかを決めるときには、一日単位の目標設定が役に立つ。これは短期売買のトレーダーにも長期の投資家にも、そして読者にもいえることである。株価がこの水準に達したら行動しなければならないという備忘録になるだけでなく、目標達成への努力を促す効果も期待できるからである。すでに取り組んでいる銘柄の売買に注目し、どんな分野なら自分の本能をうまく発揮できるかを知ること、そしてポジションをできるだけ長く保有することが大事だろう。テニスやゴルフでも、勝敗の区別をつけないときはリラックスしてボールを打つことができる。しかしゲームのレベルを引き上げたり見物人が集まってきたりすると、自ずと力が入り、自分のショットに対する意識も高まるものだ。腕前があがれば、こういう環境でも自分の力を発揮でき、競争やプレッシャーに打ち勝つことができる。

自分に絶対の自信を持ち、市場をまったく恐れずにシステマチックなトレーディングができるエードリアンは、次のように語ってくれた。「一〇〇〇万ドルの運用資金で五〇〇〇万ドルの利益を得たいという場合には、ポジションの大きさの決め方について、いくつかルールを定めておく必要があるでしょう」。エードリアン自身は、目標に応じてポジションのサイズを決め、その後で市場に中立なポートフォリオを組むことによって、全体のリスクを低く抑えるという。

「最良の銘柄を選んで買い持ちポジションのためのユニバースとし、最悪の銘柄を選んで売り持ちポジションのためのユニバースをつくる。そして、これらを組み合わせてバランス・ポートフォリオをつくる。これが私のやり方です。

バランス・ポートフォリオをつくるのは保険をかけるためですが、空売りに最適な銘柄を発掘し、利益を最大化したいという思惑もあります。同時期に同業種の二銘柄が正反対の方向に動くと予想されるときは、それぞれを買い持ち、売り持ちとするペアトレードも時々手がけます。これなら自分の見通しが外れても投資資金が守られます。買い持ちで損をしても、売り持ちの方で利益を得られる可能性があるからです。

基本的には、ユニバースの中で最もよい銘柄五％を買い持ちにし、最も悪い銘柄五％を売り持ちにします。ポートフォリオに最初に組み込むのは一〇〇銘柄ぐらいでしょう。ベータなどを見ながら一定の比率で別の業種の銘柄も組み入れて、ポートフォリオの最適化も行います」

エードリアンは自分の目標に応じてポジションの大きさを決め、ポートフォリオをバランスさせてリスク調整後のリターンを高めている。しかし大半のトレーダーは、自分がどの程度大きなポジションを持てば目標を達成できるか、きちんと計算していないのが実情である。市場が与えてくれるものだけを見て、自分の運用成績をベンチマークと比較し、それを数ポイント上回っていればよしとしているのだ。ジョーダンというトレーダーによれば、達人トレーダーは一度の売買から何が得られるかをわかっており、ポジションの大きさを直観的に決めている。

「従来型の運用方法が人気を失ったのは、ポジション同士の相関関係がわからなくなってしまったからだ。市場の動きが激しいから、ポジションのボラティリティは毎日変わる。だから予測に自信が持てないし、予測の有効期間自体も短くなっている。トレーダーたちは、長期的に値上がりしていればOKと考えているが、明日どの程度値下がりするかは考えない。要するに、自分のトレーディングをコントロールできていないのだ」

「その点、ゴールを設定するというアプローチは優れていると思う。値下がりする可能性を常に考えさせてくれるし、判断もしやすくなるからだ。例えば、指標となる銘柄の一日の平均的な値動きが三ポイントだとするなら、その銘柄が三ポイント動いたときには、利益を確定すべきかどうか判断できるようになる」

◆実践の手引き

投資額を増やせば、トレーダーは自分の中に眠っている特質を利用して集中力を高めることができる。常に少し上を目指し、失敗を恐れずに大胆に取り組むべきである。実存主義的にいうなら、失敗などこの世には存在しない。この世にあるのは、本気で取り組むか、取り組まないかのどちらかである。

トレーディングに対する意識が高まれば、ポジションを少しずつ調整したり、自分の行動を意識的に見つめるようにしたり、努力の度合いを高めたりするようになる。目の前にある仕事への集中度も高まろう。自分のトレーディングを継続的に観察するということは、眠ってしまわないように舵を握り続けるのに似ている。リスクを恐れて手を引いたり失敗を合理化したりすることも減り、集中力を削ぐ各種の回避行動から逃れることもできるだろう。

目の前の仕事に一〇〇%集中しているときには、誰でも結果を出すことしか考えていないし、自分がつくり出した状況の中で生じた出来事としかつながっていない。自分がコントロールできなくなっているように思えても、立ち止まってはいけない。一〇〇%という数字は全力で取り組んでいるという意味であり、一〇〇%の結果が出せるとか満足しているといったことではないからである。

一〇〇%という数字は全身全霊を傾けて取り組んでいるという意味であり、具体的な成果を約束するものではない。しかし、コミットメントし続けているかどうかを判定するのはあくまで結果である。この結果を出すためには、目の前の仕事に全力でぶつからなければならない。小手先ではだめだ。

これまでやってきたことをすべてご破算にして、ゼロからやり直すのは難しい。最も重要なのは今何を生み出せるか、自分の持てる力をすべて出し切って目の前の課題に対処できるかということであるが、それでも過去を捨てるのは容易ではない。

トレーディングに完全に集中するというとき、私は「責任を取ること」も含まれると考えている。そうすればあいまいな点がなくなり、短時間で大きな成果を生み出すことも可能になろう。しかし、実際にはそうはいかない。一〇〇%の力で取り組んでいるように見えるだけで、コミットメントの実行よりも、体裁を繕うことにエネルギーが向かってしまうというケースがほとんどだ。

一〇〇%の力で取り組まなければ、勝ち負けを過度に気にするようになる。それまでの勢いを保つためには、未知の領域に向かってとにかく走り続けることが必要だが、そのためにはその必要性を強く意識しなければならない。ほかのことが頭の中に入り込んでいると、無意識のうちにエネルギーを節約するようになり、自分の潜在的な力を完全に発揮できずに終わってしまうからである。

今までよりも大きなリスクを取るときには、一気に大きくするのではなく、少しずつ大きくしたほうがよいだろう。また、ステップを複雑にする方法と、ポジションを拡大する方法とを組み合わせるとよいだろう。いずれの方法も、実行すればその後のチェックに必要な注意力やエネルギーが増えるため、過去へのこだわりはどんどん捨てなければならなくなる。いつまでもこだわっていると注意力が散漫になり、エネルギーも減少してしまう。

自分が設定したビジョンの実現に向けて真剣に取り組む（コミットメントする）ようになると、トレーダーは目の前の仕事にますます力を注がざるを得なくなる。そして最終的に、一〇〇％の力を注ぐことになる。これは、成果をあげるために必要な集中力を少しずつ高めていくことにほかならない。その意味で、これまで以上に大きなリスクを取ることは、コミットメントの度合いを高めることに似ているといえよう。

仕事の中身が複雑になっても、不安を脇に押しのけて目の前の仕事に集中できれば、自分のトレーディングを変え始めることができるのである。

第9章　失敗を成功に変える方法

恐怖心をどう扱うか

テニスの試合では、ファーストサーブを決めてゲームを有利に運びたいと思うのが普通だ。ところが試合が進むにつれて調子が狂い、サーブが入らなくなるときがある。サーブしないわけにはいかないので、打つ角度を変えてみたり、下から打ってみたりする。調子が戻るまでは力を抜いて打つことになる。

このような調整はトレーディングでも必要である。リスクを取れば損失という副産物が生じることは避けられず、トレーダーは遅かれ早かれ損失に直面する。しかし、損失を避けることがトレーディングの目的ではない。最終的に勝利を収めるために、損失に対処する方法を学ぶことのほうがはるかに重要である。

大切なポイントなのであえて繰り返すが、トップレベルのトレーダーは、利益のほとんどをわずか三

%の売買から稼ぎ出す。損失が出たら早々に手じまい、傷口が広がって退場を余儀なくされるのを防ぐ。そして利益が出たら適切に管理してこれを伸ばすという原則を実践している。

トレーディングで利益をあげたいのは山々だが、失敗するのが怖くてなかなか前に踏み出せない。その結果どちらにも動くことができず、トレーディングから目をそらしてしまう――このようなケースは少なくない。自分は優秀ではないのでビジョンなど実現できないと思い込んだり、自己否定的な見方から抜け出せないために目的達成のやる気を育てられなかったりする例もある。

こうした事例に該当するトレーダーはおそらく、勝ち負けの違いに感情的な反応をしてしまっており、その結果、目的に集中できていない。負けることに対する恐怖が意識の根底にあり、それがトレーディングのあり方やビジョンに好ましくない影響を及ぼしているのかもしれない。そこで本章では、この恐怖を上手に扱う方法を論じることにしたい。

ビジョンには、自分の実績を計測するものさしの機能もある。最終的に実現しないかもしれないが、ビジョンがあれば目標を立て、その目標からはずれてしまわないようにたえず軌道修正することができるようになる。第5章でも論じた「すでに持っているものを改めて選ぶ」とは、目の前の現実を正しく認識してそれに直に向き合い、ビジョンの実現に近づくことなのだ。

失敗をいさぎよく認める

勢いを持続するためには、失敗や挫折に対処したり、これをトレーディングにもっと深く取り組むチャンスに変えたりする必要がある。例えば、絶好調の後に突然調子が悪くなった場合、それは集中力が減退したからかもしれない。飽きてしまったり、戦略通りにトレーディングするのをやめてしまったりした可能性があるということだ。あるいは、自分の行動の責任を取り続けることができなくなったのかもしれない。

集中力が切れる原因としては、ビジョン実現の意欲が衰え、自動的な思考や自己正当化などに陥ったことが考えられる。事前に立てた計画を実行しようという気持ちがなくなったり、他人に任せられなくなったり、トレーディングの失敗の責任を負いたくないという気持ちが強くなったりしているのかもしれない。また、具体的な成果を出せないときには、その事実を否定して元の調子に戻る方法すら考えようとしなくなるケースが多い。

このようなときには、ビジョン実現のコミットメントを再確認すれば、集中力を高めることができる。自分を縛っていた思い込みから逃れ、まったく新しい方法を考えることも容易になる。

他人の話を聞いて自分のやり方に疑問を持ったり、不要な売買に気を取られたりして集中力が途切れてしまうこともある。この場合もやはりコミットメントを再確認し、状況を打破するには何が必要かを議論できるようにするとよいだろう。間違っても、自分の失敗を他人のせいにしてはならない。うまくいかないからといって目標達成をあきらめたり、成果が出ないからといってコミットメントを放棄したりしてはならない。自分のトレーディングには何が欠けているのかを考え、これを少しでも改善するよう手を打たなければならない。

トレーディングに失敗はつきものだ。自分に非があるなどと考えてはいけない。失敗とは、ゴールの到達に重要なポイントで対処を誤った結果でしかないからだ。つまり、失敗しても自分を直す必要はない。やり方か何かを正すだけでよいのである。

重要なのは、失敗や挫折から目をそむけるとゴールもビジョンも崩れ、自分とゴールとのつながりが絶たれてしまうということだ。ゴールに向かって邁進するには、自分の行動を修正して戦略に沿ったものに戻せるように、失敗をいさぎよく認め、どこで間違えたかを認識しなければならない。

失敗したときの感情を制御する

含み損はトレーディングに心理的な影響を及ぼす。含み損が生じると、ほとんどのトレーダーは「どうすればこれを解消できるか」と考え、早めに利益を確定してそのゲームを終えた気になることが多い。勝利を積極的に追求せず、リスク回避に軸足を移してしまうのだ。

達人トレーダーのランディはいう。「リスク回避型になった人は『一時間当たりいくら』で請求書を切る会計士のような考え方をする。『こんなところで丸一日つぶしたくない。少し稼げればいい。それを三〇日間続ければ損益トントンになる』という感じだ。トレーディングがうまくいっているときには、こんなふうにはまず考えない」

トレーダーは、売買が思い通りにいかないと手を引いて守りに入る傾向がある。それも、戦略は変えずにポジションだけを小さくするというのではなく、トレーディングスタイルそのものを変えてしまうことが多いが、これは好ましいことではない。勝っているときの精神状態を維持し、損失を最小限に抑え、下手な守りはやめて当初の戦略を続けることが重要なのだ。

もちろん、損失による心理や感情への影響はとても大きなものになりうる。気分変調やうつ症状が出ることは珍しくない。イライラしたり落ち込んだり、拒食や過食になることもある。不眠症、無気力、疲労感、自信低下、注意力散漫、決断力不足など、いろいろな現象が起こりうる。立て続けに損失を出せば、状況がさらに悪化して希望が持てなくなったり、絶望感にとらわれてしまうこともある。もう元の調子は取り戻せないと思い始めたり、自分が市場に参加できないことで不満をもらしたり、同僚の能力や熱気をうらやんだりすることもある。

時には、いわゆる不安障害に至ることもある。強迫性障害で見られるような症状や、恐慌発作が生じることもある（本書は精神医学の書物ではないので、リスクの高い行動を取るときの不安が引き金となって生じる症状を簡単に紹介するにとどめたい）。

繰り返しになるが、トレーディングに失敗はつきものである。しかし、その原因を自分の人格や能力に求めてしまうと、困惑したり不安感や罪悪感を抱いたりする確率が高くなる。トレーダーであるならば失敗に真正面から向き合い、そこから生じる感情を克服しなければならない。逃げ出したりせず、一歩前に出るためのチャンスとしてとらえなければならない。

ケーススタディ

失敗を管理する

トレーダーにとって最も危険な時間は、負けパターンに陥り、もうこれ以上失うものがないくらい負け込んでしまったときだろう。損失を完全に埋めるまでは利益を出せないうえに、さらに負けが続いて資金を完全に失ってしまう恐れもあるからだ。

このコラムでは、あるハイテク株トレーダーとの対話を紹介したい。彼はここ数年間の上昇相場で大儲けをしたが、二〇〇〇年になって大きな損失を計上し、心理的なプレッシャーを感じ始めている。

キエフ　これは大変ですね。損失を計上し、運用資金の配分も減らされて、これまでのような運用ができなくなっている。ポジションも小さくしなければならない。息が詰まってしまうのではありませんか？

アンドリュー　そうだね、以前は結構いい感じでやっていた。今じゃ資金を減らされて、ゲームから追い出されたような心境だ。一からやり直せといわれているみたいだ。

キエフ　まあ、人の評価はさまざまですから。

アンドリュー　今じゃあ、俺のアイデアなんて誰も聞いてくれやしない。話をするのが大変だ。この会社じゃ利益がすべてだからね。俺の信用も地に堕ちたってことさ。

キエフ　回復できますか？

アンドリュー　そう願いたいな。年内に何とか巻き返して、来年の一月には信頼を取り戻したいところだ。

キエフ　お話をうかがっていると、例の損失のことや運用成績が去年より悪いことで頭がいっぱいのようですね。これではトレーディングにも集中できないのではないですか？

アンドリュー　いやいや、ちゃんと金儲けのことも考えてるよ。しゃかりきにやるのは好きじゃないが、とにかく五〇〇万ドルの穴を埋めなきゃ。俺のスタイルはこの会社に合わないってことを思い知らせてやりたいんだ。

キエフ　そんなにうまくはいかないでしょう？

アンドリュー　本気だよ。そうしないと給料が出ない。

キエフ　どうやってやるんですか？

アンドリュー　とにかくたくさん稼ぐこと。そうすれば社内のステータスも信用もあがる。金がほしいわけじゃない。ここではトレーディングの利益と信用はイコールだ。わかるかな、損を出したら信用もなくなる。これを取り戻すには稼ぐしかない。その意味じゃ、トレーダーなんて消耗品だよ。

キエフ　難しいかもしれませんが、そういう考えは捨てるようにしてください。自分を痛めつけるだけです。

アンドリュー　どうやって捨てるんだい？

キエフ　もっと大きな概念というか、一段高いところから自分のトレーディングを眺めるようにしてください。そうすれば、成果をあげるためにどんな行動が必要であるかがわかり、その行動に的を絞ることができます。今のように後ろ向きな、自分を痛めつけるような考えが浮かんできたら、そのたびにそれを記録して、前向きな姿勢に切り替えるようにするんです。

アンドリュー　そういうのは、今の俺には縁遠い話だな。わかんないかな、俺は今、消耗品にされてしまった気分なの。損失を埋めて黒字になったらそういう気分も吹き飛ぶだろうけど。

キエフ　わかりますよ。でも、自分は消耗品だという考えを捨てて、目の前にあるゲームに集中することができれば、運用成績はもっとよくなるでしょう。そういう考えはさっさと捨てて集中する。やればできますよ。

アンドリュー　五年間やってきたんだ。今捨てろといわれても、そう簡単にはいかないな。

損失を抱えて気分が落ち込んでしまっても、先を読もうとする気持ちを忘れてはならない。私が本書で説いているゴールを用いたトレーディングで成功するためには、この気持ちの持続が決定的に重要である。
自信というものは、どんな状況におかれても何をすべきか知っているという事実に由来するものだ。損失を抱え、戦略を変えなければならないという気持ちが強くなったら、それは大きなトラブルにつながる前兆とみてよい。損失を抱えても、その急拡大を防ぐ戦略を変えてはいけない。

ゴールを達成すると決めたら、それまでに生じうる失敗や失策に対処する方法も考えておかなければならない。前述したように、「しまった！」という感情は一時的なもので、時間がたてば消えてしまう。このことを理解してしまえば失敗したときの感情にも慣れ、この感情を重視する必要がないことも理解できることだろう。

◆実践の手引き

個人的に重要な目標を設定すると、「自分はそれにふさわしくないのではないか」という考えが浮かぶことがある。そうなってしまうと、新しいビジョンを設定して、その実現に真剣に取り組むという気にはなかなかならない。

これは、自己疑念と自分に厳しい完璧主義という衣を着た恐怖心と不安感の反映であり、生産的なトレーディングに欠かせない前向きな努力を妨げる。実際、自分は負ける（あるいは、何をやっても変わらない）と予想することは、自分は勝てると予想することよりも、トレーディングの結果に大きな影響を与えることが多い。

負けたときにいらだちを感じたくないので最初から大きな期待はしないようにしている、という人がいる。しかし、自分の目標を達成したいという気持ちは誰でも持っているのが普通である。敗北をよほど強く確信していなければ、こうした普通の欲望まで否定することはできないはずだ。それでも「否定できる」という人は、自分の基準が高すぎるか、自分に対する評価が厳しすぎるか、失敗を一切我慢できないかのどれかだろう。

自分の基準に達しないことを恐れるあまり試みることすらできないというケースもあるだろうが、そういう人は自分にマイナスのイメージを抱いてしまったり、自分が力不足だと考えすぎてしまったりすることがある。たとえ試みることができたとしても、不安と緊張感に耐え切れず、自分に十分なチャンスを与えないうちにあきらめてしまいかねない。失敗が怖いという人は、運命論的思考や自己成就的予言の犠牲者なのかもしれない。失敗したら罪悪感を抱くだろうと予想し、そのことを強く恐れてしまうと、リラックスできないために本当に失敗してしまうというパターンだ。

こうした傾向を克服するにはどうすればよいのか。まず試みてほしいのは、自分を観察する力を高めることだ。これは、自分を安定した精神状態でゴールまで先導するためである。観察力が高まれば、自分の不安も観察できるようになる。自己を過度に抑制しないようになり、疲れたときでもやる気を持続しやすくなる。

トレーディングに限らず、成績が問われる分野で本当の意味での成功を収めている人々は忍耐力が強く、自分の行動が完了するのを待つことができる。動きたいという衝動が起こっても前の動作が完了するまで待てるのだ。

前述の「ゴールまで先導する」という表現には、行動すべきときを知っていること、そして目標達成は可能だという自信を持って行動できることというふたつの意味が込められている。ゴールまでたどり着けるという自信を持てれば、そして過去の失敗や将来の落胆を恐れるあまり集中力がそがれることがなければ、自分の中に特別な力があり、不可能なことでも成し遂げてしまう情熱やエネルギーがあることを理解できるだろう。前に進もうという努力の土台には、行動が完了するまで待てる忍耐力が存在するのだ。

自分の成功を信じればその分自信が強まり、実際に成功する確率は高くなる。これだけの努力をしたのだから何らかの成果が得られるはずだと期待しているため、不確実性を恐れたり、周囲の視線や反応が気になったりして集中力がそがれることも少なくなる。

これをやれば絶対に勝てるという保証はない。しかし、「自分はビジョンを実現できない」と考えたら、勝つ可能性はほぼゼロになる。能力を試すチャンスすら十分に与えることなくギブアップすることになる。運命や失敗には逆らえないという感覚は、自分は負けるという予想と同等の効果を持つ。もし自分のビジョンを実現したいと思うなら、そんな感覚や予想は絶対に乗り越えなければならない。

不満足な結果に否定的な反応を示してしまうのは人間の常である。しかし、この種の反応は痛みをさらに強める。それならば、不満足な結果が出てもそれが現実だと冷静に受け止めたほうがいい。その内容にこだわりすぎたり、過大な意味を持たせたりするべきではない。そういうアプローチでトレーディングに臨むほうが力が湧き、勢いを持続できるはずである。

結果の善し悪しを心配してはならない。ゴールを目指してただひたすら前進すればよい。自分で勝手にふさぎ込んだり、怒ったり、運命論的な態度に浸ったりしてはいけない。トレーディングには損失がつきもので、損失が生じれば必ず不安も生じるが、そうなってもうつむいてはいけない。不安など、わずかな時間で消えてしまう。「自分にはできない」などと思い込まず、ひたすら前に進むのだ。

失敗したときや計画通りに運ばないときは、進んでその事実を認め、自分と自分のゴールとのつながりを取り戻さなければならない。損失の発生を認めなければ、かなりのエネルギーが合理化や自己正当化に消費されてしまうが、損失をいさぎよく認めれば、このエネルギーを解放し、ほかの場面で役立てることができる。

自分の失敗を認めれば、固い殻に穴を開けて物事の核心に手を伸ばすことができる。そうするためには、現実とはその出来事の反映であって自分自身の反映ではないこと、したがって罪悪感を持つ必要はなく、努力をやめる必要もないことを理解すべきである。現実とは、現在の自分と自分のビジョンとの距離を測る物差しにすぎないと考えればよいのだ。

トレーディングで損失を抱えたら、目的達成のコミットメントを再確認する。そして、目の前の仕事に集中するには何をしなければならないかを考える。これまでの集中力のどこが欠けていたかを考え、修正し、結果を出すために必要なことを着実に実行していれば、損失にもちゃんと対処できる。そうすれば、損失という危機は飛躍のチャンスへと一瞬のうちに変身する。これまでのスタンスを調整し、戦略に何が欠けているかを理解し、目的達成のためには何をすればよいかを把握できれば、ピンチをチャンスに変えることができるのだ。

ピンチをチャンスに変えるために

損失から立ち直るための第一のステップは、失敗が引き起こす感情に対処することである。しかし同じくらい重要なのが第二のステップ、つまり損失を最小限に抑えることである。

本書でもたびたび指摘しているように、利益はできるだけ大きく伸ばし、損失はできるだけ小さく抑えるのがトレーディングで成功する秘訣だ。もちろん、将来の損失解消を期待して損が出ているポジションにさらに資金をつぎ込む（ナンピン買いなど）ような誘惑に屈してはならない。

損失を抱えたら、自分のゴールは何かという原点に立ち返らなければならない。ゴールの到達を妨げる恐れのある損失拡大を未然に防ぐには、どのポジションを小さくすべきかを考えなければならない。脱線せずにトレーディングを続け、損失を抑え、そして具体的な成果をあげるためにはどんな調整をすればよいのか。ゴールというレンズを通してみれば、自ずと見えてくるだろう。

昨年計上してしまった損失を悔やむのは、「覆水盆に返らず」のことわざ通りムダなことだ。つらいだろうが、いつまでもくよくよせず未来に備えなければならない。自分はリスクをどの程度まで許容できるのか。投資可能な資金はどれくらいあるのか。これまでと同じリスクを取ることができるのか――。

このように問われて不安を感じるならば、これまでよりもリスクを抑えるべきだろう。本書で論じたことをおさらいし、何がいけなかったのか、リスクを制御して利益を増やすためにはどんなポートフォリオを構築すればよいのか、考察する必要がある。

投機色の強い市場で絶対に避けなければならないのは、損失を取り戻そうとすることである。ただ、長期保有の投資戦略で売買に臨んでいるから多少の損失は気にならないというのであれば話は別だ。資金の何%をこの戦略に配分できるか、何%までは不安を覚えずにすむか、検討してもよいだろう。

ポイントは合理的になることだ。損失が出たら切る。そして元気を取り戻し、次の攻めに臨む。過去を悔やまず、今日のプランを考える。過去の失敗を反省し、教訓を学び取る。過去はこれからの運用成績を測る物差しとして、戦略を改善するためのヒントとして活用する。過去とはそのように利用するものであり、トレーダーは常に先を見なければならない。

トレーダーを名乗るのであれば、自分がどの程度のリスクを許容できるか知っておかなければならない。この売買で生じうる利益と損失はどのくらいか、そしてこの売買にはどんな意味があるかを常に考え、その結果に従って行動しなければならない。自分がこのプロセスをどのように行っているか評価する、そして自分の失敗にがっかりしすぎないようにする必要もあろう。

自分がパニックに陥りつつあることに気づいたら、それはおそらく保有しているポジションが大きすぎるためである。パニックが収まる水準までポジションを小さくするとよいだろう。トレーディングは我慢比べではない。「万一の備えを怠らない」ことと、すばやく動く能力が問われるゲームである。いったん小さくしたポジションは、風向きが変わればいつでも元に戻すことができる。

負けが込んできたら、好調なときの感覚が戻るまでポジションを小さくすべきである。できれば、銘柄選択や意思決定のパターンの変化が連敗の原因になっていないかどうか綿密に調べるとよいだろう。場合によっては、オーバーナイトのポジションを減らす必要もあるかもしれない。二度、三度の大きな損失に見舞われることは絶対に避けなければいけない。その精神的なダメージはかなり大きく、トレーディングから完全に手を引かなければならない事態も起こりうるからだ。

株式トレーダーのブランドンは、二〇〇〇年一〇月の第四週に空売りのタイミングを誤って大きな損失を出したが、その翌週には立ち直り始めていた。ポジションを小さくしてリスクを管理し、ポジションの数を増やすことでひとつの銘柄で大損してもトレーディングが続けられるようにしたことが奏功した。「各ポジションの規模を小さくしました。そのほうが扱いやすいんです。自分の思惑通りにいかなくても、すぐに手じまうことができます。もっと大きなポジションを持っていたときには、損失が出ると怖くて身動きが取れなくなっていましたが、今はガン細胞を切除するみたいにさっさと損切りできます。気分的にも落ち着いてきました」

トレーディングを行うのはゴールに到達するためであるから、リスク管理もこの観点に即して行うべきだ。そうすれば、うまくいかない日もあるだろうが、長期的にはゴールへの到達を後押ししてくれる。前進するためには、一歩か二歩下がらなければならないということもあるのだ。

ケーススタディ

ポジションを小さくし、損失を抑制する

タッドはアドレナリンがほとばしるようなスリルを好むトレーダーだ。飽きっぽい性格で、トレーディングに必要な下準備をしたがらない。経験も乏しく、自分は長距離バッターだと信じて大物ばかり狙っている。そのため、含み損の発生したポジションを長期間抱え込んだり、特に理由もなく買い持ちにしたり、相場が自分の思惑通りに動くことを期待したり、なかなか利益を確定できなかったりというワナにはまっている。

原因は、彼が欲深いこと、現実を直視できないこと、尊大な性格ゆえに自分の能力を過大評価していることなどに求められる。実際にはリスク管理にあまり一貫性がなく、含み益がでると大きなリスクを取ってこれを帳消しにしてしまう。

ポジションの規模は大きいが、確たる根拠があるわけではない。ファンダメンタル分析をさぼっているので適正な規模を割り出すことができず、ほかの売買で得たわずかな利益をすぐに吹き飛ばしてしまう。このままでは単なるギャンブラーで終わってしまうため、自分の衝動を制御できるように精神的に成熟する必要がある。

タッド　三〇〇万ドルか七〇〇万ドルくらい儲かっていればいいのにね。このところすっかり落ち込んでしまって、元気が出ないよ。

キエフ　落ち込んでいるときには、ポジションを圧縮しろといっても難しいかもしれませんね。おそらく、ホームランをかっ飛ばして一発逆転したいとお考えでしょうが、そうはいきませんよ。私の知っているトレーダーは、それを狙って返り討ちにあいました。相当なプレッシャーを背負うことになりました。

タッド　プレッシャーなら俺も感じているよ。

キエフ　必要なのは自己規律です。自分で自分を律することです。落ち込んでいるとき、自信をなくしているときには売買しても利益はでませんし、逆境から抜け出すこともできません。逆境から抜け出すには、システマチックにやらなきゃいけない。最初の一カ月間は一日二万ドルの利益を目指す、それができたら一日四万ドルに引き上げるという具合です。

タッド それならもうやってる。俺は自己規律のある人間なんだ。

キエラ お言葉ですが、自分の実力を過大評価しているのではないですか？ 確かにかつては大きな成功を収めたそうですが、一貫して利益をあげているわけではないですよね。

タッド 毎日二万ドル稼げるなら、もっと稼いでみたいと思うだろうね。

キエラ そういうのは退屈ですか？

タッド 正直いって、イライラするね。

キエラ たくさん稼げれば自分が優秀であることを証明できる、そうなればいいなと思っているでしょう。

タッド そうだね。その通り。

キエラ 自分ならいくら稼げるか、どれぐらい稼げば気分がいいかという発想はもうやめてください。そういう姿勢では誰も喜びませんよ。

タッド まあ、確かに、ぞっとするときはあるよね。

キエラ 自分は成功したと思うからですか？

タッド いやいや、これまでにやらかした失敗を思い出してぞっとするの。そのたびに、自己規律というか、もっときちんとやらなきゃと思うわけ。わかってる、俺はギャンブラーなの。依存症みたいになってるんだ。自分がデキるところを見せたい、一気に三〇〇〇万ドルくらい稼いでやろうと思っている。今年は途中まではまずまずだった。いけるかなとも思ったけど、悪い癖が出た。うまくいかないもんだね。

キエフ　自分を律してコツコツやるのは退屈な面もあります。でも今のあなたにはそれが必要です。知性をもっと活用して、投資対象企業のファンダメンタルズをもっと理解するようにしてください。

タッドは不満や葛藤の原因を自分でつくり出していることに気づいていなかった。トレーディングのやり方を表面的に変えるだけでは不十分だ。自分の内なる常識が、葛藤や恐怖心をどのようにつくり出して自己防衛の本能を刺激しているか、じっくり考える必要がある。そうしなければ、自分が満足を得るには何をしたらいいか、わからないまま終わってしまうだろう。

損失の発生は避けられない。しかし、損失を取り戻せるか否かは、その損失にどう対処するかで決まる。己の感情を巧みに制御して損失を最小限に抑えられれば、この損失は将来のトレーディングにとって重要な情報源だと考えられるようになるだろう。失敗を反省すればどこを修正すればよいかがわかり、ゴールに近づくためには新たに何をすればよいかが見えてくる。

勝ちパターンを再現する

二〇世紀前半に活躍したスポーツライターのグラントランド・ライスは、「大事なことは勝ち負けではなく、いかにプレーしたかだ」という名言を残した。まさにそのとおりだが、現代の米国にはまだ勝つことにこだわる文化が残っており、勝つこと自体が目的化している。負けることや勝てないときの気分の悪さを恐れるあまり、トレーディングそのものを避けるトレーダーがいるのはそのためである。

敗北を恐れる気持ちが問題を招くことは誰にでも理解できるだろうが、実は勝利もさまざまな問題を引き起こす。負けると気分が落ち込んでしまうのと同様に、勝つと気持ちが舞い上がってしまい、集中力がそがれてしまうことがあるのだ。

トレーダーは勝ちを収めると自分を高く評価するが、これが誇大妄想につながってしまうことがある。エネルギーがみなぎった気分になって眠気を感じなくなったり、話し声が大きくなったり、「ハイ」になったりすることもある。この状態になると、目標達成につながる行動も、単なる楽しみのための行動も活発化することが多く、好ましくない結果を招くこともある。例えば、相場の波に乗って大儲けをしたトレーダーが、勢いに任せて高級車を買ったり豪邸を建てたりして、その後の運用成績の低迷で維持費を捻出できなくなったという話は少なくない。

あるトレーダーは次のように話している。「成功するのは簡単です。問題は、その成功に酔ってしまわないか、自分が絶対に失敗しないと思い込んでしまわないかという二点でしょう。自分の力を過大評価してしまう、同じようにやっていればいつも同じように成功すると思い込んでしまうことが怖いのです」

成功すると自己満足を覚え、勝利をもたらした戦略を軽視したり、トレーディングそのものに飽きて強みを失うこともある。また、成功するとコミットメントが報われたとか自分には能力があると過信したり、今さら負けるわけにはいかないと注意深いトレーディングに切り替えることもある。損失を出すのはかっこ悪い、弱みを見せることになるといった心理が働くためだ。リスクを取ると本当の実力が明らかになってしまうと考えるトレーダーもいるかもしれない。

そのため、トレーディングが退屈になったり、ついには手を引いたりするようになったら、それを記録しておくと役に立つ。自分は何らかの障害に直面しているのか、「かっこよく見せたい」という内なる常識《ライフプリンシプル》を働かせて現実から逃れようとしているのではないか、それとも、自分はすでに目標を達成したのでもっと大きなことに挑戦する必要があるのではないか、などと自問するのもよいだろう。

フィリップというトレーダーは、成功したために大変な問題を抱え込んでしまったと述べている。

「私は損切りがうまかったんです。でもあるポジションで利益が出ると追加投資で大きなリスクを取ってしまい、大損してゼロに戻るというパターンを二、三度繰り返しました。三〇〇万ドルとか四〇〇万ドルの利益が出ても、そんな具合で失いました。調子がよくなるたびに自己満足に陥っていたんですね。これからは利益が出る可能性と損失が出る可能性をしっかり天秤にかけ、適切な量のリスクを自信を持って取るようにしたいと思います。自分の利益目標と比べて過大なポジションは取らないということです」

結果にこだわりすぎる弊害

結果にこだわりすぎると、トレーディングの成功と自分自身のアイデンティティとの区別があいまいになり、柔軟性や創造する自由を失ってしまうことがある。どんなコストを払ってでも成功したいと考えていると、過大なプレッシャーを感じ、自分のイメージや他人の目ばかりが気になって、成功してもほとんど満足を得られないこともある。勝つことばかりに気を取られると、結果を重視しすぎてしまう。失敗するかもしれないという恐怖は、自己成就的な予言となって失敗の可能性を押し上げる。失敗を恐れるあまりやめたいという気持ちが強くなったり、緊張して思ったような成果が出せなかったりするのだ。

勝った後で感じることの多い「負けることへの恐怖」は、トレーダーを負けパターンに追いやったり、利益の最大化を妨げたりする危険性を秘めている。含み益ができて失敗したくないと思い始めると、トレーダーはポジションの積み増しをためらうものだが、実はこのときこそポジションの規模を大きくすべきである。目標を達成するためには、「損は切って利は伸ばせ」という相場の格言を実行しなければならない。

相場が自分の思惑通りに動いているときには、ポジションを少しずつ大きくし、リスクを取る能力を少しずつ発揮する必要がある。そうすれば自信が深まり、大きな損失を被る可能性を恐れずに大きな売買が行えるようになる。乗り越えなければならない最大の障害は、大きな損失に対する恐怖感であるが、ポジションの規模を大きくすれば大きな損失を出す可能性も当然高まる。ポジシヨンを少しずつ大きくすることで、この恐怖感を徐々に克服するほうが賢明だろう。

トレーダーのマットはこんなことを口にした。「調子がよければ積極的にポジションを積み増す。利益の出ているポジションは少しずつ大きくするべきだ。常に動き、利益を確定したいという感情とも戦う。調子が悪いときは、そのことを率直に認めて手じまうべきだ。いずれにしても、精神面でかなりの努力が必要だ」

マットの話は、トレーディングに取り組むときは常に冷静でなければならないことを改めて強調している。勝利を収めた後も、あらかじめ決めた量を超えるリスクを取ってはならない。集中力を欠いてしまうリスクがまだ残っているからだ。

かつてサンフランシスコ・フォーティーナイナーズで活躍したクオーターバック、ジョン・ブロディは、勝利というものを注意深く観察したスターでもあった。彼のスタンスは、前出のグラントランド・ライスの名言「大事なことは勝ち負けではなく、いかにプレーしたかだ」と、アメリカン・フットボール界が生んだ偉大なコーチ、ヴィンセント・ロンバルディの格言「勝利こそ唯一絶対である」との中間に位置する。一九七四年に出版された彼の自伝には、次のような一節がある。

プレーするのは勝つためだ。そればかりは疑う余地がない。しかし、勝つことが最大かつ唯一の目的だとしたら、負ける確率も十分にあることを承知しなければならない。勝つ確率が最も高くなるのは、ゲームに全身全霊を傾けることを第一の課題に掲げるときである。熱意を持って臨むことが重要なのだ。私自身、熱意を持って臨んだゲームでは最もいいプレーを見せることができたし、ゲームを楽しむことができた。勝利を収める確率も高かった。たとえ負けても、全力を尽くしたうえでのことなので、敗北にうまく対処することができた。実際、敗北にうまく対処できない人は、大きな勝利を収めることはできないだろう。負けることは容易ではない。だが、全身全霊を傾け、あらゆる能力を使って最高のプレーができたのであれば、勝っても負けても悪い気はしないものだ。

ケーススタディ

利を伸ばす

スタンリーは、企業のファンダメンタルズを重視する長期投資ファンドの運用担当者だが、最近になって短期売買の手法を取り入れた。

最初に心がけたのは、下落傾向にある銘柄の買い持ちポジションを手じまうことだった。損失抑制を狙ったこの努力は実り、運用成績の悪化を防ぐのにひと役買ったが、副作用も出てきた。自分の思惑通りに値上がりしている銘柄の買い持ちポジションを長期間保有できなくなってしまったのだ。損失を避けたいという思いが高じて早々と利益を確定し、得られるはずの利益をみすみす逃してしまうのである。彼はこの現象を観察し、トレーディングにはいろいろな側面があること、そしてそれを分けて考える必要があることを見出した。

「私は今、ＸＹＺ社を六万株売り持ちにしていますが、本当は三〇万株の売り持ちにすべきなんでしょうね。悪い数字が出ると考えて決算発表前に空売りしたんですが、株価が思ったほど下がらなかったので、数万株買い戻したんです。決算発表前の株価は二八ドルでした。今は二〇ドルですから、なんと四〇％のリターンです。私は二四ドルとか二五ドルでスタートしましたが、少しずつ買い戻して利益を確定したので株数が減ってしまいました。これでは大きな儲けはありません」

「株価が上昇に転じて利益がなくなってしまうのが怖かったんです。三日か四日、まったく値下がりしなかったときには特に不安で、しくじったかなとも思いました。今日も値上がりしていたので、手じまいする寸前までいきました。変ですよね、ファンダメンタルズは一向に改善されていないのに」

スタンリーは非常に重要なポイントをついている。ファンダメンタルズは悪いが、市場では短期的な思惑が働いていて株価はむしろ上昇している。彼はそのことを承知で参戦したいと思っているが、損失が怖くてなかなか足を踏み出せない。

実際、トレーディングで最も難しいのは、本物のトレンドを見つけだし、タイミングよくそれに乗ることである。長期的なファンダメンタルズがよくても悪くても、その点は変わらない。ところが、ファンダメンタルズを重視する長期投資のトレーダーは、これがなかなかできない。割安な価格で買って保有し続けるのが好きなため、たとえ大きな利益が得られるとわかっていても、頻繁な売買をやりたがらないのである。

キエフ　値上がりしたら売り持ちポジションを増やせばいいじゃないですか？　もうある程度の利益は確定できたわけです。二五万株で始めて、今は六万株ですよね。少し値上がりしたら、また売りを仕掛けてみてはどうですか？

スタンリー　いや、同じアイデアで再度大きなポジションを持つつもりはありません。今は手じまいするタイミングを待っているところです。

キエフ　どんな売買にもチャンスはありますよ。

スタンリー　一日を寄り付きと中盤、そして引けの三つに分け、一日を三日とみなすという話がありますよね。しかも、それぞれの間にチャンスがたくさん潜んでいるというのだけど、私はまだそういう考え方ができない。昨日の取引はまだうまくいっているし、私は今、明日の取引に備えている。本当なら目の前の相場を観察してなければいけないんですが……。私にとっては、同じ銘柄なら四九ドルでも四七ドルでも同じなんです。

キエフ　トレンドに沿っていけば何回でも売買できますよ。

スタンリー　私が売り持ちにしている銘柄は下落基調にあります。私としては買い戻して利益を確定したいところですが、あなたはもっと売れとおっしゃるのですね。

キエフ　達人トレーダーなら間違いなくそうするでしょう。大事なのは株価の動きと相場の活気が読めるようになることです。その銘柄、流動性は高いんですか?

スタンリー　一日で平均一〇〇〇万株できます。こういってはなんですが、自分が腹立たしいですね。ポジションを大きくすべきときに手じまいするなんて。

キエフ　そういう怒りの感情はさらりと受け流してください。自分の感情ではなく、目の前にあるチャンスに集中してください。いいですか、自分を責めても運用成績はあがりません。それに、自分はトレーディングのことで頭にきたとか、落ち込んだとか周囲に話してはいけません。同僚と顔をあわせるたびに「まだ落ち込んでるのかい」と聞かれ、知らず知らずのうちにそのときのことを思い出してしまい、落ち込み続けてしまうからです。感情は感情として認識し、すぐにさらりと受け流すのが得策です。トレーディングとは切り離すようにしてください。

スタンリー　なるほど、おっしゃるとおりです。私はすぐに手じまいしてしまう傾向があります。

利益が出ているのならもっと長くポジションを持つべきなのですが、なぜか続けられない。それに例のポジションも、今日二一ドルに上昇した時点で大きくできたんですよね。

キエフ　要はバッターボックスに入ってバットを振ればいいんです。空振りしたら、今度値上がりしたときにまた振ればいい。売買するチャンスはいくらでもあるでしょう。

スタンリー　懲りずに何度も振るということですね。なるほど、そういわれてみると、今まではリンゴをひと口かじっただけで捨てていたような気がします。何度かじってもいいわけですね。あ、株価が二〇ドル四〇セントを割り込みました。二一ドルで買い戻さなくてよかった。利益が乗っているポジションは長く持たなければならないし、もっと大きな数字に慣れるようにしなければなりません。この銘柄は今日だけで一三〇〇万株できていますが、午前中は二五セントしか下がりませんでした。ナスダック総合指数が一・五％上昇したからでしょう。おかげで高く売れるわけですが、この二五セントのうちどの程度が銘柄固有の事情によるもので、どの程度が市場全体の影響を受けているものなのか、ちょっとわかりませんね。

キエフ　あなたはどう感じているのですか？　周囲の人の見方に影響されていますか。あなたが利益を確定したいと思うときには、ほかの市場参加者も同じように思うのでしょうか？　もしそうだとしたら、自分の反応を手がかりにして、同じ状況におかれているほかの市場参加者の行動を推し量ることができるかもしれませんね。

スタンリー　なるほど。考えてみます。

キエフ　同じトレーディングルームに経験豊富なトレーダーと、そうでないトレーダーが入り混じって仕事をする価値は、こういうときに発揮されます。達人トレーダーは、間近にいる人の反応を読み取ることで、市場全体の反応を読み取るからです。これも情報なんです。

スタンリー　それはどうでしょう、単なるノイズを分析しているようにも聞こえますが。

キエフ　いいですか、あなたの反応は他人の行動に対するシグナルです。株価が上昇するとショート・スクイーズが生じますよね。この点を考慮して、お金がどう流れるか考えてみましょう。誰が売り手に回り、誰が買い手になるのでしょうか?

スタンリー　私は以前、最悪の状況から脱するためには「とにかく売買しなければ」いけないという精神状態にありましたが、それを超えなければなりませんね。この精神状態のせいで、長期間保有すべきポジションを早々に手じまいしていたのですから。損切りは必要ですが、利益の出るポジションまで切ってはいけないのです。確かに、五％を超える損失は出したくないのですが、今のままでは五％を超える利益も出ません。損を切って利を伸ばすよう心がけなければなりません。

上昇相場がまだ続いていると思っているのかもしれません。含み損を抱えた買い持ちポジションを売却するよりも、売り持ちポジションを買い戻すほうがはるかに早いのは、きっとそのためでしょう。含み損のある買い持ちポジションは結構長く持てますから。

でも、私はかなり上手に空売りしていると思います。市場全体が今年に入って六％下落しているのに、私は損益トントンでいられるのですから、昨年に比べたらかなりの進歩です。今なら、差し引きで一二〇〇万ドルの売り持ちポジションを持つことができます。あとは、早々に利益を確定しないようにするだけです。

キエフ　そうですね。ただ、売り持ちポジションをどれぐらい長く持ち続けられるか、測っておく必要があるでしょう。不快感にどう対処するか、大きなポジションにどう対処するか、考えておくべきです。もっとも、最初の一五分間は手数料のことが気になってしまうかもしれませんが。

スタンリー　わかりました。例えば、売り建てた価格より一ポイント下落したら半分買い戻し、二ポイント下落したらすべて買い戻す。逆に一ポイント上昇したら、すべて買い戻して手じまいする。そのまま上昇する場合には買い持ちにする、という感じでしょうか？　もっとも、上昇する途中で買い増すのは不得手なので、最初に多めに買うようにします。このあたりは好みの問題でしょうか？

キエフ　すべてファンダメンタルズ要因で株価が動く場合にやってください。うわさで株価が下がっている場合には、買い戻しを少し遅らせるほうがいいかもしれません。

潜在的な能力を発達させるチャンスは自分の中にある。この眠れる資源を利用するカギは、新しい知識や技能を得ることではなく、生まれつき備わっているのに十分に活用されなかった独特な力を、あるいは何らかの理由で抑えられていた能力を活用することにある。

そのためには、目標達成を邪魔するもの（実は自分自身がつくり出しているわけだが）が何であるかをまず認識する必要がある。そうすれば、世間の期待に応えるための無駄な努力をやめ、創造性豊かな自分自身を表現するための有意義な活動にエネルギーを注ぎこめるようになるだろう。

計画を思い出す

大きなゴールに到達したいというコミットメントを抱いていれば、エネルギーやバイタリティが湧いてくる。疲れたり飽きたり、失敗したりしても立ち直ることができる。ビジョンを実現するというコミットメントがあれば、望んだ成果が得られないときのいらだちや怒りを乗り越えることができる。ビジョンの実現に必要な行動を取らせてくれるという意味で、コミットメントは自己の成長の土台を築いてくれるといえるだろう。

しかし、コミットメントに問題がないわけではない。ビジョンを実現するというコミットメントを行うことは、自分の弱さを表にさらす危険な行為でもある。確かに、そういうことがある人生のほうが、痛みと不快感を避けることを最優先する人生よりも活気があって面白いだろう。しかし、コミットメントは成功ももたらせば失敗ももたらす。よいことばかり運んでくるわけでは決してない。

将来がどうなるかを予測することはできないし、自分が将来何をつくり出せるかもわからない。とはいえ、過去から将来を予測することよりも将来から何かをつくり出すことのほうが力がある――創造的に考えれば、このふたつの可能性を受け入れることができるだろう。そして不確実性とともに生き、状況（ビジョンを実現するうえで欠かせないもの）をつくり始めるだろう。先入観に支配された人生ではなく、コミットメントがつくり出した出来事と関わっていく人生を送ることになるだろう。

一九世紀のドイツの数学者ガウスは、「答えはずっと前からわかっているのだが、どうすればそこにたどり着けるのかがまだわからない」と語ったとされている。答えやビジョンに続く道は、前進しているうちにおのずと見えてくるものなのだ。

自分がどんな状況にあるかを正直に語り、ビジョンの実現を再度誓う。そうすれば自分がどの方向にエネルギーを投じればよいかがわかり、新しいアプローチや答えを探る創造的なエネルギーを活性化することができるだろう。いい換えれば、予定していた成果があがっていないことに真正面から向き合い、これから何をやらなければならないかを考える意思を持てるということだ。

コミットメントは義務ではなく、チャンスである。そもそも、現実の成果にいらだったり浮かれたりする必要はない。コミットメントとは、完全な人間になるために成果をあげようとすることではなく、ビジョンを持つことによって完全な人間になろうとすることなのだ。

成果とは、コミットメントの目安にすぎない。もし成果をあげられなかったら、自分の行動に何が欠けているかを調べる必要がある。そうすれば、成果を出すのに必要なものを集め、自分のビジョンを表現するのに必要なことを始められるようになる。偶然的な要素や周囲の人の意見に頼らなくてもすむようになる。

成果にこだわりすぎてはならない。一定の成果を収めたからといって小躍りしてはいけないし、収められなかったからといって失望してはいけない。成果と呼ばれるものは、自分がどの程度うまくやったか、何が欠けているかを教えてくれる物差しにすぎない。

確かに、大きな目標を掲げた場合には一時的に悪い結果が出ることがある。また、結果と自分自身を混同し、よい結果が出るのは自分の能力が高いからだなどと考えてしまうこともあるだろう。しかし、達人トレーダーは結果を見ても一喜一憂しない。このままでも自分のビジョンを達成できるか、戦略に欠けているものはないかを確認するひとつの材料とするだけだ。トレーダーは結果と目標とを比較してその格差にがっかりしてしまう傾向があるが、達人トレーダーはそんなワナにはかからない。

達人の域に達するということは、問題の発生を抑えることではない。問題に取り組む意欲を持つこと、今の自分と将来なりたい自分とのギャップを生きることである。困難をつくり出せば、期待以上の成果が生まれるものだ。また創造力の最も優れた部分は、仕事が終わりに近づいたころにようやく姿を表わすことが少なくない。科学の歴史をひも解けば、研究者たちが「もうこれ以上はわからない」と思ったころに多くの発見がなされていることがわかるだろう。

何らかの成果を得るためではなく、自分を表現する一環としてトレーディングに取り組んでいるのだと思ってほしい。ここで得られる成果は、自分がコミットメントしているか、内なる抵抗を克服して自分を表現できたかを示す物差しでしかない。間違っても、自分という人間の価値を示していると は考えないでほしい。望んだ成果が得られなかったとしても、そのことで自分を責めたり貶めたりしてはならない。

第10章　データ分析には何が必要か

ビジョンが行動を促す

アダムはトレーダーとして成功を収めながら、当初から「自分は大成しない」と密かに考えていた。私が尋ねても認めようとしなかったが、自分自身を信頼できなかったのである。

この恐怖感ゆえに、彼のトレーディングは受け身なものになっていた。自分の力が成功をもたらすわけではないとの見方がいつの間にか染みつき、積極的に行動する意欲をそぎ、成果が向こうからやってくるのを待つ姿勢を形づくった。期待した成果がやってこないとアダムは憤慨し、無力感を覚え、高い評価を受けていないことにがっかりして、ますます受け身な姿勢を強めていった。

結局、アダムはトレーディングから足を洗った。何とか成功しようと努力したが、成功するはずはないと信じ込んでいたために成功できなかったのだ。

このエピソードは、受け身な姿勢、あるいは「運命」に自分を委ねてしまう傾向があると失敗する可能性があることを物語っている。しかし、逆に前向きなビジョンを持ち、現在を積極的につくり出すようにすれば、目の前にある瞬間は可能性の空間へと変化する。目の前で起こった出来事にも迅速かつ的確に反応できるようになる。ビジョンがあれば、経験という名の混沌から秩序を導くことが可能になり、これからの行動の指針も得られるようになる。

ビジョンを実現しようとコミットメントすることとは、自らの売買に「責任」を負う決断を意識的に下し、それにしたがって「行動」することである。また、ビジョンに沿って行動するという決断は、過去の経験や現在の知識に基づいて行うのではなく、自分の中に秘められた能力から何かをつくり出すパワーを頼りに行うものである。ここでも、何らかの成果を残してやろうという意識が必要になる。

そのような意識を持てたら、次に必要なのはトレーディング方法の見直しである。特に重要なのがデータの分析である。私はこの作業を、トレーディングでもっと大きなリスクを取るために必要不可欠な下準備だと認識している。ポジションのサイズを調整するためには、投資対象である企業の内容を理解し、ニュースや新製品の発表、決算発表などの材料が株価にどんな影響を及ぼすかを把握しておかなければならない。

そこで本章では、トレーディングの心理とは若干離れるかもしれないが、トレーダーが勝つ確率を最大限に高めるための必須条件として、データ分析に焦点を当ててみたい。

データ分析の重要性を知る

トレーディングで大きなリスクを取るためには、投資対象のファンダメンタルズと市場全体について理解しつつ、信念を持って売買する勇気を持たなければならない。また自信を持ってポジションを大きくするためには、データをたくさん集めて整理し、トレーディングに役立てなければならない。まとめていうなら、次の四点を満たす必要があるだろう。

①相場の先を読んで売買できるように、情報面で優位に立つ。
②データで裏づけられる仮説を立てる。
③情報源の質を評価する。
④手元のデータを鵜呑みにせず、市場に出回っているほかのデータと見比べながら売買する。

リスクというものを理解しているトレーダーは、企業の決算や業績見通しに注意を払い、その業績がライバル企業との相対的な関係にとってどの程度重要か分析しようとする。企業間の違いをしっかり認識しており、わずか一日の値動きや「ノイズ」だけで売買することはない。「投資先の企業との対話を欠かしたことはありません。対話をすることで、その銘柄を持ち続ける自信が生まれるのです」。株式トレーダーのブレットはそう語る。「株価の動きに振り回されたり、需給バランスのわずかな変化による値上がりや値下がりに惑わされたりすることとのないよう心がけています。企業との対話を通じて自分の見方を確認する。これが私の強みですし、今後も大事にしたい。つまり、資金の流れや市場参加者の心理、業績などすべての要素を考慮したうえで総合的に判断したいのです」

トップクラスのトレーダーは、投資対象企業のバランスシートと決算、成長性などに注目する。同業他社と比較し、割安か割高かを判断する。景気の現状や重要な景気指標、金融政策の方向性、エネルギーをはじめとする原材料の価格動向などをチェックする。足元の市場の性質も読み取る。ファンダメンタルズを重視する相場なのか、マクロの景気指標を重視しているのか、それとも雰囲気だけで動いているのかを判断するのだ。さらに、株価を動かしそうな短期の材料にも目を向け、その影響度を計算する。例えば、まもなく開かれるコンファレンスで好材料が出ると予想されれば、二、三日のうちに株価が上昇する可能性がある。

トップクラスのトレーダーは、こうした情報を自分の過去の経験と照らし合わせたうえで、感触を得るための売買を行う。このときの株価の動きで需給の状態を（買い注文主導なのか売り注文主導なのか）、ほかの投資家やトレーダーの見方を探るのである。そして、どの程度のリスクを取ればどの程度のリターンが得られそうかを検討する。

このリスクとリターンの比率が基準内（例えば三対一）であれば、実際にポジションを持つことになる。もちろん、その際にはポートフォリオ全体とのバランスを取るよう注意する。差し引きでどの程度売り持ち（または買い持ち）になるかを確かめ、必要があればヘッジを行う。ほかの銘柄で逆のポジシヨンを持ったり、オプションを利用したりして下落リスクを小さくするのだ。

重要な情報を見極める

トレーダーは売買に臨む前に、どの程度の量の情報を集めて分析するべきだろうか。もちろん少なすぎてはいけないが、多すぎるのも問題だろう。情報収集に時間がかかって肝心のトレーディングがおろそかになったり、銘柄を選んでいる間に決定的なチャンスを逃してしまったり、選択肢が多くなりすぎて決定マヒに陥ってしまったりするからだ。したがって、少なくはないが多くもない、適度な水準が存在するといえよう。しかも、その水準はトレーディングのスタイルによって変わる。

短期的な株式トレーディングを行うなら、企業のファンダメンタルズを深く掘り下げて学ぶ必要はない。むしろコンファレンスや新製品の発表、決算発表、投資家向け企業説明会（いわゆるロードショー）など、短期的な相場の材料が出そうなものに着目したほうがよいだろう。もちろん、日々の値動きにも注意を払う必要がある。

長期の「割安株」投資のトレーダーは、日々の値動きにいちいち反応しないのが普通だ。しかし、株式保有のリスクを高める要因はこちらのほうがはるかに多い。長期投資は会計制度の問題や各種の構造問題など、ファンダメンタルズの影響を大きく受けるためだ。したがって、短期であれ長期であれ、投資対象企業の事業内容を検討し、問題点を的確に把握することが重要だ。

聡明なポートフォリオマネジャーのジェイは次のように話してくれた。「株価というものは、その時点で入手できるデータを反映しており、重要なデータの変化に伴って変動する。そのため、どの銘柄にどんなリスク因子が影響を及ぼしうるか、あらかじめ把握しておくべきだろう。決算、ビジョンの崩壊、競争相手の台頭など、リスク因子は企業によって異なる。どんなリスク因子があるのか、それに対する自分の見方が市場コンセンサスと異なる場合にはどうすべきか、掘り下げて考えておかなければならない」

「リスク因子の重要度は、その銘柄に対する人々の見方を変える力の大きさで決まる。トレーダーはここに着目すべきだ」

「たいていは決算がそれにあたるが、経営者のビジョンが問われることもある。要は、株式の価値にとって重要なものは何かということだ。また、人々の期待にとって重要なものは何かという視点も必要だ。どんな要素が四半期の売上高や一株当たり利益（ＥＰＳ）に影響を与えるか、把握しておくべきだろう。損失を限定して利益を伸ばしていくカギは、ありとあらゆる分析を駆使することにあると思う」

「事業の内容、事業計画、ライバルとの関係、景気循環との連動性、在庫変動、相場の材料など、市場における企業価値評価に必要な変数を理解すればするほど、その銘柄のトレーディングで成功する可能性は高まる。しかし、そうした分析が自分の見方にとって重要か、その企業が直面する現実を理解するうえで役立つかどうか、確かめておく必要があるだろう」

「例えば、米国では二〇〇一年二月に、ＦＲＢは政策金利をさらに〇・五％引き下げるとの見方が広まった。利下げは結局見送られたが、景気変動と株価との関係を理解していれば、自分が保有する銘柄への影響もあらかじめ予想できただろう。もし食品株を保有していたら、FRB議長が次回の連邦公開市場委員会（FOMC）を待たずに〇・五％の利下げに踏み切るという観測を聞いた段階で、食品株の値下がりを予想しなければならない。食品株はディフェンシブ（防衛的）であるため、資金がハイテク株や金融株に逃げてしまうからだ。また、その値下がりは一〜二日しか続かない可能性もあるため、FRBのデータに注意を払っていれば、FRBが一月に政策金利を〇・五％引き下げた段階で、食品株を空売りすることで大きな利益が得られたかもしれない」

「こういうことは、過去の値動きをチャートで見て考えるとよいだろう。それから、買掛金の支払いサイトが延びていないか、顧客がその会社の商品購入に慎重になっていないか、調べるとよいだろう。労を惜しんではだめだ。その会社が持つ技術に詳しい専門家の話を聞くのもよい。その会社が属しているセクター全体にも目を配りたい。重要な統計の発表はないか、月の初めに大量の資金がそのセクターに流入することはないか、注意するとよい。常に情報を収集し、迅速に動けるよう備えるのだ」

ビジネスモデルを理解する

どうやって収入を得て、どうやって利益を生むかという「ビジネスモデル」を理解することは、売買のリスクとリターンを推し量るうえで役に立つ。具体的には、次の三項目についてできるだけ情報を集めるとよいだろう。

▽事業の内容と基本的な前提条件
▽利益の計上方法と、事業拡大のための資金調達に関する計画
▽そのセクターで事業拡大の決め手となる要素と市場での競争力

分析によって事業のやり方に問題点があるとわかったら、株価が一時的に上昇した場面で売り持ちにすることができる。また、世間一般の評価は高くても、トレーダーが詳しく調べると逆の結果が出ることはあるものだ。もしその会社がビジネスモデルの不備を隠そうとしているのであれば、いくら高い評価を受けていても、結局は剥げ落ちてしまうだろう。

ケーススタディ

ビジネスモデルを分析する

興味を持った企業のビジネスモデルと利益を生む潜在力を理解したら、競争相手や経済環境

など事業の成功に影響を及ぼすほかの要因についても調べるとよいだろう。これはつまり、企業が今どんな判断を下しているかを知ることにほかならない。経営陣は自分たちのビジネスを本当に理解しているか、株価に影響しうる外部要因について把握しているかどうか、考えるということだ。

その企業とライバルとの相対的な関係を知ることも重要である。その企業の長期的な将来性はライバルと比べてどうか。成長著しい業界のトップ企業なのか。チャンスをいち早く見つけてリーダーシップを奪おうと果敢に行動した企業はどこか。ぜひ調べるべきだろう。

トレーダーがリスク評価を行う際に重要なのは、実体のある事業を展開している企業と、ウォール街のリポートで株価が上昇しているだけの企業とをしっかり区別することだ。バブルのころに多数生まれたインターネット関連企業には、お粗末なビジネスモデルしか持たないものが数多く含まれていた。

インターネット関連株に詳しいピーターは次のように解説している。「ドットコム企業は一九九九年にかけて急増し、大成功を収めるものも出た。ところが、二〇〇〇年になると大半がバブルでしかないことが判明した。目もくらむほど高いPER（株価収益率）は投機資金の大量流入によるものであり、実体に基づいたものではなかったのだ。達人トレーダーはこの投機の波に乗ってひと儲けするかもしれないが、行き過ぎた投機が持続しないことを承知しているため、適切なビジネスモデルを持たないことが露呈すると、さっさと利益を確定するだろう」

「なぜビジネスモデルが思ったとおり機能しなかったか、疑問に思うことが大切だ。トレーディングにあたっては、それほどのリスクを負う必要があるか否か、十分調査して判断しなければならない。できすぎた話を信じたり、ビジネスモデルの評価をはしょったりしてはならない」

「値下がりしたからというだけで買ってはならない。なぜ値下がりしたのか、企業として存続できるのか、しっかり調べなければならない。ビジネスモデルをしつこく吟味する癖をつけておくべきだ」

企業訪問で得られる情報がいかに価値あるものかを熟知しているジムは、興味深いエピソードを披露してくれた。「私たちのチームは、二〇〇〇年に携帯電話会社の空売りで大きな利益を手にしました。携帯電話会社は、第三世代携帯電話の事業免許を大変な高値で落札したのですが、投資家はこの問題になかなか注目せず、株価も割高な水準にとどまっていたからです」

第三世代携帯電話の事業を営むには免許が欠かせないが、多額のシステム投資が必要となるため企業価値の大幅向上につながるビジネスではなかった。ジムはそのことを理解していたため、一般の投資家がブームに乗って通信株を買い上がる一方で、売りに回った。やがて携帯電話会社の株価は軒並み下落し、ジムは大きな利益をあげた。いくつかのデータのおかげで周囲とは逆のポジションを持つ自信がつき、大きな成功を収めることができたのだ。

　この種の調査活動により、トレーダーはふだんよりも大きなリスクを取ることができるようになる。一見そっくりな企業でも、しっかり区別できるようになる。あるトレーダーはこんな話をしてくれた。

「トレーダーは銘柄間の微妙な違いを認識しなければならない。これはある意味でワインに似ているね。初心者は赤ワインと白ワインの区別しかつかない。ところが、いろいろ飲み比べていくうちに、フランス産とアメリカ産の区別がつくようになる。同じフランス産のボルドーとブルゴーニュの違いがわかるようになり、ブドウ畑の場所や年代までわかるようになる。ワインを理解するにつれて、微妙な違いが少しずつ見えるようになるわけだ。株式投資も同じだ。私自身はできるだけ企業のことを理解したいと思っている。アナリストの書くリポート以上のことを知りたいと思っている。ポジションを持っている期間が長ければ長いほど、その銘柄に対する分析や知識を深める必要も出てくる。その銘柄に投資し続けるのであれば、ちゃんとした理由が必要になるからだ」

　プロのトレーダーやアナリストだからそんな時間があるんだ、と読者は思われるかもしれない。しかし、最近はごく普通の投資家でもかなり詳しい情報を入手できる。あるアマチュア・トレーダーは客船運行やホテル経営に携わる企業に興味を待ったため、ホテルの支配人や旅行会社の経営者の話を聞いて回った。またインターネットで情報を集め、現在の経済環境でこうした企業がどのようにやっていけるか考えているという。証券会社が得意客にだけ配布するアナリスト・リポートなどなくても、誰でも利用できる情報源だけでかなりのことがわかるのである。

つまりプロであろうとアマチュアであろうと、短期的ではあるが重要な出来事や、株価に短期的に影響を与えそうな材料について調べれば、リスクをうまく管理できる。値動きのいい銘柄を探し回ることよりも、こちらのほうがはるかに重要だろう。

相場の材料に注意を払う

トレーディングのリスクを低減するには、相場の材料に十分な注意を払う必要がある。たとえば、決算や生産量削減の発表などはその企業に対する市場の見方を大きく変え、株価を動かす力を秘めている。トレーダーが欲しがるデータも提供してくれる。

あるトレーダーはこう語ってくれた。「企業のガイダンスにはできるだけ注目すべきだろう。今度の決算は事前の予想よりも良いのか悪いのか、大まかな見通しを示してくれるからだ。決算に対する市場の期待が高いときには、決算発表を受けて市場が失望する恐れがある。そこで企業はガイダンスを通じて、あまり期待しないようにというメッセージを市場関係者に送る。逆に、市場の期待があまりにも低いと、決算発表で株価が急騰してしまうことがあるので、悪い決算にはならないこともあらかじめ伝えておく。優秀なトレーダーなら誰でもこの点を承知しているはずだ」

ケーススタディ

相場の材料を理解する

二〇〇一年一月。自動車見本市でのアナリスト説明会を控えて、自動車株が値上がりする場面があった。しかしノエルは、数週間もたてばこの値上がりは消えてなくなると読んでいた。彼独自の分析によれば、自動車メーカーのファンダメンタルズは悪かった。最大二〇％という生産台数削減計画が実行されれば、かえって利益は減少し、自動車セクター全体が第1四半期の利益捻出に苦労すると思われた。

また、アナリスト説明会に出席したミューチュアルファンドの運用担当者たちから、自動車株を買いたいという声がほとんど聞かれなかったことも重視した。最近はレイオフが増えて消費マインドがますます冷え込んでおり、乗用車の需要も減り続けるという読みもあった。業界全体の自動車販売台数が上昇を始めない限り、自動車株は普通の投資家の関心を集めないという経験則もあった。

ノエルはその一方で、自分の読みがはずれる可能性も一〇％程度あると考えていた。もし一月から四月までの自動車販売台数が年率換算で一五〇〇万台前後の水準を保てば、投資家は第2四半期の生産計画が上方修正されると予想し、年後半の景気回復を先取りするために自動車株を買い始めるだろうというわけだ。

この分析をもとに、ノエルは複数銘柄の空売りを推奨した。ここには、株価が急騰したが五〜八ドル下落する余地がある自動車部品会社も含まれていた。減産計画をしっかり立てられない自動車メーカーへの依存度が高すぎるうえに、樹脂の値上がりの影響をもろに受けるというのがその理由だった。同様に値上がりしていたタイヤメーカーの売りも推奨した。タイヤの買い替え需要が伸び悩みそうなこと、完成車の減産も痛手になることなどを嫌気したものだ。

金融機関に勤めていない普通の投資家がこうした分析に触れられる機会は少ないかもしれないが、悲観することはない。インターネットで情報を収集したり、企業の顧客サービス係に電話して問い合わせてみたり、自分がよく知っている企業の株式をトレーディングや投資の対象に選んだりすれば、プロとの差はある程度縮小できるだろう。

相場の材料とは、株価を短期的に動かしうるニュースやデータのことである。ポジションの保有期間を短くすることで大きなリスクを上手に取りたいというときには、こうした材料に着目すればよい結果が得られるだろう。

目立たないデータの裏を読む

大きな目的を達成したいなら、ウォール街の分析よりも高度な分析が必要だ。これを手に入れるためには、決算などの数字から一度離れてみるとよい。業績報告書や説明会、インターネットなどからできる限りの情報を集める一方で、幹部や経営者の話を聞くのである。株主総会やテレビ番組など、話を聞く機会は結構あるものだ。

このとき重要なのは、話を額面通りに受け取らず行間を読むことである。その場で「話に出なかったこと」が最も役に立つデータであることも少なくない。経営者の表情や身体の動き、物腰などから本心や真実が垣間見えることもある。トレーダーであればこうした隠れたデータを見つけだし、投資対象の評価に利用できるようにしたいところだ。

ケーススタディ　見えないものを見る

あるトレーダーが、X社の株式を空売りし始めた。いろいろな出来事を見ているうちに、悪いニュースが飛び出すことが予想されたためだ。このときの様子を彼は詳しく話してくれた。

「X社は感謝祭の翌週に年次戦略報告書を取りまとめ、二〇〇〇年一二月一日には、最高経営責任者（CEO）が証券会社主催のコンファレンスでプレゼンテーションを行うことになっていた。われわれは、この日に二〇〇〇年第4四半期と二〇〇一年度の業績見通しが公表されると予想していた」

「ところが、いつもなら質問にすぐ答えてくれる投資家向けIR担当者が、前日から機嫌が悪い。聞けば、CEOのための仕事でてんてこ舞いだという。最高財務責任者（CFO）も『奇妙な』行動を取った。ある証券会社のアナリストと食事をともにしたのだが、わずか三〇分で切り上げて帰ってしまったのだ。

　第3四半期の業績を発表したその日にこれと矛盾するデータを公表したり、年末までには事業計画の内容が固まると語っておきながらフォーム10Q（企業が証券取引委員会〔SEC〕に四半期に一度提出する書類。主に財務情報が記載されている。同じように年に一度提出する財務関係の書類はフォーム10Kと呼ばれる）には『遅れる』と書いたりする不手際も起こった。大口契約の交渉が計画通りに進んでいない、外国に発注した商品の納入が遅れて来年の業績に悪影響が出そうだ、中古市場における主力商品の動きが悪くなっている、『この商品の需要が減少すれば弊社の財務状態にも大きな悪影響が及ぶ恐れがあります』という記述がフォーム10Qに登場した、などの情報も入ってきた」

ここに出てきた材料はいずれも「売り」を勧めるものである。こうした材料をひとつずつ積み重ね、実現する確率が最も高いところに賭けるのもトレーディングの重要なポイントである。

成功するトレーダーは客観的で冷静である。状況を把握したうえで分析結果を理解している。普通では考えられないことを考え、あらゆる前提を疑い、何が確かで何が確かでないかを見極めようとする。

トレーディングに臨むときは、リスクとリターンをもとに確率分析を行う。この分析は、どこで利益を確定するかを知るのに役立つだけでなく、感情を安定させる効果もある。成功するトレーダーはまた、実体のあるものとないものを見極める。実体のないものを見つけたら、周囲がいつまでそれにだまされ続けるかを考えて行動する。

行間を読むときも、うわさの中に紛れ込んでいる真実を見出すときも、データをできるだけ多く集めることが重要だ。そうすればこれから何が起こりそうか、自分はどのように行動すべきか、見当がつくようになる。うわさに乗って短期間で利益を得るべきか、あえて見送りもっと確実な次のチャンスを待つべきか、的確に判断できるようになる。こうした準備を抜かりなく行えば、適度なリスクを取る能力も高まっていく。

テクニカル分析を利用する

運動している物体は、その運動を続ける傾向がある。自転車に乗って、スタンドを立てずに静止するのは難しいが、勢いをつけて走り始めると安定感が増すのはそのためだ。金融市場でも同じことがいえる。市場はトレンドに乗ると勢いを持ち、同じ方向に長期間動き続けることが多い。ファンダメンタルズの裏づけがあろうとなかろうと、いったん勢いがつくとその方向にどんどん進んでいく。

この傾向を利用してトレーダーのリスクを減らし、収益性を高める武器のひとつがテクニカル分析である。市場にはトレンドが存在するとの前提に基づいた分析手法であり、株価が上昇に転じる前に見せる重要な値動きを予想する。また市場の需給関係や、売買に参加すべき（そして、手を引くべき）ポイントを教えてくれる。

株式に生じている変化は、ニュースが流れるころにはすでに株価に織り込まれているため、テクニカル分析を使えばこのニュースに乗じることができるかもしれない。ファンダメンタルズ分析のアナリストは、企業の売上高が減少するのを見てから業績予想を下方修正するが、テクニカル分析はそれをもっと早く行なうのに役立つ。株価とは結局、相場に織り込まれた要因を反映したものであるからだ。

達人トレーダーは、株式の需給バランスが変化していないか、企業決算が発表される前に目をこらす。証券会社など販売側のアナリストが決算発表を受けて業績予想や投資判断を改訂すると、株価は変動することが多いため、どんな変動をするか予測しようとしているのだ。

テクニカル分析にはブレイクアウト、つまり株の買い時を探るための手法がたくさんある。一般に、ポートフォリオが大きくなればなるほど、値上がりしている株を買うのは難しくなる。そのため著名なテクニカル・アナリストのトーマス・R・デマークは、「価格消耗」の時期がいつ訪れるかを探るシステムを開発した。株価が下落しているときは供給（売り注文）が豊富にあるので買い続けることができる。ところが供給が出尽くしてしまうと（デマークはこの状況を価格消耗と呼んでいる）、今度は需要（買い注文）が多くなり、株価は反転上昇する。トレーダーは高値を追いながら買う羽目になる。

デマークの理論を信奉するトレーダーは、私にこんな話をしてくれた。

「例えば、株価が四〇ドルから三五ドルに下落するとき、これは下落しすぎではないか、売り方が消耗していないかと考えることが重要だ。もし売り方が消耗しているのなら、買いのチャンスが訪れたことになる。売り注文はまだ出るかもしれないが、ほどなく枯渇して株価が上昇に転じる公算が大きいからだ。いったん上昇に転じたら、そのまま上昇し続けることは誰の目にも明らかとなる。達人トレーダーならこのテクニカル理論を学び、価格消耗を察知して相場が反転する前に買いを入れたいと思うだろう」

「株価が下落している最中に買いを入れても、株価は下がり続けるかもしれない。しかし、上昇に転じてから買いを入れると、コストが高くつく恐れがある。株価が上昇しているときと下落しているときとでは、材料に対する弾力性が違う。下落しているときはどんどん買えるが、上昇し始めたらそうは買えない。十分な量を入手できない可能性が出てくる。大きなポートフォリオを運用すればきっとよくわかるだろう。このシステムは、多数の投資家が投げ売りを始めて株価が急落しているときに特に有効だ」

トレーディングで最も難しいのは、人々が感じているリスクと真のリスクとの違いを見極めることである。テクニカル分析は、株価データを分析することでこれを手助けしてくれる。株価にはその時点で入手可能な情報がすべて織り込まれており、現実を予想するのに利用できる。市場とは、世界中の人の知識をすべて価格に織り込み、半年から九カ月先の変化を予想するメカニズムなのである。

真のリスクは株価の変動に反映される。一方、人々が感じているリスクは、新聞やテレビ、トレーダーの心理などを通じて表現されているものであり、真の株価と、人々の市場に対する反応との間のミスマッチに関係してくる。

テクニカル分析は、人々が感じているリスクと真のリスクとの違いを見抜き、それを見越したトレーディングを知るための道具となる。上手に使えばトレンドの転換を前もって知ることができ、ひと足早くポジションを持つことができるだろう。いい換えれば、これはデータを使いこなして大きなリスクを取れるようにするための武器なのである。

ケーススタディ

データを駆使して有利に売買する

これまで論じてきた手法を組み合わせて実践すれば、有利にトレーディングを行うことができるだろう。次に紹介するトニーは、バブル相場が展開されていた一九九九年にインターネット関連株の売買を専門にしていたトレーダーである。

彼は、自分が売買している銘柄の株価形成に非効率的な部分があると考え、ニュースや決算発表が持つ意味を評価する方法を確立しようと考えた。相場は、ジグソーパズルのようにたくさんのピース（情報）から形成され、個々のピースの重要性は時間とともに変化するという指摘は大変興味深い。

トニー　インターネット関連のソフトウエア会社が専門です。

キエフ　そうですか。では、そうした企業が利益を生み出す原動力とか、ビジネスのやり方などはすべて理解しているわけですね。新しい情報が出てきても、トレーディングの視点からそれを評価できると？

トニー　そういうことは、ある程度時間をかけるとわかってきます。ネット関連のソフトウエア会社は大きな契約を取ることが多いのですが、そういうときに市場の反応を見ておく。すると三カ月後にまた大きな契約を取ったときに、市場がどんな反応を示すかかなりわかるわけです。株価が動きすぎたか、ちょうどよい水準に落ち着いたか、うわさで買ってニュースで売るという格言通りに行動すべき時期なのか、そういったことが感覚的にわかるようになるにはある程度時間がかかります。

ドイツのあるソフトウエア会社の例をあげましょう。ウォール街のアナリストの大半が、今四半期は赤字になると予想していました。ところが株価は一向に動かない。何か変だなと思いました。誰もが赤字になるといっているのに、ぜんぜん下がらないわけですから。その段階で私は、予想外にいい決算が出るのだろうと考えました。そしたら突然、一〇ドルも値上がりしたんです。予想を上回る好決算が出て、一〇日間で五〇ドルから六〇ドルに駆け上がったんですよ。

キエフ　なんだか、複雑な分析のようですね。

トニー　問題を解くカギは四つありました。その四半期の決算はどうなのか、市場の予想はどうだったか、ソフトウエア業界全体はどうだったか、その他のハイテク株はどうだったかという四点です。私は今、ふたつのソフトウエア株のポジションを持っています。どちらも昨日、好決算を発表しました。この数字が二週間前に出ていたらどちらも一〇％以上値上がりしたでしようが、片方は数%下落し、もう片方もわずかながら値下がりしました。理由は簡単。ここ二週間はハイテク企業の決算発表ラッシュで、好決算が目白押しだったんです。今日はハイテク株がほぼすべて下げてるんですよ。絶対的な法則が存在しない、何もかもが流動的な世界なんです。

キエフ　企業を取り巻く状況を理解し、市場を理解し、すべてに対応できるようにするわけですね。基本的な仕組みはどのセクターも同じでしょうが、ニュースと株価との関係はセクターごとに異なるのでしょうね。

トニー　ハイテク企業のビジネスモデルが従来型の企業のそれと異なるのは、改善のスピードが速いことです。これは成長力の差によるものです。従来型の企業であれば、純利益が前年比で三〇%増加したら株価も上がるでしょうが、ハイテク企業ではもの足らない数字だということで逆に下がってしまうかもしれない。同じ数字でもセクターが違えば受け止め方が変わってくるんです。同じセクターでも、企業ごとに受け止め方が変わることもあります。

キエフ　セクターによって事情が異なること、株価への影響も異なることを把握しなければならないのですか?

トニー　セクターと個々の企業との関係も理解しておく必要があります。個々の企業で何が起きているかを調べ、それをジグソーパズルみたいに組み合わせていくんです。何かニュースが飛び出したら、どうしてそうなったのかと考えることが大事です。その答えがわかれば、次に打つべき手が見えてきますよ。

キエフ　ふだんからそういうことを考えているのですか？

トニー　そうですね、考えていると思います。私はもともとマクロ志向で、「相場をすぐに動かしそうな材料はないか」と探し回るタイプではなかったんです。集めた情報を組み合わせてみる、そして何かがわかったら、何かが大きく変わると自信を持っていえるようになる。相場とはそういうものではないでしょうか？

キエフ　変わり続けていくものだと。

トニー　究極的には、人間の本質から派生したものだと思います。人間は、ひとつのパズルを解いてしまうと新しいパズルをつくるでしょう。それと同じだと思うんです。

キエフ　ちょっと待ってください。それはどういうことですか？　相場を形成する要因がそれぞれどう動いているかがわかると、トレーダーはそれに反応し始めるが、そうすると、要因そのものがまた変化し始めるということですか？

トニー　トレーダーは市場の非効率さを利用したいと思っている。ここでいう非効率とは、市場が誤った価格をつけるという意味です。トレーダーは一〇〇ドルの価値があると思っているのに、市場では七五ドルで売買されている銘柄があるとしましょう。その場合トレーダーは、それはおかしいと考える。七五ドルで買えるが、いずれ一〇〇ドルになるはずだ、非効率だ、と考える。そして別のトレーダー、例えばミスターZがこれと同じ動きをする。すると急に株価が九〇ドルに上昇する。それまで七五ドルと評価していた人々がいっせいに一〇〇ドルの価値があると言い出して買い注文を入れてくるのです。そして参加者全員がこの過程を理解してしまうと、今度は別の銘柄で同じことが繰り返されます。投資家はこれまで、とてもゆっくりと反応していたのですが、今はもう、そうではないのです。

キエフ　では、市場では次の非効率をつくり出す何かが起こっていると?

トニー　そうですね。銘柄やセクターは違うかもしれませんが。

キエフ　非効率が見つけられなければ利益をあげることはできない。

トニー　そうです。でも、ひと口に非効率といっても実はいろいろな種類があります。データの有無によって生じる非効率もあれば、投資家が価値を見抜けないために生じる非効率もあるでしょう。インターネット関連株では、この種の非効率がたくさん存在していると思います。値動きが非常に荒いのはそのせいだと思います。最先端の技術やインターネットが関連するセクターへの株式投資では、普通の人ではちょっと理解できない情報が大量に飛び交います。この差をぜひ利用したいものです。

トニーとの対話は、幅広い情報を入手してトレーダーの視点から評価することが、いかに価値あることかを教えてくれる。市場のトレンドとマクロの情報の両方に注意を払うこと、心を開いて柔軟な姿勢を常に保つこと、この世界ではどんなものでも変化すると理解しておくことが重要なのだ。

市場の性格を尊重する

リスクの取り方は市場の性格によって変わる。値動きだけがとにかく荒く、ファンダメンタルズが株価にあまり反映されない市場も中にはあるからだ。しかし、そんな市場であってもやはりファンダメンタルズは重要である。例えば二〇〇一年一月から二月にかけて、米国の株式市場はニュースの善し悪しにかかわらず、値下がりする状況だった。ファンダメンタル分析で勝負するトレーダーにとっては、恐ろしくやりにくい相場だったに違いない。

私はこの年の二月末にピーターというトレーダーと話をし、ファンダメンタル分析通りにならない状況ではその市場の性格を尊重することが重要になることをあらためて実感した。ピーターはハイテク株をいくつか選んで売り持ちにしていたが、ナスダック総合指数がすでに大きく下落した後であったため、株価はなかなか動かなかった。

「こう着状態っていうのかな、悪い材料が出ても五〇セントしか下がらない。ほんとに信じられないよ。ファンダメンタルズは最悪なのに株価は割高なまま。悪材料が出ても反応が鈍い。これからも値下がりするはずだと思うけど、今週中はたぶん無理だろう。俺はファンダメンタルズを見て売り方に回った。トレーダーならファンダメンタルズや景気循環、会社の動向までしっかり把握しておかなきゃいけない。そうすれば、何がどういうふうに起こりうるか見当がつくしね。株価が一定の方向に動くのは、そういう方向に向かわせる現実があるからだ。ノイズと事実を区別できれば、タイミングよく売買を仕掛けて利益を得ることができる。株価はいろいろな材料を時間をかけて表現するわけだから、こちらも簡単には利益は得られないよ」

「重要なのは、少しずつポジションを大きくすること、大きなリスクを頭のいいやり方で取ること、リスクとリターンの比率を考慮しながらポジションの規模を決めること、ポジションを大きくすべきタイミングを知ることの四点だろう。俺がファンダメンタルズに着目するのは有利に売買するためだ。ファンダメンタルズを理解していれば、株価が予想と逆の方向に動いても自信を持って大きなポジションを維持できる。安くなったところで買ったり、高いところで売ったりできる。俺は実際、株価が自分の思惑通りに動かないときにそういう調査を一生懸命やっている。そういうときこそ、ポジションをつくって利益をあげるチャンスだからだ」

「このモデルで成功するカギは、売り持ちと買い持ちをバランスさせることにある。互いにライバルである企業二社を選んで、片方を売り持ちにして片方を買い持ちにするんだ。業績が好調な二社を選んで割高なほうを売り持ちにし、割安なほうを買い持ちにする手もある。いずれにしても、二社の微妙な違いを見分ける必要があるけどね。ここまでくると、トレーディングは一種のアートになると思う」

確かに、レギュレーションFD（すべての投資家に同時に情報を開示するよう証券の発行会社に義務づける規則のこと。SECが二〇〇〇年八月に導入した新しい規則で、FDは「公正開示」を表わす）が導入されてからは、この種の取引が難しくなった。しかし、企業情報を入手する方法はまだ多く、ライバルとの相対的な関係や過去との比較も容易に調べることができる。そうやって得た情報が、企業の将来像を知る有力な手がかりとなることもありえよう。

今までよりも大きなリスクを取ろうとするとき、経験豊富なトレーダーは投資対象企業のファンダメンタルズとテクニカル分析の指標、そしてその他の情報をできるだけ深く理解しようとする。市場全体の値動きとファンダメンタルズを切り離して考えられるように、そして値動きだけでなく企業の内容も理解したうえで慎重に売買できるようにするためだ。

◆実践の手引き

トレーディングは、勢いだけでは成功しない。具体的な成果をあげるには行動と「知性」が必要であり、そこで得た成果は新たな行動の源泉となる。ここでいう勢いとは、投資対象への関心と集中力の強さのことである。過剰な刺激に圧倒されたり、あまりの刺激のなさに退屈したりすることなく集中することができれば、勢いがついているといえるだろう。

自分の持てる資源をすべて投入して目の前の行動を遂行するには、その過程を注意深く監視する必要がある。注意力が散漫になっていないか、没頭できているか、自分のエネルギーをどの程度つぎ込んでいるか、心の底から真剣に参加しているか、常にチェックしなければならない。

ゴールに到達した後もその勢いを維持するには、目の前の出来事に注意を集中させ、次に取るべきステップを考える必要がある。例えば、次の問いについて考えていただきたい。

▽自分のビジョンはどんな構造をしているか？
▽ビジョンの実現に邁進するには何が必要か？
▽目の前の行動に取り組むにあたって今できることは何か？
▽手元にはどんな資源があるか？
▽目の前の行動に取り組む過程がスムーズに進行するようにするために、何ができるか？

これらの問いに答えていくと、トレーディング以外の目的や他人との不必要な比較などによって自分がいかに萎縮しているか、注意力が散漫になってしまうかがわかるだろう。「いま、ここ」にあることに集中すれば、長期的な結果に注目しすぎることで生じる恐怖や不安を覚えることなく、大量のエネルギーを目の前の仕事に投じられるようになる。ゴールは自分が進むべき方法を指し示し、やる気を与えてくれるものの、持てる力を最大限発揮して成果をあげるためには、「いま、ここ」に集中するしかない。

あるトレーダーはいう。「分析して得た結果が役に立たないこともある。しかし、分析など役に立たないという態度を取れば、最終的には敗北するだろう。聞き流してもかまわないが、少しでも考えれば意思決定過程に分析結果を反映させたことになる」

データを集めていくと、利用可能な選択肢が多くなりすぎて収拾がつかなくなることがよくある。しかし、大量に集めたデータを整理する方法はいくつかある。特に重要なのは、実際のトレーディングの決断に関係するか否かの判定だろう。データは、売買に魅力があると思わせることもあれば、売買の見送りを促すこともある。私が拙著『Trading in the Zone』で紹介したようなレーティング・システムを使えば、集めたデータとそれによる売買の記録が比較的容易にできるだろう。

このシステムを使っているコーディはいう。「私たちはこのレーティング・システムを長い時間をかけて開発しました。何らかの材料があり、かつ短期的な資金を割り当てられた売買は、トレーディング勘定に分類して管理します。長期の投資アイデアについては、ふるいにかけて有効なものだけを取り出します。それに基づいて行う売買は長期投資勘定で管理します。どちらにも該当しない中途半端なものには手を出しません」

コーディは「ワンツースリー・システム」なるものも開発していた。

第一群＝今日明日にでも値動きがありそうな売買のグループ。自信を持って仕掛けた取引で、短期的な利益を狙う。

第二群＝材料はあるが、短期の利益を狙うか長期的に取り組むか判断が定まっていない売買のグループ。トレーダーたちは第一群に分類されるまで待っていられない様子だったが、第二群が増えすぎるのも問題だと感じていた。

第三群＝入念に調べたうえでの賭けといえる売買のグループ。トレーダーたちは「素晴らしいひらめきだとは言えないものの、リスク調整後ベースなら魅力がある」と話していた。第三群で得た資金が、第一群や第二群の売買の原資になることも少なくなかった。

このシステムを採用しなければならないと主張するつもりはない。実際、開発者のコーディ自身も、「第一群の銘柄を買い続ける」自分の癖にあわせてシステムを修正した。ここで重要なのは、トレーダーのスタイルを補完するデータのガイドラインやルールを作るにはどうすればよいか、そして大量のデータを効率的に利用できるように処理・整理するにはどうすればよいかを考える際の一般例として、このようなシステムには価値があるということだ。

入手したデータが自分のトレーディングに役立つかどうかを判断するには、次のようなチェックリストが役に立つだろう。

▽その企業情報（決算、事業の基本構造の変化、重要な見本市など）は、その銘柄の売買についてまで役に立つか？　誰でも理解できるように簡潔に述べられるか？

▽データを見てもまだ疑問が解消されないのであれば、もう一度見直す。何かが変わっていたり、追加調査が必要だったりするかもしれない。

▽株価は大きく変動する。その企業のニュースはもちろん、セクターや市場全体に関わるニュースにも反応して変動することがある。長期的にも短期的にも変動するが、結局は平均値に回帰する。株価の日々の変動を利用して短期的に利益をあげるのか？　それとも、株式を長期間保有して大きな利益を狙うのか？　自分がつかんだ情報とそれに基づく企業評価は、短期的な株価変動に惑わされない有効なものであるか？

▽事実を見て考えよ。事業が順調であるにもかかわらず株価が下落しているのであれば、どの程度のリスクを取ってどんな目標を狙うかにもよるが、この銘柄を新規に取得したり買い増したりするチャンスとなろう。売買決断のリスクとリターン、そして情報の内容を天秤にかけよ。ノイズと呼ばれる不正確な情報は捨て、投資している企業について詳しく調べ、株価が変動する理

由を考えよ。株価の変動を見ても右往左往せずに済むように、企業とその事業環境についての情報をできるだけ多く収集せよ。

▽現実的になる。そして、戦略通りに行動できたか否かで自分の成績を判定する。ただし、成功に導いてくれるトレーディング戦略をつくるにはそれなりの時間がかかることを忘れてはならない。

データが多ければ多いほど、自分の決断に対する自信は強まる。しかし、データが多ければ多いほど決断の質が高まるわけではない。ゴールにコミットメントするということは、成功の保証がなくても全力を尽くすことを、失敗などするはずがないと考えているときと同じ熱意を持って取り組むことを意味する。つまり、結果ではなく、その過程に的を絞って努力することが重要なのだ。

過去ではなく今を生きること。どんな状況に直面してもホームランを打つチャンスだと考えること。最高のスイングをすること。大きな目的につながる当面の目標の達成に的を絞って努力すること。こうしたことができれば、成功に大きく近づくことになるだろう。

リスク管理においては、ファンダメンタルズを理解することが非常に重要である。ファンダメンタルズを知れば、その売買に潜むリスクを評価できるからだ。適切な大きさのポジションを持つためには、そして業績や成長の方向性を正しく読み取って賭けるためには、その企業について広く深い情報を得る必要がある。企業が属するセクターやライバル企業についても理解を深める必要がある。そしてその作業が終わったら、今後は自分自身の心理を理解し、それがトレーディングにどう影響しているかを知らなければならない。同じチャンスが目の前に転がっていても、その受け止め方がトレーダーによって大きく異なるのは、その判定において各トレーダーの常識や態度が大きな役割を担っているからだ。

内省的な態度は戦略計画の策定に役に立つ。大量の情報を入手し、これから起こる出来事を予測し、予想外の出来事に対応し、状況を継続的に分析するときに威力を発揮するだろう。しかし、それだけでは新しい環境にうまく適応できない。他人の気持ちになってみたり、新しい状況にうまく対応したり、戦略を遂行したりするのに苦労するだろう。

他人の気持ちを想像するのが苦手な人もいれば、新しい状況にうまく対応できない人もいる。事前に決めた戦略に従って売買するのがなかなかできないという人もいるだろう。結局のところ、「学ぶ」とは単なる情報や知識の吸収だけでなく、自分が望む結果を生み出すための能力を伸ばす方法を習得することでもある。出来事の中立性と、個人的な解釈や反応が求められることは、切り離して考えなければならない。

カルヴィンというトレーダーがいみじくも語っていたように、「同じ情報を得て売買するのであれば、トレーダーの優劣は自分の感情をうまく扱えるか否かによって決まる」のである。

次章ではこの問題を取り上げる。リスクを取って成功するためには自分の感情をどのように管理すればよいのか、論じてみることにしたい。

第11章 リスクに立ち向かう三種類の道具

過去の考え方と決別する

本書はこれまで、読者が常識にとらわれない発想をし、不可能と思われてきたことを成し遂げ、理想の自分に向けて第一歩を踏み出すのに役立つように、さまざまな手法を紹介してきた。そしてその手法を活かすためには、過去にとらわれることなく未来をつくり出せるように、自分の過去の考え方と決別して新しいものの見方を身につける必要があることを説いてきた。

最終章となる本章では、こうした自己改革に役立つコーチング、チームワーク、トレーディングシステムという三種類の道具を紹介したい。これらの道具を使えば、知らず知らずのうちにトレーディングに持ち込んでいる自分の常識から自由になることができるだろう。

コーチに相談する

本書はこれまで、混沌とした未知の世界に足を踏み入れるときの心理的なリスクについて論じてきた。この未知の世界では、「トレーディングでこんな結果を残したい」という自分のビジョンと、それを実行するという真剣な取り組み（コミットメント）しか頼るものがない。しかも、大半の人間は未知の世界を避けたいと思うものだ。

そこで、決意が萎えてしまいそうなときでも踏みとどまるための道具としてコーチングを紹介したい。コーチングを受ければ、自分の仕事ぶりを客観的に見直す機会が得られる。つまりその目的は、ゴールを目指すにあたって足らないもの、追加しなければならないものを見つけだすことにある。

といっても、コーチングはトレーディングの方法を伝授するものではない。目標を見失わないために必要なこと、自分の強みや戦略に沿ったトレーディングを行うために必要なことを知るにはどうすればよいか、その方法を提供する仕組である。

したがって、コーチの役目は、トレーダーがコミットメントから離れないようサポートすることであり、難しい局面に出くわしたときのプレッシャーや、逃げ出したくなる気持ちをうまく扱えるよう手助けすることである。

具体的には、以下のような場合に役立つだろう。

▽潜在能力を引き出す。

▽目標から離れないようにする。
▽自分に対する疑念を振り払う。
▽精神を集中する。
▽責任を取る。
▽ビジョン実現へのコミットメントを持ち続ける。
▽何でも自分でコントロールしようとする気持ちを捨てる。

コーチングを受けると、それまでよりも広い視野でトレーディングを振り返ることができるようになり、状況を的確にコントロールしているという感覚を強く持てるようになる。一段高いところから全体を見渡し、トレーディングにとってプラス（またはマイナス）なことを繰り返していないかどうか調べる余裕も生まれるだろう。トレーディングにもっと集中できるように戦略のひな形をつくることもできるだろう。

トレーディングの達人になるには、貪欲さと恐怖心のバランスを取る術を学ばなければならない。トレーダーが好成績を望む気持ちや損失を恐れる気持ちが強すぎると、それに圧倒されて混乱が生じるからだ。ここにコーチの出番がある。トレーダーの意識を高めること、トレーダーが心をかき乱す貪欲さや恐怖心を制御して、精神の安定をサポートすることこそコーチの役割なのである。

トレーダーのフランツはコーチングの効用を認めている。「コーチングを受けたおかげで、心の枠組みを変えることができ、市場の動きに感情的になったり過剰反応したりすることが少なくなりました。それに、自分の心の中にあってパフォーマンスを抑制している壁を認識することによって、いろいろなことができるのではないかという自信がつきました。この自己覚知が以前よりできるようになったことも、損失を長く抱える局面を乗り越える力になっています」

では、トレーディングのコーチは、こうした目的をどのように達成しているのだろうか。私自身はトレーダーと定期的に会って、次のようなテーマで話をしている。

▽ポジションの規模。現在のポジションの規模は、自分の利益目標やゴールと釣り合っているか?
▽これまでの損益。一件の売買で得る利益は一件の売買で計上する損失よりも大きいか? もしそうでないなら、どんな手を使えばこのアンバランスを是正できるか（利益の乗ったポジションを長期間保有する、損切りを迅速に行うなど）?
▽自分で自分の行動を縛っていないか? トレーディングの成功の妨げとなることをしていないか? 含み益のあるポジションを買い増しするのに抵抗を感じるか? トレーディングの下準備として十分に調査をしているか? ギャンブルにのめりこんでいないか?
▽自分のトレーディングを改善するために、今まで以上にできることはあるか?
▽自分のトレーディングに欠けているものはないか? 例えば、昔は好成績をあげていたが最近はなかなかうまくいかないという場合、売買のアプローチの一部がおかしくなっていないか?

コーチングの成果

コーチングのための対話（セッション）は非常にシンプルな形を取る。コーチがトレーダーに向き合い、わかりきったことなのにトレーディングに熱中しているとなかなか気づかないということについて、考えていくやり方だ。優秀な若手トレーダーのアンナとのセッションも、この形で行った。彼女は大成功をいくつか収めた結果、大きな資金を割り当てられるようになったが、そのチャンスを思ったように活かせず悩んでいた。

彼女は、大きな売買をすることを恐れており、増加した運用資金を使ってポジションを大きくすることに不安を感じていた。しかし、コーチングで学んだことを素直に実行に移した結果、すぐに成果をあげることができた。

彼女はまず、大金を動かしたり大きな損失を被ったりすることへの不安感がどの程度あるのか、これまで通りのトレーディング方法を維持するなら、どの程度の利益を得ればその不安感と釣り合うのか、見つめなおす必要があった。そして、自分の不安感は将来の不確実性が引き起こすものにすぎないこと、リラックスしてこれまでと同じようにトレーディングに臨めば、運用する金額が大きくなっても同じ率のリターンが残せることを認識する必要もあった。

「アドバイス通り、自分の本能に従うことにしました」とアンナは話してくれた。「買いたいと思ったら買う、売るべきだと思ったら売るという具合に、素直にやってみたんです。金額に関係なくやってみました。六五〇〇万ドル買えた日もあります。その日は朝から準備万端でした。早起きしてオフィスに入り、その日のトレーディングのアイデアをまとめました。その時点で、大きな売買をする予感がありました。トレーディングが始まると用意していたやり方が正しかったことがわかったので、ポジションを積み増しました。本当に準備万端で、何が起こっても適切な手を打てたすばらしい一日でした。ここ数日間はとても誇らしい気分です」

コーチングを受ければ、トレーディング全体を見つめ直したり、次のレベルにあがるのに必要な新しい視点を得たりするチャンスが手に入る。コーチと話しているうちに、練習するような感覚でトレーディングに臨んでみようという気になることもある。

トレーダーはいろいろな理由でコーチングを必要としている。大きなポジションを持つため、売買をなかなか実行に移せない傾向を克服するため、パートナーとうまく協力するため、相場を動かす質の高い情報を見つけるため、ポジションをタイミングよく手じまうためなど、本書で論じたテーマはいずれも理由になる。

前述したように、私は週に一度のペースでトレーダーたちとセッションを行っている。彼らが自分の計画や不安を振り返り、目的の達成とそのためのリスクを総合的にとらえられるようにするためだ。トレーダーは何か行動を起こそうと思っても心の別の部分から抵抗を受けてしまうため、私はこうした議論を通じて、彼らに一歩踏み出して安全地帯から飛び出すことを勧めている。

トレーディングコーチは、トレーダーのやる気に訴えかける質問を行い、ものの感じ方を変えるよう促していく。複雑な話をかみ砕いてわかりやすく語り、何が運用成績の向上を妨げているのかを自分で見つけられるように支えていく。

例えば、同僚や上司から怒られてばかりいるトレーダーを、私がコーチすることになったとしよう。私はまず、同僚などから向けられた批判はヒントであり、自分が改善できそうなところを細かく調べるための参考資料であると説く。そして、どこに改善の余地があるのか、形勢を逆転させるにはどこを変えて何を始めればよいのか、自分で見つけられるように全力を注ぐ。

トレーダーが「できることはもうすべてやったと思います」といっても、私はこれを鵜呑みにせず、なぜ彼がそう考えるのかを探ろうとする。そしてもっと大きなゴールを目指すよう説得する。彼は新しい方法を探すことを、真実を認めることを恐れている可能性があるからだ。おそらく、助言が必要だったときにそれを得られなかったとか、心を開いていなかったので助言を受け入れられなかったという体験があるのだろう。

コーチングにあたっては、トレーダーがコーチとの対話によって過度の刺激を受けているケースが少なくないことも、認識しておくべきである。コーチングを受けたトレーダーがそれまでの行動を一変させ、過大なポジションを取ってしまうケースもある。確かに、コーチングはリスクを取る能力を伸ばすものだが、実際のトレーディングでは適切なリスク管理を併用しなければならないし、それまでうまく機能していた戦略があるならば、それを変更してはならない。どんな変化も注意深く行う必要があろう。

したがって、トレーディングコーチは調整役となって、トレーダーのパターンを認識し、過大なポジションを取らないよう説かなければならない。トレーダーの誤解を招かないように、日ごろからコミュニケーション能力に磨きをかけておく必要がある。「劇的に」変えるのではなく「少しずつ」変えるのがトレーディングコーチの役目なのだ。

ケーススタディ

感情をコントロールするためのコーチング

相手が違えば戦略も変わってくる――コーチを務めるときには、この点を肝に銘じておかなければならない。どんな助けが必要になるかは人によって異なる。できることなら、相手となるトレーダーの売買を抑制している要因を見つけだし、その呪縛を解いてあげたいところだ。

例えば、ファンダメンタル分析もテクニカル分析も、そして自分の相場観も売買を仕掛けるべきだと告げているのに、最後の一歩を踏み出せないトレーダーがいるとする。コーチはこのトレーダーに日誌をつけさせたり、ひとつの感情が何分続いたかを計らせたりすることで何が障害になっているかを見つけ、それを克服できるよう支援できるだろう。

トレーダーのヒレルには、ポジションを短時間で解消してしまう癖があった。また売買の決断も、合理的というよりは感情的になされていた。彼は二〇〇〇年四月のある水曜日の朝、向こう一週間で株価は下落すると予想し、S&P五〇〇種指数先物を売り持ちにした。手持ち資金の一・五倍に相当する、彼にとっては初めての大きなポジションだ。翌日の木曜日の朝、S&P五〇〇は〇・五%値上がりした。市場は非常に静かだったが、彼は強い不安に襲われ、このポジションを解消した。ところがその二〇分後、先物はするすると下げ始めた。再び売り持ちにすることもできたが、「たった今、手じまったばかりじゃないか。それに、ポジションを持てばまた不安に襲われるかもしれない」と考えて見送った。

S&P五〇〇種指数先物はそのまま下げ続け、金曜日の寄り付きになってもまだ低下していた。ヒレルは買い持ちと売り持ちのポジションをバランスさせていたが、S&P五〇〇が五〇ポイントほど下げたところで、まず売り持ちのポジションを解消した。そして、戦略は失敗したとの判断から、その一時間後に買い持ちのポジションも解消した。彼は私とこの売買について話しながら、当初の戦略を貫かなかったことが敗因だと分析した。

ヒレル　儲けたいという気持ちよりも怖いという気持ちのほうが、いつも先に立ってしまう。自分の手に負えなくなるのが怖いんです。自分でもよくわかっているので、こうやって小さな紙に「一%または二%の損失が出るまで逃げ出さないこと」と書いてデスクに貼ってあるんですが、午後二時ごろになると不安が急に強くなって、耐えきれずにポジションを解消してしまいます。

戦略を立てるのは得意で、たぶんこれが自分の長所だと思うのですが、いざトレーディングとなると恐怖に負けてしまうんですよ。

この木曜日もそうでした。朝の一〇時半ごろから、昨日売り建てたポジションは大丈夫だろうかと気になりだしました。「やれやれ、この様子じゃ、あっという間に一％ぐらい上昇するかもしれない」と考えて反対売買をしようとしましたが、例の紙を見てやめたんです。そんなことを午後二時まで繰り返して、「どうもうまくいかない。これからうまくいくとも思えない」という結論に達しました。このときの感情は恐怖ではなかった。後悔というか、自分の愚かさ加減にあきれたというか、そんな感じでした。私が完全無欠のコンピューターだったら、こんなことはしないでしょう。正しい選択をしていた、つまりポジションを作り直していたことでしょう。

実際の話、最初に決めた戦略を貫いていれば、私はもっと利益を得ているはずです。戦略は結構成功しているのだから、朝のうちにポジションをつくって、そのままどこかに行ってしまえばいい。アナリストやストラテジストになれば、きっと戦略で稼げるでしょう。ところが、トレーダーになるととたんにつまずく。含み損が出ると迷い始めてしまう。一年で八〇％のリターンを得るためには、一日あたり六％程度の損失は覚悟しなければならないのですが、こんな調子では無理ですね。

キエフ　相場が自分の思い通りにならないからといって、すぐに降りてしまう必要はありませんよ。要は、自分が不安を感じていることを自覚すればいいんです。どれぐらいの規模なら耐えられますか？　つまり、不安を感じながら売買するとしたら、どの程度の大きさのポジションを取れますか？

ヒレル　不安を覚えたら、少しずつポジションを減らしていきます。先物なら二〇枚ずつ減らすとか、そんな感じです。それでいったんは気持ちが軽くなりますが、一〇分もすればまた怖くなるので一〇枚とか二〇枚減らす。それを繰り返すとポジションがゼロになっています。一二〇枚から一〇〇枚に減らしたときは、「減らすのはここでおしまいにしよう」と思うんです。紙にも「逃げ出さない」と書いてありますしね。でも、二日か三日で限界がきます。

キエフ　どれぐらいの大きさの資金なら、不安を覚えずにすみますか？　もちろん、戦略を立てて臨む場合ですが。

ヒレル　戦略を貫いていれば、一二％のリターンを稼いでいたはずですが……。ひょっとして、不安感を抱えたままトレーディングを続けろとおっしゃるのですか？

キエフ　そうです。不安感を自分のものにする。そういう気持ちになっていることを認めてしまうんです。ワールド・シリーズ並みの大舞台ですから、逃げてはいけません。
ヒレル　不安を覚えたら、それを少なくしようとするのが普通でしょう。不安を認めてしまうことは考えつかなかった。もしそれができれば、運用成績があがるかもしれないわけですね。
キエフ　往年の名バスケットボール・プレーヤー、ウィルトン・チェンバレンは、試合の前になると緊張のあまり必ず吐いていたそうです。自分がどんな感情を抱いたか、それがどのくらい長く続いたかを日誌に書き込んでいくといいでしょう。ストップウオッチを持って、何秒間続いたかを計るんです。これは効果的ですよ。やっていくうちにひとつの感情が続く時間が短くなって、最終的にゼロになる。自分がその感情を乗り越える術を会得したことが自覚できるんです。大半のトレーダーはトレーディングの方法を曲げて安心感を得ようとしますが、スーパートレーダーはあえて安心感を捨てて、勝ちに行きます。そしてできるだけ要領よくプレーするんです。
　トレーディングの話から少し離れますが、宇宙飛行士はロケットに乗っているときに自分の反応を観察できるように特別な訓練を受けています。ロケットが打ち上げられるときには、スピードや高度といったロケットの情報と一緒に、自分の心電図や心拍数も表示されるそうです。そのおかげで、打ち上げのときには自分が緊張している様子がわかる。水平飛行に入れば心が落ち着くとか、着陸時にはまた緊張するといったことが手に取るようにわかるんです。

これはトレーディングにも応用できます。自分の不安感を観察すれば、市場が今何をしているかわかるようになるでしょう。自分が怖いと思っているときには、ほかの市場参加者も怖いと思っている可能性があります。これもひとつの情報として利用できるでしょう。念のためにいっておきますが、不安を感じてはいけないといっているのではありません。不安を取り除けといっているのでもありません。自分の不安をひとつの情報として利用しなさいといっているのです。

ヒレル　これまでの経験から考えるに、私はリスク回避の傾向がとても強いようです。ですから、余計な感情を振り払って勝ち馬に乗れるかどうかが最大の課題でしょう。大きな売買だとすぐに降りてしまいますから。

キエフ　変な話ですが、左手でボールを投げられますか？

ヒレル　いいえ。右利きですから、試したこともないですよ。

キエフ　でも、練習すれば多分できます。あれは一種のスキルなんです。ひとつの銘柄を保有する時間を二四時間から五〇時間に伸ばすのもスキルです。どうでしょう、持ち株の三分の一で結構ですが、このスキルを学び取ることはできるでしょうか？

ヒレル　おっしゃることはよくわかります。しかし、左手でテニスをするのと保有時間を二倍にするのとではかなりの違いがあります。同列には論じられません。

キエフ　いえいえ、スキルを学ぶという意味では同じですよ。不安を覚えながらも長時間保有するというスキルを学ぶんです。新しいことを始めるときは、誰でも落ち着かないものです。でも、落ち着かないからといって避けていたら、新しいことは何もできない。理に適っているとわかっていても実行できなくなってしまいます。報告書の重要な部分を赤い丸で囲むと見やすくなるのと同じように、自分の不安な気持ちを認識できれば何事も取り組みやすくなります。S&Pの先物の売買も、自信を持ってできるようになります。

トレーディングのプロセスを理解する人物から新しい〝ものの見方〟を教わることで、ヒレルは大きな利益を得ることができた。経験は豊富だが不安感ゆえに目的を見失ってしまったトレーダーへのコーチングがいかに価値あることか、以上の対話でおわかりいただけると思う。

トレーダーが一見合理的な理由で自分の失敗をごまかしてしまいたいという自然な誘惑に駆られ、それに抗おうとするとき、コーチングは特に力を発揮する。売買に対する自分の感情的な反応を観察するときにも、重要な役目を果たす。特に、やすやすと成功を収めたときの陶酔感や自己満足、損失を被ったときの絶望感などに潜む危険性をチェックする際に大いに役に立つだろう。いい換えれば、コーチの役目とは、トレーダーが余計な心配をしないようにすること、トレーディングの成果に対する、自然ではあるが感情的な反応がトレーダーの合理的な思考を妨げないようにすることなのである。コーチはその役目を果たすために、トレーダーを励ましたり注意したりする。時には怒ることもある。しかし、自分の考えを無理強いしてはならない。トレーダー一人ひとりのニーズを把握し、運用成績を高めるためには何が必要かを見極めることが、コーチに課せられた最大の任務なのだ。

私がコーチした新人トレーダーの事例をもうひとつ紹介しよう。

ケーススタディ

感情をコントロールするためのコーチング

ケネスは、規模の大きなマーケット・ニュートラル・ポートフォリオのジュニア・トレーダーで、つい最近、自分のポジションを持つようになった。以下の対話では、コーチングの最初の段階で取り組むと効果的な問題にスポットを当てている。これを読めば、感情的な反応がトレーディングの方法にいかに影響を及ぼしているか、よく理解できるだろう。

あらかじめ強調しておきたいが、このコーチングの目的は感情を取り除くことではなく、感情的な反応がトレーディングに影響することをトレーダーに強く認識させること、そしてトレーダーがその反応パターンから市場の動きを読み取る力を伸ばすように仕向けることである。

キエフ　トレーディングを始めるにあたって、ぜひとも考えていただきたい点が三つあります。

①ゴールは何か?

②そのゴールにどうやって到達するか（どんな戦略を使うか）？

③その途中で直面しそうな障害にはどんなものがあるか?　具体的にいえば、自分の行動や振る舞いのうち、トレーディングの障害になりそうなものはあるか?

ケネス　ゴールは、一日当たり二万五〇〇〇ドルの利益をあげることです。今のところ、これは達成できています。保有しているポジションは、それぞれ五〇万ドルから一〇〇万ドルです。今日は九本のポジションを持ちましたが、こんなに持ったのは初めてです。普通は三本か五本ですね。それぐらいに絞り込んだほうが、市場の変動に迅速に反応できるんです。ほかにもいろいろな仕事があることを考えると、九本は多すぎます。寄り付きで過剰反応してしまったようです。もう少し値下がりするのを待って銘柄数を絞り込み、多めに買うべきでした。ポジションを持つようになって今日で五日目になりますが、一四万七〇〇〇ドル稼ぐことができました。

キエフ　なるほど。当分はポジションの数を自分が安心できる水準に抑えて自信をつけるのがいいでしょう。成功体験を積めば、もっと大きなポジションをたくさん持てるようになるはずです。重要なのは、トレーディングの邪魔をするもの、あなたを脅かして正しい判断が下せなくなるようにしてしまうものを見つけだすことです。人間は常に何かに反応しますが、何に反応するかによって次のチャンスへの対応の仕方が変わってきます。それから、自分の成功にどう反応するかも重要な問題です。大きな含み損が出たがそのまま持ち続けたところ、株価が反転上昇して大儲けした。そんなときは自分がヒーローになったような気がするでしょうが、実は単にツイていただけですから、その後で間違った方向に進んでしまいかねません。

ですから、これからは正しい反応ができるように、そして戦略には好ましくない感情的な反応をしても軌道修正できるように、自分の反応を記録してください。自分の長所を活かし、短所をカバーするトレーディングスタイルを構築するためには、そうやって己を知ることが大事なのです。感情に流されたトレーディングをしてはなりません。目標を設定すればそれに見合ったポジションの大きさもわかりますし、損失をチェックすることもできます。

ケネス　そういえば昨日、感情的な売買をしてしまいました。午前中に二万五〇〇〇ドルの利益を稼いで目標を達成したので、次のチャンスを探し始めたんです。手ごろなものが見つかったので、それを買い持ちにして帰宅することにしました。そうしたらこれが大当たりで、四万七〇〇〇ドルの利益が出ました。これで図に乗ってしまったんでしょうね。同じようにオーバーナイトの取引を仕掛けて、今朝出社してみたら大損です。今日の損失は昨日の成功がもたらしたものなんです。

キエフ　トレーディングは感覚に頼らず、自分が知っていることに基づいて行う必要があります。それに、あなたは自信を持ちすぎる傾向と、失敗したときに自分を責める傾向とが組み合わさっているようですから、そのことにも注意してください。下手をすると、この傾向のためにトレーディングを続けられなくなる恐れもありますから。

ケネス　実は、自分はこの仕事に向かないんじゃないかと思うことがあります。そんな能力があるのか、ちゃんと利益をあげられるのか、不安になるんです。確かに今のところ利益は出ています。昨日は四万七〇〇〇ドルも稼いで、ちょっと天狗になりました。おかげで今日は大損です。こうやって経験を積んでいくものなのでしょうか?

キエフ　トレーダーとして成功するには、早くから利益を出すことよりも、自分の反応を観察する力を着実に養うことのほうが重要だと思います。トレーダーになって間もない時期に自己覚知できるか、正しい規律やよい習慣を獲得できるかどうかで差がつくということです。売買に対する自分の反応をコントロールできるようになれば、そして利益のあげ方を習得すれば、大きなポジションで大きな利益をあげられるようになります。ほかのトレーダーにない強みを持っているかどうか考え、持っているならそれを活かす方法を学ぶ必要があるでしょう。また、トレーディングで自己覚知が行えるように、自分の感情を振り返って記録する方法をぜひ習得してください。

コーチングとは、型にはまった思考からの脱出を促すための、自分の信念や思い込みがトレーディングに影響することを率直に認めて意識させるための道具である。コーチングとは、真剣に取り組むことと形だけをなぞることの違いを、真剣に取り組むこととあきらめることの違いを理解させるための道具である。

面白いことに、コーチングという第一の道具は、第二の道具である「チームワーク」、第三の道具である「トレーディングシステム」にとっても重要な意味を持つ。チームワークは、チームの一員として貢献することにより自分の能力を伸ばすチャンスを与えてくれるものであるが、エゴや縄張り意識がその邪魔をすることが少なくないため、コーチングによってこれを緩和する必要があるのだ。また、コーチングを通じてトレーディングに集中できるようにすれば、トレーディングシステムの規律に従うことも容易になる。

コーチングをチームワークの醸成に役立てるには、各メンバーの長所を確実にとらえ、その長所をうまく組み合わせてプラスの相乗効果を引き出す能力のあるコーチが必要である。チームとは、トレーダーがエゴを離れて互いに刺激し合うようにし、一人のトレーダーでは得られない成果を得るためのメカニズムなのである。

チームワークを活用する

トレーディングは昔から、個人の力量で勝負するという色彩が強い分野である。しかし、ここにチームワークを持ち込んで知識を共有する価値は十分にあると私は考える。各個人のゴール到達の障害になるものを取り除く手段のひとつであるからだ。

実際、チームプレーヤーになろうとする努力は、適切なリスク管理を行うためのひとつのステップといってよい。チームを組むことの利点に気づかないトレーダーは少なくないが、いわゆる「ゾーン」でトレーディングするにはチームワークが必要不可欠であることを達人はちゃんと知っている。

リスクを取るときの心得にはいろいろあるが、以下にあげるものを身につけるときにはチームワークが特に役に立つ。

▽少しずつ変えていく。
▽決まりきったやり方に縛られない。

▽目の前の現実に注目する。
▽動き続ける。
▽一歩先を見て売買する。
▽簡単にあきらめない。

いずれもすでに本書で論じたものであり、一人でも実践できるが、チーム全体で取り組めばその効果は倍増する。聖書の「伝道の書」にも次のような一節がある（四：九〜一〇）。「二人よりは二人のほうがよい。二人で働いたほうが、収穫が多くなるからである。二人でいれば、倒れてももう一人が支えてくれる。悲しいかな、孤独な暮らしをしている人にはいざというときに支えてくれる人もいない」

チームに属していれば、心得を身につける際に仲間からのサポートや励ましを当てにできる。ほかの仲間をサポートしたり励ましたりすることもできるだろう。

あるトレーダーは、トップクラスの運用成績を収めているトレーディングチームを観察して、次のように語ってくれた。「メンバーは全員個性的というか、タイプがばらばらなんです。一人ひとりに任せたら、どんな成績になるか予想がつきません。ですが、彼らは一緒になることで大変な力を発揮します。最も重要なのは、お互いのミスを防ぎあうという効果でしょう。一種のチェック・アンド・バランスですよ。一人でトレーディングしていたら、そういうシステムは使えません。確かに、インターネットのようなバーチャルな世界ではそういう仲間を募ることもできるでしょうが、同じものにはなりえないでしょう」

パートナーがいれば、大きなポジションを取ったり、利益を確定したり、ポジションを増やしたりするのを手伝ってくれる。チームメイトからの励ましの言葉、とりわけ先輩トレーダーのちょっとしたアドバイスなどが大きな助けとなることは少なくない。

トレーダーのブルースは次のように話してくれた。「パートナーのリッチと私とでは、トレーディングのスタイルが全然違います。でも、コンビを組む利点はたくさんありますよ。第一に、売買手数料をひとまとめにして払っているので、証券会社からいろいろと優遇してもらえます。ファンダメンタルズを分析したアナリスト・リポートが手に入るのはありがたいですね。それに、私が保有している四〇銘柄をリッチがチェックして、リッチが持っている銘柄を私がチェックするということもやっています。いいアイデアが浮かんだときには、二人の資金を足しあわせて大きなポジションを持つこともできます」

チームワークの利点はこれだけではない。例えば、チームを組めば各メンバーが長所を発揮することで全体に貢献できることも大きな利点のひとつである。しかし実際には、チームを組むよりも個々のトレーダーにできるだけ大きなポジションを持たせたほうがよいとか、パートナーと組むのは苦手なトレーダーのほうが多いという誤った認識を持つ企業が少なくない。

確かに、そういい切るトレーダーはいる。「パートナーとはうまくやっているよ。でも、互いに助け合うことはないな。俺はやつを助けてないいし、やつも俺を助けちゃいない。何となく具合が悪いんだよ。やつにはアナリストの才能があって、どの企業のどこがいいかを見つけるのが得意だけど、それが俺のトレーディングに役立っている感じはない。あいつ、忙しすぎるんだよ。会社訪問ばっかりしててさ、スクリーンの前に座ってる時間がないんだ」

◆実践の手引き

何らかの成果をあげようとがんばっていても、途中で歩みを止めてしまう――ほとんどの人がそういう経験をするのは、ビジョンの実現に真剣に取り組むのを面倒だと感じたり、困ったときに仲間のサポートを得るのを恥ずかしいと思ったりするからだ。注意されたり批判されたりして、萎縮してしまうこともあるだろう。

その意味では、目的を達成しようというコミットメントだけでは不十分である。その目的を周囲の人にも打ち明け、いざとなったら助けてほしいとあらかじめ頼んで了解を得ておくことが重要だ。周囲の人を自分のトレーディングに巻き込む以上は、自分の目的をあらかじめしっかり伝え、周囲の人も真剣に関わってくれるように手配する必要がある。朝になったら、成果を得るためには何が必要かを考え、時間が足りないのか、スペースが足りないのか、それとも人が足りないのかを考えなければならない。コミュニケーションを密にし、どんな仕組みで取り組むかを確実に伝えなければならない。予定表をつくって配布しておくことも有効だろう。

目的達成に必要な仕事、義務などの内容を明確に伝えることは決して容易ではない。そのコミュニケーションが最初の段階でうまくいかず、周囲の人のサポートを得られないこともよくある。私の知る限りでは、ポートフォリオマネジャーとアナリストたちとの間でそうしたコミュニケーションが破たんすることが多い。特に、アナリストがその仕事について責任を問われなかったり、ポートフォリオマネジャーのニーズと関係なく仕事をしたりしているときに、そうなる傾向があるようだ。

したがって、お互いの信頼関係を構築し、誰が何をしてほしいと思っているか理解することが重要である。トレーダーをサポートする人々がその道の専門家であっても同様だ。アナリストが自分に分析リポートを提供するのは当然だなどとは考えず、自分が何をしてほしいか具体的に述べておくべきだろう。そうしなければお互いの認識にずれが生じ、目的を達成できなくなる恐れが出てくる。

また、周囲の人々が自分の計画通りに参加してくれているか否かを確かめるために、何が行われているかのシステマチックなチェック法を導入しておくとよいだろう。そうすれば、仕事ぶりを定期的にチェックできることにもなる。

周囲のサポートを取りつけた後も、自分が思い描いた通りに事が運ぶように気をつけなければならない。自分が何をしてもらいたいのかを明確に認識し、周囲にもそれをしっかり理解してもらわなければならないのだ。そのためには定期的なチェックと、ちょっとしたマネジメントのスキルが必要になる。具体的にいえば、才能のある人材を選んでその人に適した仕事を割り当てる、目的意識を持たせる、能力をフルに発揮できるスペースを与えるといったところだ。「がんばれば誰でもこの仕事はこなせる」などと考えず、適材適所に徹することが肝要である。

チームをつくれば必ずチームワークが生まれるというわけではない。それどころか、仲間同士の不満や嫉妬が募ってゴールの追求に悪影響が及ぶことは珍しくない。もし読者が、チームメイトをうらやましいと思ったときには、彼らがやっていることを自分もやりたいかどうか考えるとよい。もし答えがイエスなら、彼らと競争することによって自分の能力が高まるかどうかを考えるとよいだろう。コミットメントとは、自分の目標を公言することにより、ゴールを目指す過程で後ずさりしてしまう傾向を克服することにほかならない。

チームで行動するのなら誰かがリーダーシップを取るだろうと思われるかもしれないが、大半の人はこのリーダーシップの原則になじみがないか、居心地の悪さを覚えるものだ。私自身は、メンバー全員が参加するオープンな雰囲気のチームにしかチームワークは生まれないと考えている。バカにされるのではないか、支配されるのではないかといった恐れを抱かずに自分の意見を述べられるチームでなければうまく機能しない。

信頼関係があるときこそチームワークはうまくいく。一人がほかのメンバーの上に立つといった考え方は捨て、グループ全体の目的に向かって全員が全力で取り組むのが理想である。そうすればそのメンバー全員が、目的を達成するにはどうするべきかという観点から市場にアプローチするようになる。チームにリーダーが存在する場合には、仲間を増やすことがその仕事となる。目的について情熱を持って語り、結果を出すのに必要なことは何でもやるという気概を持てば、非常に大きな成果をあげることができるだろう。

ケーススタディ

チームをつくる

大きなリスクが取れるようにするにはチームをつくる必要があり、そのためには各メンバーが何らかの妥協をする必要がある。しかし、あまりにも大きな妥協をすると、チームを組んだ後でいらだちが募ったり落ち込んだりすることになる。それを避けるためには、十分な対話を通じて各メンバーの参加の度合いを微調整したり、チーム内での役割を明確にしたりするとよい。そうすればチーム全体の効率が高まり、士気も向上するだろう。

ここでは、あるチームに属しているトレーダーとの対話を紹介する。自分が本当にチームに貢献しているのかどうか悩んでしまうトレーダーは少なくないが、彼もその代表例といってよい。

ジョン　チームに加わってからというもの、会社への貢献度が低下したような気がします。大きなポジションを持つときには周囲の了解を得なければならないので、一歩後退してしまったような感じがするんです。マイナー・リーグに落とされたピッチャーのような感覚といったらわかるでしょうか?

自分はチームの一員には向いていません。誰の助けも借りずに、腕一本で稼ぐほうが性に合っています。自分が損を出したら、チーム全体に迷惑がかかるじゃないですか。自分は動物みたいに獲物を見つけたらすぐに食いつくタイプで、数百万ドルの損を出してもすぐに取り返す荒っぽいトレーディングをしますから……。チームの中にいるとそういう強みが発揮できない、自分が自分でないような気がして仕方ないんです。

キエフ　チームに入って何がどう変わりましたか？

ジョン　気合いが入らないですね。チームの仲間全員に売買の中身を説明するのがいやなんです。自分自身に説明できればそれでいいじゃないですか。自分に任せてもらえるなら、以前のとおりトレーディングできるでしょう。

キエフ　なるほど、でもちょっと待ってください。チームを抜けることはひとまず横に置いて、チームに所属しながら自分一人でやっているような感覚で売買するには何が必要か、考えてみましょうよ。何しろ、チームはあなたを必要としているんですから。

ジョン　自分を、ですか？

キエフ　そうです。私には、チームのメンバー全員が何らかの貢献をしているように見えます。大きなポジションを持ち、かつメンバーが互いに刺激し合うことによって、一人ひとりではなし得ない成果をあげているように見えます。

ジョン　それでは、チームのそばにデスクを構えるけれども、売買は自分の判断で行うというのはどうでしょう？　チームの一員にならなくてもチームプレーヤーになることはできます。私は損失など気にせずにやりたいんです。損を出すたびに仲間に謝るというのはご免です。罪悪感があるんです。自分の勘定で完結するなら、そういう罪悪感は持たずにすむでしょう。

キエフ　チームのためのトレーディングにもそういう責任感ある態度で臨めるとしたら、それは素晴らしいことだと思いますが、そうじゃありませんか？

ジョン　いや、それは無理ですよ。チームに入ってからは、すべての売買について仲間に説明しなきゃいけないような気がしているんです。例えば、ABC社の株を空売りしたいと考えていて、目の前でそれが値上がりしたら、いちいち説明などせずにさっさとポジションを取りたいわけですよ。仲間とどう話したらいいかもわからないし。それに、いろいろ理由があって、すでに取っているリスクをさらに大きくするような取引はいやなんです。これまで自分のやり方でうまくやってきたわけですし、これからどうしたらいいんでしょう？

キエフ　ほかのメンバーと話をしてみてはどうですか？　自分の考えを話して、それについてどう思うか話してもらうんです。たぶん、あなたは自分で考えている以上にチームに貢献しているでしょうし、ほかのメンバーもそう思っていることでしょう。だからあなたの希望が明らかになれば、チームの中で「自分流に」やれる余地が大きくなるのではないかと思います。

そこで、ジョンのチームのメンバーを一人呼んで話を聞いたところ、こんな反応が返ってきた。「おいおい、自分を安売りしてほしくないね、ジョン。あんたはチームに貢献している。あんたのおかげでチームに活気が出るんだ。言いたいことがあったら言ってくれよ。実際、俺はあんたの話からトレーディングのヒントを得ることがよくある。俺よりも早く市場の変化に気づくからだ。これがチームワークであって、一人のトレーディングとは違うところだと思うよ。それはぜひわかってほしいな。

誰の助けも借りずに自分の腕一本で稼ぐっていうのはわからなくはないけど、そういう感覚をちょっと抑えてくれれば、チームに参加することの意味がもっとよくわかると思うよ。メンバーにはそれぞれに役割が与えられている。もう少し時間がたてば、その役割を果たしてチーム全体の利益に貢献することで大きな満足感が得られるようになる。自分がチームに入って得意な分野に集中することで、バラバラにやっていたときよりも大きな成果が得られるからだ」

短い対話だったが、ジョンはこれで納得し、目の前にある仕事に集中できるようになった。またそれ以上に重要なのは、これをきっかけにほかのメンバーとも対話が進んだことだろう。「自分はチームに貢献していないのではないか」という疑問を抱いたらほかのメンバーにそう話すべきであること、チームの成績を高めるために我慢しなければならないものや、自分に与えられた役割などを明確に把握する必要があることなどが、チームのメンバー全員に理解されるようになったからだ。

自分が必要とされているという意識

こうした対話は、トレーダーがひとつ上のレベルに上るときに役に立つ。しかし、マッチョ・タイプの人や独立独歩の傾向がある人と行うのは難しい。不確実性を一人で抱え込まないことや、くだらないメンツを捨てることに価値を認めようという意識がなければ、こうした対話は成功しないだろう。

もっとも、具体的な問題を論じることよりも対話を始めることや、心を開くことに価値を認めることのほうがここでは重要である。対話をすることによって緊張感がほぐれ、感じていることが気軽に話せるようになるからだ。

ご承知のように、チームワークの本質は、メンバー全員がチームの目的の達成に向けて真剣に取り組むようにすることである。目的達成に必要なことを進んで実行するように、自分が必要とされているという意識を持てるようにすることである。もちろん、「言うは易く行うは難し」という側面はある。トレーダーには、独自のスタイルと目標を持つがゆえにチームの目的になじめない人が少なくない。

したがって、各メンバーがチームの目的に真剣に取り組む気になるように、チームのリーダーはありとあらゆる努力をしなければならない。チームに入ったトレーダーはチームの目的を自ずと尊重するようになり、自分のスタイルを自ら進んで調整してくれるだろうなどと期待してはならないのだ。

人が成功するのは、その長所のためでもあり短所のためでもある。損益に毎日向き合わねばならない、不確実性に満ちたトレーディングの世界では、弱い人間の心理を支えることが成績向上のカギを握っており、コーチングとチームワークが果たす役割は大きい。

このうちチームワークには、トレーダーが創造性を発揮できるようにサポートしていく機能が求められる。といっても、ひとつのチームが利用できる資金には上限があり、全社的なリスク管理の問題もあるため、トレーダーの創造的な取り組みをサポートするといっても簡単にはできないだろう。そうした制約のために、トレーディングの成功に欠かせないリスクを取る能力が抑えつけられることもあるだろう。したがってコーチは、トレーダーが一定の制約の範囲内で創造性を発揮できるように彼らをリードしなければならない。

チームを組んで行動し、ほかのメンバーから得るものがあることに気がつけば、トレーダーは自分のエゴやこだわりを捨てやすくなる。すると、大きな成果を得るために必要な土台を築くことができる。コーチングとチームワークはここでも、一定の制約の範囲内でトレーダーがリスクを取るように促す働きをする。

有能な管理職は、目標を設定し、トレーダーが自分なりの方法論や才能を駆使してこれを達成できるようにする。目標設定によってマネジメントのルールをいったん破壊し、トレーダーが自分なりの方法で目標に向かって突き進んだり、才能を磨いたりできるようにするのだ。

チームワークにも限界があることを理解する

もちろん、チームワークがかえって足かせになってしまうということはありうる。例えば、チームに入ったのだから、いろいろと面倒をみてもらえるだろうなどと期待してはいけない。結果を出すのは、あくまで自分自身である。自分が何をしたいかをサポートしてくれる人に明確に伝え、計画通り実行できているかをチェックする責任も自分にある。目的達成に必要な手順を明示し、それを実行するための枠組みをつくるのも、やはり自分自身の仕事である。この仕事をしっかりやらなければ、物事が思い通りに運ぶことはありえない。要するに、「自分のために誰かが何かをしてくれる」などと思ってはいけない。ワンパターンとなったやり方や自己満足の殻を突き破るためには結果を出すことにこだわる必要があるが、コミットメントの本質は結果を出すことではない。自分の持てる力をすべて出し切ることにある。

人は勝つためにトレーディングに取り組む。しかしトレーディングでは、勝つことよりも自分の潜在的な能力やエネルギーを総動員することに意義がある。身体の奥深くに眠っている創造性を引き出すことが究極の目的だといってもよい。例えば、誰かが読者に代わってトレーディングを行い大金を稼いだとしても、読者には目的に向かって努力したという達成感も充実感もないだろう。だがチームワークを利用すれば、自分の戦略を活かしながら周囲を巻き込み、そのやる気を引き出せる。

ただし、自分の成績をほかのトレーダーと比較してはならない。うまくいかないために落ち込んでいるとき、ほかのトレーダーがやすやすと目的を達成したり自分が欲しい能力を持っていたりするように見えるときは特にそうだ。また、リスクを取ることよりも後れを取り戻すことのほうを重視していると、このワナにかかる危険性は高くなる。

他人がうらやましく思えるときには、自分がどれくらいトレーディングに賭けているかなどと考えてはならない。一生懸命やっているつもりでも、実は的はずれなことをしていたり、潜在的な力を出し切っていなかったりする可能性があるものだ。

繰り返すが、怖がっているだけでは仕方がないし、考えるだけでもだめだ。成果さえあげればよいわけでもない。重要なのはどんな行動を取るかである。行動するのをやめそうになったり、自分の考えや誤った自己認識に閉じこもりそうになったら、ぜひこのことを思い出していただきたい。

チームに加わったからといって、ほかのメンバーのゴーサインを待っていてはいけない。チームに貢献したいなら、下準備をして論拠を固め、自分の意見をどんどん発言することだ。否定されてもへこたれず、意見の質を高めて再度トライすることだ。そうしなければ、自分の意見などいつまでたっても聞いてもらえない。反対されても怖じ気づいてはならない。自分を信じ、自分の意見を弁護すべきである。下準備を怠ることなく、アイデアをどんどん提供すべきである。

また、チームに所属していることを言い訳にしてはならない。たとえ力を一〇〇％発揮できなくとも、チームのせいにしてはならない。自分のミスを仲間のせいにするのは論外である。チームに入ったら、まず自分が何を成し遂げたいかを宣言する。自分の意見を述べ、全力で仕事に取り組む。そのあたりは、トレーディングでも野球でも、そのほかのものでもそれほど変わらない。

トレーディングの規模を大きくしたいときにはチームを組むのが当然だと思われるかもしれないが、最強のチームを育てるにはどうしたらよいかという研究は熱心に行われていない。チームをつくればメンバーの関心は自ずとひとつにまとまり、分業体制が確立すると思われているのは誤りである。トレーディングチームは、メンバーであるトレーダーがその気にならなければ機能しない。努力なくして成功はありえない。

チームワークを導入する価値は、目標が一段階切り上がるところにある。メンバーのやる気を引き出し、トレーダーがこれまでよりも大きなリスクを取るのを後押しできるところにある。

トレーディングの腕前があがればあがるほど、トレーダーたちは互いに依存し合っていることに気づく。そして、チームワークを導入することに積極的になっていく。トラブルに陥ったら救い出してくれる。怖くなったり怒ったりしたら、なだめて冷静にさせてくれる。そんな仲間が必要なことに気づくのである。ほかのトレーダーとチームを組めば、新しい問題解決方法を会得したり、高度な目標を新たに持ったりできるようになる。トレーダー個人だけでなく、会社にとっても利益になる。

しかし、チームを組んで成功するには、チームワークがもたらす価値をあらかじめ理解しておかなければならない。どんな問題が起こりうるかを把握し、情報を共有する心の準備をしておかなければばならない。いずれも、覚悟を決めて努力しなければできないことかもしれないが、チームワークが個人とチームのゴール到達に大いに貢献することを理解できれば、努力や不安を補って余りある成果が得られることがわかるだろう。

トレーディングシステムを利用する

感情的な反応を制御してトレーディングの精度を高める方法のひとつに、トレーディングシステムの利用がある。柔軟性がないとか、あらかじめ想定されていない情報は処理できないといった欠点はあるものの、トレーダーが普通に直面する心理的・感情的な問題への対処には役立ちそうだ。しかし、ここにも常に大きな問題がつきまとう。トレーダーがエゴを貫き、システムの提案を無視してしまうことがあるからだ。

トレーディングシステムには、単純なルールに則ったシステムからコンピューターの計算能力を駆使した複雑なシステム、ブラックボックスのようなシステムに至るまでいろいろな種類がある。ここではそれらの違いには詳しく触れず、リスクを取る際のシステムの利用が引き起こす心理的な問題に的を絞って論じてみたい。

コンピューターを使ったトレーディングシステムは、より大きなリスクを取るときにはとても役に立つ。より多くのデータを消化でき、より複雑なアルゴリズムを駆使できるからだ。しかし本書との関連で最も興味深いのは、システムのバイパス機能である。つまり、本来ならトレーダーがあれこれ考えて立ち止まってしまう局面を迂回するのに役立つのだ。

システムの提案に従う限り、トレーダーはノイズへの過剰反応や集中力の欠如、状況を制御できなくなることへの恐怖感などから生じる反応から自由になれる。損失が生じるとトレーダーは失敗について考え始めることが多いが、システムは損失への感情的な反応を無視するからだ。

利益の出ている売買への感情的な反応も回避できる。数日間連続で利益をあげると、「自分は天才かもしれない」などと思い込み、トレーディングの基準を緩めて大勝負に出て大損するトレーダーもままみられるが、感情的な反応をしないシステムではそういうこともない。

システム・トレーディングは、潜在的な能力をなかなか発揮できない人、成功を恐れて力を出せない人などに向いている。これを使えば、ポジションを自分の限界まで大きくすることへの抵抗感や、勝ち続けた後に負けてしまう傾向などを努力して乗り越える必要もなくなる。

ケーススタディ

システム・トレーディングの活用

為替トレーダーのトレヴァーは完璧主義者で、売買の回数が同僚に比べ非常に少なかった。だが上司のジョージは、トレヴァーのアイデアと分析力を高く評価しており、トレンド・フォローのトレーディングシステムを与えれば売買の回数が増え、会社全体の利益にもなると考えた。そこでトレヴァーが好成績をあげていた低リスクの売買に適したポイントを見つけだし、トレーダーに知らせるシステムを導入した。

だが私は、このシステムの導入に疑問を感じていた。トレヴァーの問題点は、なかなか決断できないところにあったからだ。彼は、以前はある意味非常に機械的で、売買のあらゆる条件が整い、リスクが小さくなったことが確認できるまで決して手を出さなかった。この完璧主義ゆえに、彼は数多くのチャンスを見逃してきた。

トレヴァーはそんな私の疑問を聞いて、システムを導入すれば自分のリスク回避の傾向が直るだろうと語った。自分がふだん使っているトレーディングの基準（これを用いて過去五年間に四〇〇件の売買を行った）をシステムに打ち込む。そうすれば「正確な数字を打ち出してくれるので」リスクを制御しながらトレーディングが行えるというのだ。「いつ手を出し、いつ手を引くか、すべてシステムが教えてくれるでしょう。損益で悩む必要もなくなるでしょう。すべてシステムが決断してくれるからです」

システムの指示を無視したくなることはないかとの問いに、トレヴァーは直接答えず、こう語った。

「このシステムは、人間が持つ弱さを克服するためにつくられました。恐怖心とか強欲、優柔不断といった弱さです。システムを信頼すれば、こうした感情の問題は克服できます。ですから、正しい判断を下していくためには、システムに従う必要がありますね。トレーダーが使うシステムは今後、一人ひとりの長所と短所を考慮したものになるでしょう。五〇ポイントの下落には耐えられないトレーダーが、二〇〇ポイントの下落まで許容するシステムを使っていたら、不安で仕方ないでしょうから」

システムを使えば自分の欠点はカバーされるとトレヴァーは考えていた。しかし彼はまだ、システムに従うか否かを選べる立場にある。システムが自分の気に入らない指示を出したら、それを無視してしまう可能性はやはり残るのではないだろうか。

「無視してしまったらシステムを使う意味はありません。いったん導入したら、もう使うしかないのです。過去のデータを使ってバックテスト（シミュレーション）を行えば、十分信頼できるものであることがわかりますよ。私のシステムでも過去五年のデータを使ってやってみましたが、六割の確率で利益を出せることがわかりました。リスクを取るのはいやだし、ひとつのポジションを持ち続けるのもいやだという私の心理を考慮してつくったシステムです。勝つか逃げるか、どちらかを選ぶようになっています」

「このシステムが優れているのは、汎用性があってほかの通貨のトレーディングにも使えることです。

市場の種類に応じたルールをインプットして走らせることもできます。ひとつの市場に特化した機能を乗せるよりも、使い回しがきくようにしてポートフォリオを組み、成長を目指すほうが得策でしょう。損益をならすことにもなります」

トレヴァーの考え方は正しい。システム・トレーディングには多数の利点がある。データを大量に集めて処理できるため、先を見越したトレーディングが行える。具体的な目標や基準を設けることも、関連するあらゆるデータを科学的に計測可能な方法で考慮してトレーディングできるように、自分のパフォーマンスを計測することも可能になる。シミュレーションでは利益が出るが本番では利益が出ないという場合でも、モデルを見直すことで何が抜け落ちているかを知ることができる。まさに、感情に振り回されない環境でトレーディングを行えるようになるのである。

システム・トレーディングの利点は何か

システムにインプットされた規律に従っていれば、ゴールを目指す戦略を着実に実行できる。ポジションの規模が大きくなれば流動性も増し、具体的なフィードバックを得られるため売買コストも抑えられるだろう。

システム・トレーディングは、トレーダーの行動と感情との間に壁を築いてくれるため、理詰めで売買したいときには特に向いている。自分でトレーディングを制御しているという安心感も得られる。

従うべき原則をあらかじめ決めておき、システムが前提としている事項を承知していれば、システムの計算を頼りに決断を下すことは意外にやさしいと感じるかもしれない。

株式トレーダーのダナが使っているシステムは、値動きと売買高の関係を分析したり、データを高値と安値の水準や値上がり率と値下がり率に応じて並べ替えたりできるという。「自分の視点が的確かどうかを確認したり、新しいアイデアをつかんだりするのに役立てています。特に、いい材料が出ている銘柄の売買高が盛り上がらないとき、そしてその理由がわからないときには重宝します。大量の銘柄を自動的に分析してくれるのもいいですね。一度に三〇〇〇銘柄ぐらい分析して、値動きがいいのはこれですって教えてくれるんです。何年も耳にしなかった名前が出てくることもあります」

システムを使えば、市場全体をより正確に把握しやすくなる。プレッシャーに襲われてトレンドを読み誤りがちになりそうなときには、特に役に立つだろう。また、市場全体が寄り付きから好調でそのまま一本調子で上昇しそうなときでも、市場全体や一部の主要銘柄の下落を示唆する微妙な変化をシステムがいち早く発見し、トレーダーの誤った感触を正してくれることがあるかもしれない。

その意味でシステムは、何が起こっているか、何をすべきかを教えることでトレーダーの自信を深めることができると言える。トレーダーが手を引きたいと考えてもシステムがそれを押しとどめたおかげでうまくいくということもあるし、逆に、史上最高値圏にあった相場の上値が重くなって下落に転じ、トレーダーに不意打ちを食らわすという展開になっても、システムのおかげで早めに逃げ出せるということもあるだろう。そういうときは、システムのシグナルがなければ、いずれ回復してほしいと願っているうちに売るチャンスを逃してしまうだろう。

システムにはスピードアップを図れるという利点もある。あと何年かすれば市場の動きは今よりもずっと速くなり、大半の人間がついていけなくなるだろう。そしてシステムがそれに取って代わり、ほかのトレーダーの先を走ろうとすることだろう。

世界の金融市場が二四時間稼働する電子市場に移行すれば、情報が広まるスピードはますます速くなる。あと五年もすれば売買はすべてシステムが行うようになる、と予言するトレーダーもいる。したがって、今からシステムを使っていけば、使い方を知っている分だけ有利になるだろう。

具体的にどんな点で有利に立てるのか。真っ先に思いつくのは、その時々の感情や恐怖に振り回されることなく市場への関心を維持しつつ、柔軟性を保てることだろう。システムは、相場の好材料が飛び込んできても浮かれたりせず、思惑がはずれても取り乱さない。疲れたり、しょんぼりしたりすることもない。何かに気を取られて注意力が散漫になることもない。データ収集や分析で、つまらない間違いを犯すこともほとんどない。トレーダーはもう、システムが集めてきた情報や分析を見て判断するだけでよいのだ。

また、システムは人間と違い、将来の不幸を想像して不安になることもない。失敗を繰り返すことを予想して不安感を強めたり、成績を落としたりすることもない。市場が予想もしない方向に劇的な変化を遂げているときでも、まったく動揺することがない。これこそ、コンピューター・プログラムの最大の長所だといえよう。

奇跡じゃない、やればできる

ただし、どうしても解決できない問題がひとつある。トレーダーは、その気になればシステムの助言を無視できるし、あらかじめ決めた規律を破ることができる。つまり、システムを導入しても、トレーディングから人間の心理を完全に排除することはできないのだ。

システムの助言を無視するのであれば、システムを導入する意味はない。しかし、無視したくなるときは確かにある。感情面から見て難しい取引においては、自分の動揺と向き合うよりも、自分の信念や直観にまかせてシステムを無視する方が簡単なのかもしれない。

例えば、トレーディングで負けが続いて落ち込むと、システムを無視したいという衝動を覚えることがある。トレーダーはそんなとき、無視を正当化しようと例外的な出来事に注目する。コンピュータのシグナルと反対の売買で利益を得たときのことを思い出すのだ。だがこのとき、トレーダーはそれがあくまで「例外」であることを忘れている。そのままシステムを無視し続ければ、システムはまったく役に立たなくなってしまうだろう。

「大半のトレーダーは、システムの判断をそのまま受け入れることに抵抗を覚える。市場のトレンドを見て、売買するかどうか判断している。相場の材料には感情的な反応を示すし、システムの判断には耳を傾けない」。トレンド・フォローのシステムを使って為替と商品のトレーディングに取り組むカールはそう話している。

つまり、システムを導入してもトレーダーの行動とトレーダーの感情を完全に切り離すことにはならない。

投資額を増やすときに最適な戦略を特定しやすくなるというわけでもない。運用額を急増させると、ボラティリティが過度に大きくなることがある。それをきらった投資家が資金を引き揚げることもありえよう。システムを導入すれば、情報技術への依存度もその分高まる。

さらに、システムを導入すると、トレーダーの裁量で注文する際の柔軟性が失われる。あるトレーダーは、システムを使うようになってから、「タコツボに閉じこめられたような気分。リラックスする時間がなくなってしまった」とぼやいていた。

設定にもよるが、株価が狭いレンジ内で激しく動くと、システムはシグナルを頻繁に発するため、ぼんやりしていると売買のチャンスを逃してしまうこともある。チャンスは限られているのだから、システムを使う以上はシグナルに常に注意を払い、できるだけ有利な価格で売買する必要があろう。また、システムはいったん使い出したら簡単には休止できない。今日は調子が悪いからといってほかの機械に切り替えることもできない。さらに、自分で事前に決めた戦略であっても、その実行は一部システム任せとなる。同じ戦略を貫く力が長所となるときもあれば、短所になるときもあるだろう。

このトレーダーはこんな説明をしてくれた。「統計データを役立てるためには、とことんシステムについていかなければならない。ちょっとコーヒーを飲みに行った隙に最高のチャンスが訪れることもあるのだから」

ストレスの元凶になりうるものはほかにもある。技術的な不具合、シミュレーション・モデルのテスト不足、シミュレーション・モデルと現実との不一致などだ。技術進歩によってシステムがあっという間に陳腐化するリスクもある。セキュリティ面で不安があったり、仲間割れやプログラム再設計の必要性といった頭の痛い問題があったりする場合には、競争力強化につながる新しい、しかも安価なシステムが欲しくなるかもしれない。

システムが進歩するということは、プログラムが高度になるだけでなく、運用額の急激な増加にも対応できることを意味する。トレーダーの運用資金は、少しずつ増えることもあれば横ばいの状況が続くこともあり、急増することもある。システム開発者自身も、継続的に進歩しなければならないだろう。さらに、システムを使ったトレーディングは日計り商いではあまり問題がないものの、一日中画面に張りついてすべてのシグナルを確認しようとすれば、その緊張感で参ってしまうだろう。

したがって、システムを使うトレーダーは、ストレス管理にも注意を払うべきである。感情をコントロールする技術ほどの重要さはないものの、役に立つ原則は多々あるはずだ。自信がなくなったときの対処法、システムのテストや運用に注意を払いながらトレーディングに集中する方法などを学ぶことも助けになるだろう。

ストレス管理のテクニックは、ポジションを大きくする際にどの程度システム頼みにするかを決めるとき、データが十分集まったか否かを判断するとき、シミュレーションではうまくいったプログラムが現場ですぐに役立つとは限らないことに気づいてショックを受けたときなどにも役立つだろう。いずれもストレスの原因となる可能性を秘めている。これらの状況から逃げ出したくなったときには、大きな目的を目指すのだという気持ちを、再確認することが重要だ。

システムは大量の情報を収集・分析できるが、決断を下すのはトレーダーである。相場を読み、いつ注文を出し、どの価格で買うかを決めるのはやはり人間の仕事だ。売買のチャンスを逃したり、思った価格で売買できなかったりする責任もやはり人間にある。この責任から逃れることはできない。システムがあろうとなかろうと、その点は同じである。システムを使っても、ありとあらゆる問題から逃れられるわけではない。

シグナルを無視するな

繰り返しとなるが、システムを使うのであれば、そのシグナルを無視したり勘だけに頼ったりしてはならない。しかし、システムに従っていても、直観に反するためにストレスの多い決断を下さなければならないときがあるかもしれない。システムなどまったく当てにならないと思っているトレーダーであれば、そのストレスはきわめて強いものとなろう。感情のおもむくままに行動したいときや、システムに従わない明確な理由があるときも苦しむことになろう。

システムを初めて導入するときは、特にそうだ。机上で開発したシステムが本番で本当に機能するかどうか確認できるまで、トレーダーは強いストレスにさらされる恐れがある。また、トレーディングの利益は確率に支配されていて正規分布を描くという考え方を乗り越えられるだけの我慢強さがなければ、トレーダーはシステム導入によって新たな不安感に襲われることがある。モデルが稼働しているのを見守るときに感じる「エグゼクティブ・ストレス」にさらされることもあろう。

システムはトレーダーの失敗をカバーするためのものだが、あまり極端にこれをやるとトレーダーは憤慨し、迂回しようとしている感情をいつの間にか高ぶらせてしまうかもしれない。こうした問題がシステムに潜んでいることをあらかじめ認識しておかなければ、トレーダーはますますシステムを無視するようになるだろう。

あるトレーダーがシステムのシミュレーションを行ったところ、シグナル通りに売買していれば一年間で七〇％のリターンが得られたはずだという結果が出た。このトレーダーはその年、六七・五％のリターンをあげたという。

「どうすればシステムを信頼できるか、ようやく理解できました。時間がたつにつれ、システムの効率的な使い方がだんだんわかってきたのです。これからは、シミュレーションよりも高いリターンが得られるでしょう。システムに介入する、つまりシグナルに従わないときもありますが、それは企業買収や業界のコンファレンス、ロードショー、業績見通し、新製品の発表といったちゃんとした理由があるときだけです。システムによる介入は悪いことではない。問題は、その後どうするかです。システムは今後も発達するでしょうが、人間が排除されてしまうことにはならないと思います。人間がチェックしなければならない部分が必ずあるからです。例えば、買収の噂が出ているからこの銘柄は処分しようなどという判断をコンピュータが下すことはできません」

十分な時間とエネルギー、そしてやる気があれば、自分のトレーディングスタイルにあったシグナルを出してくれる自分だけのシステムを設計することができるかもしれない。自分だけのシステムであれば、システムが何を前提にしているかも分かっているし、自分が注目している指標を組み込むことも可能だ。達人トレーダーなら、独自の視点を反映させた価値あるプログラムをつくることができるだろう。より多くのチャンスを教えてくれるうえに、大量の情報を集めて分析してくれる。自分が成功したときの基準に適う銘柄をたくさん見つけだしてくれるだろう。

しかし、経験豊富なトレーダーが利用しているルールをすべて取り込んだモデルを設計することはほぼ不可能である。また、トレーダーがいわゆる「ゾーン」に入ったときに発揮する能力や直観をモデルに組み込むこともできない。さらに、達人トレーダーはスキルや経験を、そして何だかよく分からない能力を駆使して常識にとらわれない売買をするが、これをシステムに取り込むこともできないだろう。

先に述べたように、過去の経験は人間の心の中に信念という形で残る。それも非常に深いところに残るため、心理的な力がかなり強くかからなければ変化することはない。一方、コンピューター・システムは人間と異なり、過去の失敗を思い出して萎縮することがなく、個々の売買を完全に切り離して考えることができる。

しかし、人間の脳という最も進んだコンピューターに限界があるように、トレーディングシステムにも限界があることを忘れてはならない。

終章　まず、やりたくないのにやっていることがないかを考えよう

ふたつの基本を守れるか

市場は真っ白なキャンバスに似ている。トレーダーは、その上に自分のビジョンを自由に描くことができる。過去の経験や失敗を引きずることなく、そして自分の行動を制限する常識にとらわれることなく目の前のリスクを取ることができれば、この現実の世界でも、ビジョン通りにトレーディングを始めることができる。

今日あるいは「今この瞬間」は頼もしい仲間である。これが敵に回るのは、「こうでなければならない」という常識や習慣、信念が目の前にある現実を歪めてしまうときだ。本書で何度も強調してきたように、この歪みを正すことがビジョンを実現させる第一歩である。

達人トレーダーとは、煎じ詰めればふたつの基本を守れる人のことである。第一の基本は、自分のゴールを決めてそれを実現するための戦略を策定すること。第二の基本は、ゴールの実現を妨げてい

るものを念頭におきながらトレーディングすることである。

ビジョンというレンズを使えば現実がくっきり見えるようになり、意識してリスクが取れるようになる。こういう成果を得るために、自分はこういうリスクを取るのだと具体的にかつ明確に考えられるようになるだろう。

いつまでにいくら稼ぐという具体的なゴールを設定し、その実現に向けて真剣に取り組めば、自信が得られ、的を絞って努力することができる。ゴールを設定すれば、過去の苦い思い出について考えたり、失敗したらどうしようと不安になったりすることが少なくなる。過去の経験から得た基準をクリアしたいとか、周囲の期待に応えたいとかいう雑念にも負けない強さを得られるだろう。

現実的なゴールには人を鼓舞する力がある。非現実的な目的をあきらめることもやりやすくなり、目の前の重要なステップに集中しやすくなる。優柔不断な傾向も克服しやすくなるだろうし、自分がどこに向かえばよいかがわかり、気分も盛り上がってくるだろう。自分の行動に責任を取ること、恐怖や不安を克服することなども、ふだんよりずっと簡単にできるようになるだろう。

ゴールには、それを設定した人を引き寄せる性質がある。その導きに従って少しずつゴールに向かっていけば、流れに身を任せることができるようになる。流れを拒み、恐れ、その恐れに反応して不安を覚えることは減っていく。

過去の経験から得た常識と期待を捨てることによって成功を収めれば、リスクを扱う能力はさらに高まる。自分の売買に責任を取るようになり、不確実な環境で直面するトレーディングのリスクにも上手に対応できるようになる。

しかし、過去の経験から会得した常識を捨てるときには、その常識を選んだのは（無意識だったかもしれないが）自分自身であることを自ら進んで認めなければならない。常識に頼ることで得られる安心感、現状の心地よさやそれに対する不満なども自ら進んで捨てなければならない。

やりたくないのにやっていること

夢を追い求めるとは、不確実な市場において勇敢に売買することである。そのためには、世間の常識や期待が自分の〝ものの見方〟に大きな影響を与えていることを十分認識しなければならない。変革のカギは、自分が何をどんなふうに考えているか、そしてそれが自分のトレーディングにどう影響しているかを強く意識することにある。

いつの間にか自分の身体に染みついた考え方はストレスの原因となり、自分の目的に合ったトレーディングの実行の妨げになる。しかし、市場は中立である。誰かをひいきすることはないし、誰かを邪魔することもない。市場の出来事とそれに対するトレーダーの反応は別物である。トレーダーはこれを分離する方法を学ぶことができ、これまでとは違った方法で市場を解釈することができる。意識して設定した新しい目的やビジョンに即した解釈ができるようになるのだ。

では、何から始めればよいのだろうか。最初にやるべきことは、やりたくないのにやっていることはないかどうか考えることである。自分が「やることになっている」という一種の義務感や周囲の期待に応えたいという気持ちから、あるいはまったく無意識のうちに引き受けた仕事によって、トレーディングに向けるべき時間やエネルギーが奪われていないかどうかを確認するのだ。この時間とエネルギーを取り戻せば、自分の長所を伸ばすために使うことができるだろう。

念のためつけ加えるが、短所を改善するために使うべきではない。自分がごく自然にやっていること、できて当たり前だと思っていることに着目し、それに力を入れるのが理に適っている。これは意外に難しい。大半の人は「自分の中にはこんな能力が眠っている」とは考えず、「自分にはこの才能もあの才能もない」と考えてしまいがちだからだ。

想像してみてほしい。これまでに得た成果は自分の能力をすべて使い切った結果だろうか。そうではあるまい。おそらく、ほんの一部の能力しか使っていないはずだ。すべての能力をフルに活用し始めれば、きっとすばらしい成果が得られるだろう。

奇妙なことだが、われわれの文化では、人生は数年後、または数十年後に始まることになっている。成功のシンボルや名声、財産などを手に入れて別人になったところから始まることになっている。心の平安や充実感を味わうためには未来に何かがなければならないとわれわれが考えてしまうのは、そのためだ。つまりわれわれは、今この瞬間をどう生きるべきかを学んでいない。

したがって、重要なのはトレーディングで何を成し遂げたいかという将来のビジョンを持つこと、そしてそのビジョンを今表現するのに必要なリスクを毎日取るようにすることである。これができれば、リスクの量を少しずつ増やしていくことの意味が、そして飛び越えるハードルの高さを少しずつ引き上げて自分の中に眠っている力を引き出していくことの意義がわかるようになるだろう。

もちろん、ビジョンというレンズを通したトレーディングは、ビジョンの実現に取り組むと口でいうだけでは実現しないし、もっと努力すればよいという話でもない。必要なのは、ビジョンに沿った具体的な成果をあげ、その結果を自分の人生がかかっているかのように受け止めるという大胆な決断である。さらに、その間ずっと、この種の変革の実行がいかに難しいかを認識している必要もある。

なぜゴールを設定するのか

実際、トレーダーが具体的な成果を意識しながらリスクを取ろうとすると、無意識ながら安心できるレベルのリスクを自分がすでに取っていること、そしてそれがより大きなリスクを取ることにブレーキをかけている可能性があることに気づき始める。ゴールがあれば、そのような無意識における安心を失う痛みにも対処できるようになる。なぜなら、その痛みは目の前のことに注目する姿勢と行動の指針をもたらしてくれる戦略と釣り合っているからだ。この方向感をもたらすゴールがなければ、安心の喪失はトレーダーを悲観に陥らせる恐れがある。

著名な心理学者のアブラハム・マズローが発見したように、精神が健康であることと病的要素がないこととは別物である。彼によれば、精神的に健康であるためには、「至高経験」を手にする能力を持たなければならない。目標達成に必要な努力に没頭し、それを達成して喜びを得るという経験ができなければならない。

努力を始めた直後はイライラが募ったり、すぐ疲れてしまったりするかもしれない。だが長距離走ではよくあるように、辛抱強く続けているといつの間にか疲れが吹き飛び、新たな力が湧いてくるのを実感するようになる。あれほどつらかったことが軽々とできるようになり、時間が緩やかに流れるようになる。完全に没頭し、没頭することでさらにエネルギーが湧いてくる。自らを厳しく律し、かつ的を絞ったトレーディングができる人であれば、こうした状況を何度も体験できるだろう。

しかし、人生は永遠に続くと思っていたら至高経験は得られない。「これを待っていたわけじゃない」と思ったり、まだ時機ではないとして行動を先送りしたりしていてはだめだ。目標達成に真剣に取り組んだら、つまりコミットメントを始めたら、あとは行動あるのみである。自分の行動にどんな意味があるのか、周囲はこれを見てどう思うだろうか、時間はどれくらいかかるのかなどとだらだら考えている暇はない。雑念を振り払い、必要な行動にさっさと取りかかるべきなのだ。

恐怖を感じたり、行動するのがおっくうになったりしたら、自分の過去（私生活の過去でもトレーダーとしての過去でもかまわない）——を振り返り、その後の自分の行動を抑制するような出来事がなかったかどうか考えてみるとよい。そうすれば過去に覚えた恐怖心が現在の物事の解釈にどれほど大きな影響を与えているか、自分がいかに過去に縛られながら生きているかがよくわかるだろう。

これは人生の多くの側面でいえることだが、トレーディングについては特に重要である。どの思い出や体験が自分の行動を抑制しているかはっきり認識できれば、現実と先入観とを明確に区別できるようになるだろう。そして先入観が現実の解釈をいかに歪めてしまうかが分かり、現実との関わり方を変えられるようになるだろう。

リスクを取る能力は、自分の行動を意識するだけでも高められる。何かをふだんより多めにやったり、新しいことを始めたりする必要はない。自分に対する意識を高めれば、これまで半ば自動的に反応していたことも主体的に選択できるようになり、エネルギーを新しい方法でトレーディングに注ぎ込むことができるようになる。自信も深まり、自分の目標の達成に必要なリスクを取る能力も高まる。

トレーディングのやり方を変えることは、それがわずかなものであっても、やりがいのある課題とワクワクする感覚、そして自分がリスクを取る能力に影響を及ぼすことができるのだという自信をトレーダーにもたらしてくれる。すると、変える力が自分にも備わっていることが分かり、その過程で顕在化する力を制御する方法も学べる。さらに、そのように自分の考え方や振る舞い方を変えようと努めることで、観念的なレベルではなく経験的なレベルでトレーディングに没頭しやすくなるだろう。

完璧を求めるな

完璧を求めてはならない。細かいことにこだわってはならないし、かっこよく見せたいという気持ちも捨てなければならない。行動こそ情報と経験の主たる源泉であり、思い込みが空回りする悪循環から脱け出すための手段である。行動していれば恐怖を振り払うことができ、これまで気づかなかったことにも気づくことができるようになっていく。

自分自身の判断と周囲の判断を考慮し、かつ自分自身と周囲の両方を変えようと努力する二元的な思考はこの際捨てなければならない。成功しようという気持ちを捨ててビジョンと一体となり、すでに完全な人物になったかのように一貫性のある行動を取っていれば、目の前の仕事に精神を集中させ、すでに持っている能力をフルに発揮するだけで成功することができるだろう。そうすれば過去との比較にとらわれたり、遠い将来のことに心を奪われてしまったりすることもない。目の前の仕事に没頭し、全力を投じられるようになる。

目の前の仕事に取り組む。そしてチャンスの到来に備えて耳を澄ませる。チャンスが訪れたら、ためらうことなくこれをつかむ。コミットメントしていれば、それに合ったチャンスがやってくる。チャンスの足音を聞き分ける能力も高まり、ビジョンを追求する能力も高まるだろう。

少しがんばれば達成できそうな現実的なゴールを設定すれば、気が散ったり否定的な思考に陥ったりして失敗に終わることは少なくなる。ゴールを達成することはうれしいことであり自信もつくが、達成できないときのことを心配しすぎてしまうと、リラックスできなくなってプレッシャーに押しつぶされてしまう。結果を気にしすぎると、絶対に避けたいと思っている失敗がかえって生じやすくなるものだ。

とはいえ、やはり、達成が容易なゴールで満足してはならない。得意な分野で新しいリスクを取り続ける能力を維持したいのであれば、すぐに次のゴールを設定して動き始めなければならない。そうしなければ、「少なくともこの水準は達成しなければ」という意識が生じて守りの姿勢に入ってしまい、新たなストレスを生む原因になってしまうだろう。

成績を重視しすぎるな

自分のビジョンにコミットメントするということは、ビジョンの達成に必要なことはすべてやるということであるが、その結果得られた成績を重視しすぎてはならない。成績を重視しすぎると、不振に終わったときに落ち込んでしまったり、大成功だったといって天狗になったりしかねない。トレーディングにおけるコミットメントの最大の目的は、自分がすでに持っている資源を最大限活用し、不安を感じることなくリスクを取れるようにすることである。

自分で考えてゴールを設定すれば、一時的ではあるが自動的な思考から逃れることができる。しかし、そのゴールに向かって進み始めると迷いが生じ、自動的な思考に戻ってしまう傾向が人間にはある。したがって、そのような傾向があることをあらかじめ認識し、ゴールに向かってリスクを取り続ける道に踏みとどまることが重要となる。自動的な思考に戻ってしまったほうが気楽かもしれないが、それでは元の木阿弥だ。

不確実性が強まって不安が募ると、自分を信じられなくなったり合理化に走ったりしたくなる。したがって、自分が何かから逃げ出すときのパターンもあらかじめつかんでおくとよいだろう。そのパターンが始まったときには、どんな成果が得られるかを視覚的にイメージし、その成果に見合った適度なリスクを取り続ける。そしてどこで不安に襲われたか、そのきっかけは何だったか、記録しておくとよい。このときの記録をもとにイメージトレーニングを行えば、ゆっくりとではあるが確実に、現実とビジョンの折り合いをつけるのに必要なことがやりやすくなるだろう。

このトレーニングは不安に対する抵抗力を高め、結果的に運用成績の向上に役立つだろう。しかし前述したように、運用成績を重視しすぎてはならない。運用成績はすべてではなく、トレーダー個人の評価とは異なる。成績が教えてくれるのは、自分がどの程度コミットメントできたか、何が欠けていたか、何をすれば自分の希望する成績を出せるのか（特に、どの行動パターンを改める必要があるか）、という三点だけだ。

失敗を見つめる勇気を持て

横道にそれずにゴールを目指すには、自分がどんな努力をしているかを把握し、「失敗」を真正面から見つめる勇気を持たなければならない。それができて初めて、コミットメントし続けることができる。やらなければならないことに集中し続けることができる。「自分にはこんなことはできない」とか、「自分はいったい何をしてきたんだろう」といったことを考えすぎてはならない。

計画や準備に大半のエネルギーを使い果たし、いざ本番となると元気が出ないという人もいるが、それでは行動しながら解決策を導くことなどできない。新しいものをつくり出すこともできず、同じところにとどまって以前からやっていることを繰り返すだけになってしまう。計画や準備の手際はよくなるかもしれないが、実際にリスクを取ったりトレーディングを体験したりしなければ得られない知識を蓄積することはできないだろう。しかし、そうした実体験を積み重ねていけば達人の域に近づき、市場の出来事にも達人のように反応できるようになるだろう。これは決して不可能ではない。

その気になってコミットメントすれば、リスクを目一杯取ることは可能だ。といっても、単なる積極《ポジティブ》思考《シンキング》ではいけない。私が言いたいのは、成功をもたらす可能性のある十分に妥当なリスクにコミットメントすること、確実性や保証がない状態で具体的なリスクを取ってみること、そして「自分にはできない」とか「やってはいけない」という内なる声を聞いても果敢に行動することが大事だということである。具体的な目標を定め、それに向かって真剣に取り組む。そうすれば、まるで目標がすでに達成されたかのように、「いま、ここ」でより積極的に売買できるようになる。堂々と振る舞えるようになるだろう。

トレーディングを始めた当初は、努力してもなかなか成果があがらないのが普通である。しかし、そこでめげてはならない。続けていれば、いずれ大きな成果が得られそうなことが見えてくる。これはもう信念の問題である。

実際、トレーディングを始めたものの目に見える成果が得られないうちに、そしてプラスの結果を得るのに必要な構造をつくるには大変な努力が必要であることを理解しないうちに撤退してしまうケースは非常に多い。最初の段階では目に見える成果を追わず、トレーディングを成功させるための戦略づくりに的を絞るべきだろう。

最後に、本書で読んだことはぜひ実践し、できるだけ長く続けてほしい。頭の中で考えるだけではだめだ。続ければ続けるほどゴールに近づくことができ、自分の中に眠っている力を呼び覚ますことができる。リスクを取る能力も、リスクを取りたいという意欲も湧いてくることだろう。

謝辞

本書の執筆にあたって、多くの方々のお世話になった。

まず、私をコンサルタントとして使ってくださった多くの企業に感謝の意を表したい。私は、多くのトレーダーが潜在能力を発揮し、厳しい市場環境にもかかわらず優れた運用成績を残すうえでお手伝いできたことを光栄に思っている。

リスクを取ることについて語ってくれたトレーダーのみなさんにもお礼を申し上げたい。原稿を読んでコメントしたり、わかりやすい文章にしたりするのを手伝ってくれたトレーダーのみなさんにも、あらためてお礼を申し上げる。

リスクを取るという行為の土台になっている（と私が考える）心理的・哲学的な概念と、膨大な量のトレーディング資料を関連づけながら、数千ページにも及ぶ原稿を巧みに整理してくれたトリシア・ブラウンと、最終段階で本書をチェックしてくれたグレイス・リヒテンシュタインの両氏にも感謝の言葉を贈りたい。

担当編集者のパメラ・ヴァン・ギッセン氏は、執筆が予定通りに進むよう手配してくれた。特に、原稿を書き上げる最後の段階では大変お世話になった。あらためてお礼を申し上げたい。

そして、終始、私を励まし続けてくれた妻のフィリスにもありがとうといいたい。私が横道にそれることなくこのプロジェクトを終えることができたのは、彼女の実践的なコーチングのおかげである。

A・K

訳者あとがき

本書は、二〇〇三年にダイヤモンド社より上梓した『リスクの心理学　できるトレーダーは、なぜ不確実性に勝てるのか』に加筆・修正を加えた新装版である。当初の翻訳から二〇年近い月日が流れているため、登場する固有名詞や取引事例の一部には時代を感じさせるものもあるが、それらはあえて修整せずに残している。

リスクを取れ、と人はいう。この不透明な世の中、そうしなければ生き残れないのだそうだ。しかし、実際に足を踏み出すのは難しい。それはやっぱり怖いから。自分が過去の体験から培った常識《ライフプリンシプル》からはみ出してしまうことだからだ。「とにかくやってみろ、がんばれ」といった単純な精神論では、この恐怖を乗り越えることはできない。

精神科医のアリ・キエフは、そんな恐怖との上手な付き合い方を教えてくれる。常識の呪縛を解き、視線を過去から未来に向けなおし、リスクを創造的に取る方法を教えてくれる。そしてウォール街のトレーダーたちにコーチングを施した豊富な経験を踏まえて、これまでよりも大きなリスクを取って実績を伸ばす方法を教えてくれる。

恐怖を克服して大きなポジションを取るにはどうすればよいか。トレーディングルームで感じるストレスにはどう対処すればよいのか。湧き起こる不安に惑わされることなく冷静に実績を積み重ねる「達人トレーダー」とそうでない「凡人トレーダー」とはどこがどう違うのか。現役トレーダーたちとの対話を振り返りながら、本書は具体的に解説してくれる。

また、自分が恐怖を何分間感じているか計る、脈拍を数える、自分の感情を日誌に記録するなどユニークなアイデアも披露してくれる。こうした心理面での自己管理・自己改革の実践的な手法は、プロとして活躍中のトレーダーの方々はもちろん、リスクの上手な取り方に関心のある個人投資家の方々にも参考になるだろう。

最後に、本書を最初に訳出する機会を与えてくださったダイヤモンド社の中嶋秀喜氏に、そしてその新装版をつくるチャンスを用意してくださったパンローリング株式会社の徳富啓介氏に、この場を借りて厚く御礼申し上げたい。

二〇一九年八月

平野　誠一

■著者紹介

アリ・キエフ（Ari Kiev）

1934年、生まれ。精神科医で、ストレス管理とパフォーマンス向上が専門。1990年からトレーディングのコーチを始め、株式や債券などのトレーディング成績向上を目指した研修プログラムの開発により、金融界で名声を博す。ベストセラーとなったものを含め、多数の著作がある。開業医として活動するかたわら社会精神医学研究所の所長を務め、経済専門ケーブルテレビチャンネルのCNBCなどの番組に出演するなど幅広く活躍した。ジャック・シュワッガー著『マーケットの魔術師株式編』（パンローリング）では、ウォール街に本拠を構える複数の有力ヘッジファンドの成功に貢献した人物として紹介されている。これまで『トレーダーの心理学 トレーディングコーチが伝授する達人への道』など著作とDVD『魔術師たちのコーチングセミナー』（以上、パンローリング）が日本語訳出版された。2009年、逝去。

■訳者紹介

平野誠一（ひらの・せいいち）

1966年、愛知県生まれ。上智大学経済学部卒。銀行勤務などを経て、経済・金融・ジャーナリズムの分野の翻訳に携わる。主な訳書に『リスクの心理学　できるトレーダーは、なぜ不確実性に勝てるのか』、『バフェットの投資原則　世界No.1投資家は何を考え、いかに行動してきたか』、『バフェット流投資に学ぶこと、学んではいけないこと　個人投資家にとっていちばん大事なノウハウ』、『ドラッカーはなぜ、マネジメントを発明したのか　その思想のすべてを解き明かす』、『高齢者が働くということ』、『ピーター・リンチの株の法則』（以上、ダイヤモンド社）がある。

※本書は、2003年にダイヤモンド社から出版された『リスクの心理学　できるトレーダーは、なぜ不確実性に勝てるのか』に加筆・修正し、新装版として刊行したものです。

2019年10月３日　初版第１刷発行
2022年10月１日　　　第２刷発行

ウィザードブックシリーズ ㉘⑦

【新版】リスクの心理学
――不確実な株式市場を勝ち抜く技術

著　者　　アリ・キエフ
訳　者　　平野誠一
発行者　　後藤康徳
発行所　　パンローリング株式会社
〒160-0023　東京都新宿区西新宿7-9-18　6階
TEL 03-5386-7391　FAX 03-5386-7393
http://www.panrolling.com/
E-mail　info@panrolling.com
装　丁　　パンローリング装丁室
組　版　　パンローリング制作室
印刷・製本　株式会社シナノ

ISBN978-4-7759-7256-4
落丁・乱丁本はお取り替えします。